# FOREX SNIPER

## 15 TRICKS FOR SHORT-RUN WINNING

# 外汇狙击手

## 短线制胜的十五张王牌

### （第4版）

小何（Joesh Ho）　魏强斌 / 著

经济管理出版社
ECONOMY & MANAGEMENT PUBLISHING HOUSE

**图书在版编目（CIP）数据**

外汇狙击手：短线制胜的十五张王牌/小何，魏强斌著. —4 版. —北京：经济管理出版社，2023.6

ISBN 978-7-5096-9112-0

Ⅰ. ①外… Ⅱ. ①小… ②魏… Ⅲ. ①外汇交易—基本知识 Ⅳ. ①F830.92

中国国家版本馆 CIP 数据核字（2023）第 120528 号

组稿编辑：勇　生
责任编辑：勇　生　刘　宏
责任印制：黄章平
责任校对：王淑卿

出版发行：经济管理出版社
　　　　　（北京市海淀区北蜂窝 8 号中雅大厦 A 座 11 层　100038）
网　　址：www. E-mp. com. cn
电　　话：(010) 51915602
印　　刷：唐山昊达印刷有限公司
经　　销：新华书店
开　　本：787mm×1092mm/16
印　　张：20
字　　数：358 千字
版　　次：2023 年 8 月第 4 版　　2023 年 8 月第 1 次印刷
书　　号：ISBN 978-7-5096-9112-0
定　　价：88.00 元

The game does not change and neither does human nature.

游戏没有变，人性也没有变。

# 读者赞誉（第1~3版）

读第三遍，随着经验增加越来越能领悟书中有价值的地方！

——元宵

好书，值得反复研读，从实战中归纳出的典型案例，值得反复研究，揣摩交易策略和风控。只有实战参与交易才能体会，知道精华和糟粕。

——feipl

太给力了，中国最好的投资书就是魏老师的书了。魏老师的书可以说不管是黄金外汇还是股票都通吃，尤其是对期货、现货、外汇都能通用。当然我们引用魏老师的主要是思维理念，悟出自己的秘密武器。近几年来，用魏老师的思维本人实现了黄金原油盈利了，由输家变为赢家！

——jd_650420129

魏强斌老师的书我全买了，非常的高水平。这次一看到出新书，我就第一个买了。恭喜魏强斌老师的新书大卖。

——WK

有些部分特别好，把动量的思想通过均线系统很好地表述了出来。

——一粒米

这本书值得多次阅读，比起一般的外汇书，它讲了更多关于如何出场的问题，止损固然重要，但是如果不能让利润奔腾，依旧是扯淡。这本书还有很多实用的战法，浅尝辄止发现也是很有用的。其中最重要的MACD展示方向、RSI提示出入场的说法，给我很大的启发。在具体应用时，发现也是得心应手，只要大级别中MACD出现两次金叉或者两次死叉，尤其是穿越中轴线后，就可以在小级别的分时图中大胆做多或者做空，设好止损就可以了。非常适合高频交易，要多多测试。

——清风明月

出于实战派高手的精品之作。

——云飞扬

绝对是好书，但是适合高级交易者，我觉得适合那些已经有了自己的交易系统，并且充分了解技术分析和基本面分析的交易者。在此之上，本书提示交易者在技术分析以及基本面分析之上是心理分析，博弈是外汇的最高境界，交易外汇最终是以博弈的心态操作。

——alienjwz

这本书写得真的很好，可以使人少走很多弯路！

——清水幻象

我都看这本书3遍了，每次看都有不同的领悟。

——maymayli123

进出加减，时势有度。其实需要很长时间的实践。

——hwhai2006

感觉字字珠玑，真像开头说的，写得非常专业，每读一段都有启发，读得也很慢，我相信读完短线水平和操作理念会有不少的提高！

——红森阁

这是很好的一本书，该书适合有一定交易经验的投资者阅读。全书最重要的部分是该书第一章"外汇短线制胜的原理"，这本书是明道部分，帮大家理解市场的本质。而后面的王牌，都是小何在用自己的交易系统做示例阐述，是优术部分。投资者所处的阶段不同可能在书中的关注点也不同。另外，刚才有朋友问指标哪里下载。其实不用下载，自己手动设置就行了，都是EMA均线，参数不同而已。如果不会，那么网上去搜一下别人做好的指标下载使用。

——期指军师

真的是本好书，看过受益匪浅。

——welkinwise

这本书的确要有一些交易经验的人才看得懂，不然就是已经看过魏老师书的人才看得懂，不过我看完之后收获也不少。

——dallaswang1970

维加斯隧道是本书最大价值。可用于天图。4小时图、1小时图、5分钟图。这个指标太好了。

——yangchongjun

内容比较详细，书中给出相应的要点、使用指南、案例及练习，使初学者理解起来更容易，很适合初学者。

———赤裸裸的灵魂

如果在这个市场每个人都能赚到钱，那谁去输钱？这本来就是一个零和市场，有人无私的奉献出自己的交易方法，就值得我们去尊敬。

———kwz5167

外汇狙击手一书提供了外汇操作的正确思路，而后面的15张王牌是作为例子启发我们要根据自己的心得创新出适合市场的王牌，毕竟人人知道的王牌效果就会差一些。

———danielluxh

如书中所说，更重要的是能参悟其中作者的心法，这得一点一点地提高自己的修养才行，技术方面只是一个形式，心法通透了，形式可以直接灌入大脑。

———idcjet2

我做了2年多的外汇短线交易，走了很多弯路，也花钱学习过别人的策略，感觉都不理想。看了《外汇短线交易的24堂精品课》和《外汇狙击手》才幡然醒悟自己错在哪里了。我以前用的是1：1的获利止损比的策略，比较死板，获利能力不好，没有符合让利润奔腾的原则。我的理想是能够通过提高外汇交易水平从而实现财务自由，就像罗伯特·清崎那样有钱更有闲。

———zhoufuqiang

内容挺切合实际，专业术语很多，内涵丰富，有待进一步去理解。

———刘国祥

很喜欢的一本书，真正从交易者的心理出发，讲得很实际，受益蛮多。

———ljian126

看这本书要懂一些外汇知识，还要有很好的心理素质。外汇本身是个诱惑很大的东西，就看人能否战胜自己的贪婪。

———七喜123

该书的内容不错。要多看几遍才能消化一些。具体到个人，能用到或能借鉴用到哪些内容，完全要看自己的悟性和钻研了。但有小何和魏先生这书的点拨，对个人学习外汇交易并通过实践建立自己交易系统的过程来说是很有帮助的。对此书赞一个！

———音圆

难得的好书！里面作者的技巧、经验、心得，炒股票、炒期货也同样可以借鉴运用。

———allforlin

以前看过本书电子版，并且把初入汇市的人的通病都写得很详细，看了之后决定

买了，呵呵，以后一定好好读读，毕竟知识就是财富。

——天外飞仙 20

这本书比国内的一些人写得好很多，首先对操作的理念与国内一般的书有很大的不同。其次技术指标的运用也很浅显易懂，不脱离走势。当然有的地方用词有些夸大，还是可以理解的。总之是一本很不错的书。

——zhdm001

在这领域也混了十来年了，书中前 90 多页所写的，皆是心经。与我自己所摸索到的东西几乎是 100% 的相同。达不到相当境界的读者，想必是读不出什么味道的。书的后部分是十几招，但是不能光看这十几招，每一招中还包含着一些思想。没达到一定高度的人一定看不到很多东西。

——心如止水

此书适合摸索系统化交易阶段的操盘手，书中列举大量交易零件，可以用来修改完善自己的交易系统。

——Jiang

很系统的方法。但是需要经常读，边读边应用！

——俄语老杜

随着股市的不景气，也有相当一部分人将投资的方向转移到了外汇投资。而这个市场可以说如果要做短线的话，那就更是激烈无比，更加考验投资人的各种素质。那么到底应该如何做好外汇的短线投资，有没有什么秘诀呢？这可能是很多人非常关心的问题，也是经久不衰的一个话题。在这本由魏强斌编著的《外汇狙击手——短线制胜的十五张王牌》就是一本讲解外汇短线投资理念的一本书。作者在书中的导言部分也明确告诉了那些想要具体方法的投资者，外汇短线投资想要取胜是没有固定的方法的，想要按照固定的模式去投资的话只能惨淡收场。本书主要偏向这样一个观点，那就是提倡投资者交易遵循系统交易和机械交易的原则，尽量降低自己在投资过程中的非理性行为。

——小小 Blue

很好挺适合短线交易者，能把这本书学好就很不错了。

——津×××郎

魏老师的书必须满分，纸质好，包装好，写得好，比之前更耐读。还没有读完，魏老师的书看得比较多，但这本还是有很深的感悟。

——l×××m

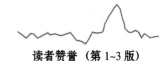
非常好的一本书，是我寻找好久的适合我自己的书。

——绿×××h

已经看完了，非常好！有助于交易技能的提升。

——春策

我把这本书当经典来看，相见恨晚的感觉，通读后，交易思维更开阔，但是依旧亏损，后来我明白是自己的问题，理解不透，方法没有与自己以前的系统融合好，现在正在看第二遍，精读，别人的方法和思路必须转化为自身体验才能真正有效，物超所值的书，感谢魏老师。

——大×××煌

本书的第一章属于整本书的精华，说出了外汇交易之道，属于战略层面的内容，没有一定的外汇交易基础，是不容易深刻理解的；其余章节属于外汇交易战术方面的内容，列举了几个交易方式，既有理论介绍，又有实践解说，对想从事外汇交易的朋友会有很大帮助。

——Account

很多外汇交易者在经历一段时间的交易后，交易的依据仍然很模糊，有时候全凭自己的感觉和喜好交易，有时候则跟随所谓的"市场大师"的意见，某些时候则是听从一些财经媒体的汇评。可想而知，他们的交易业绩肯定很糟糕。有些新手经常咨询如何构建一个自己的交易系统，很多人认为交易系统是非常复杂的问题，不是一般人能做到的。其实不然，价格上破200均线做多，下破200均线做空，这就是一个简单的交易系统，或者说是交易策略。一些新手问，关于交易系统方面的书籍有哪些值得一读的？我们这里推荐一本中文书籍《外汇狙击手》。这本书有非常详细的例子，说明一个完整的交易系统是如何构建的，从进场到出场的依据都有明确的要求。对于刚入门的交易者来说，你可以跟随本书的阐述来一步步尝试构建自己的系统。不要期望你直接从书本中复制一个系统就能赚钱，但本书能够给你启发，培养系统交易的思维方式。同时本书也适合那些短线交易者阅读，因为书中的交易策略很多都是针对短线交易的。

——Fxful

这是一本好书！打一枪换一个地方，不可恋战！

——寂静的知识

一如既往地好！好书，值得细读！有比较完整的案例，实战中其实还是有差别，

一看会了，一做全废，但是不是书的问题，交易本身也是如此，难以预测，多变。

——沈一奇

书很好，很实用！案例分析很好！

——u×××z

很精彩！值得一看的交易类书籍，必有所获。

——暴×××发

书中内容是不错的，印刷质量很好，非常喜欢，值得收藏，值得学习！

——西×××付

很不错，适合有一定交易经验的人看，很多操作经验很有启发性和借鉴意义！

——超×××易

这本书很不错！是这次买的书里面写得最好的。很实用！

——金×××柜

《外汇狙击手》这本书很好，很满意！适合有一定经验的人看！怒赞！

——××××f

看魏老师写的外汇书无法用言语表达，从十年前的第一版到现在的第三版均买了，第一版最少看了18遍以上，第二版看了三遍，第三版只看了一遍，说真的，这就是赢家扛鼎之作！《外汇狙击手》与《外汇交易三部曲》《外汇短线交易24堂精品课》组成了魏老师外汇实战精品三部曲。

——××××9

专业有效的外汇书籍，内容实战，值得推荐！对于这么好的书，只能说相见恨晚。得抓紧时间学习，用钱赚钱就靠它了。

——G×××n

值得读的书！外汇短线很多技巧需要总结来用，可以参考。

——××××y

好教程！外汇投资类理念讲得比较专业的书籍，值得初学者研读。一直非常信任魏老师，希望魏老师能够多出一些经典书籍。

——赵×××星

书的内容易懂明了，以前很多不确定的思路在书里都能得到肯定，而且里面的策略跟自己的系统也有很多相同之处，感恩作者，谢谢！

——King×××5

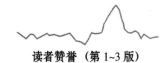

实战的经验之谈，分析透彻！ 不错的书，值得买。

——u×××p

非常喜欢，偏重于实战的一本书，很有实际意义。结合其他几本看更好。大赞！

——湖×××花

# 导言　成为伟大交易者的秘密

◇ 伟大并非偶然！

◇ 常人的失败在于期望用同样的方法达到不一样的效果！

◇ 如果辨别不正确的说法是件很容易的事，那么就不会存在这么多的伪真理了。

金融交易是全世界最自由的职业，每个交易者都可以为自己量身定做一套盈利模式。从市场中"提取"金钱的具体方式各异，而这却是金融市场最令人神往之处。但是，正如大千世界的诡异多变由少数几条定律支配一样，仅有的"圣杯"也为众多伟大的交易圣者所朝拜。现在，我们就来一一细数其中的最伟大代表吧。

作为技术交易（Technical Trading）的代表性人物，理查德·丹尼斯（Richard Dannis）闻名于世，他以区区 2000 美元的资本累积高达 10 亿美元的利润，而且持续了十数年的交易时间。更令人惊奇的是，他以技术分析方法进行商品期货买卖，也就是以价格作为分析的核心。但是，理查德·丹尼斯的伟大远不止于此，这就好比亚历山大的伟大远不止于建立地跨欧、亚、非的大帝国一样，理查德·丹尼斯的"海龟计划"使目前世界排名前十的 CTA 基金经理有六位是其门徒。"海龟交易法"从此名扬天下，纵横寰球数十载，今天中国也刮起了一股"海龟交易法"的超级风暴。其实，"海龟交易"的核心在于两点：一是"周规则"蕴含的趋势交易思想；二是资金管理和风险控制中蕴含的机械和系统交易思想。所谓"周规则"（Weeks' Rules），简单而言就是价格突破 N 周内高点做多（低点做空）的简单规则，"突破而做"（Trading as Breaking）彰显的就是趋势跟踪交易（Trend Following Trading）。深入下去，"周规则"其实是一个交易系统，其中首先体现了"系统交易"（Systematic Trading）的原则，其次体现了"机械交易"（Mechanical Trading）的原则。对于这两个原则，我们暂不深入，让我们看看更令人惊奇的事实。

巴菲特（Warren Buffett）和索罗斯（Georgy Soros）是基本面交易（Fundamental Investment & Speculation）的最伟大代表，前者 2007 年再次登上首富的宝座，能够时隔

多年后再次登榜，实力自不待言，后者则被誉为"全世界唯一拥有独立外交政策的平民"，两位大师能够"登榜首"和"上尊号"基本上都源于他们的巨额财富。从根本上讲，是卓越的金融投资才使他们能够"坐拥天下"。巴菲特刚踏入投资大门就被信息论巨擘认定是未来的世界首富，因为这位学界巨擘认为巴菲特对概率论的实践实在是无人能出其右，巴菲特的妻子更是将巴菲特的投资秘诀和盘托出，其中不难看出巴菲特系统交易思维的"强悍"程度。套用一句时下流行的口头禅"很好很强大"，恐怕连那些以定量著称的技术投机客都要俯首称臣。巴菲特自称85%的思想受传于本杰明·格雷厄姆的教诲，而此君则是一个以会计精算式思维进行投资的代表，其中需要的概率性思维和系统性思维不需多言便可以看出"九分"！巴菲特精于桥牌，比尔·盖茨是其搭档，桥牌游戏需要的是严密的概率思维，也就是系统思维，怪不得巴菲特首先在牌桌上征服了信息论巨擘，随后征服了整个金融界。以此看来，巴菲特在金融王国的"加冕"早在桥牌游戏中就已经显出端倪！

索罗斯的著作一大箩筐，以《金融炼金术》最为出名，其中他尝试构建一个投机的系统。他师承卡尔·波普和哈耶克，两人都认为人的认知天生存在缺陷，所以索罗斯认为情绪和有限理性导致了市场的"盛衰周期"（Boom and Burst Cycles），而要成为一个伟大的交易者则需要避免受到此种缺陷的影响，进而利用这些波动。索罗斯力图构建一个系统的交易框架，其中以卡尔·波普的哲学和哈耶克的经济学思想为基础，"反身性"是这个系统的核心所在。

还可以举出太多以系统交易和机械交易为原则的金融大师们，比如伯恩斯坦（短线交易大师）、比尔·威廉姆（混沌交易大师）等，实在无法一一述及。

那么，从抽象的角度来讲，我们为什么要迈向系统交易和机械交易的道路呢？请让我们给出几条显而易见的理由吧。

第一，人的认知和行为极易受到市场和参与群体的影响，当你处于其中超过5分钟时，你将受到环境的催眠，此后你的决策将受到非理性因素的影响，你的行为将被外界接管。而机械交易和系统交易可以极大地避免这种情况的发生。

第二，任何交易都是由行情分析和仓位管理构成的，其中涉及的不仅是进场，还涉及出场，而出场则涉及盈利状态下的出场和亏损状态下的出场，进场和出场之间还涉及加仓和减仓等问题。此外，上述操作还都涉及多次决策，在短线交易中更是如此。复杂和高频率的决策任务使带有情绪且精力有限的人脑无法胜任。疲累和焦虑下的决策会导致失误，对此想必每个外汇和黄金短线客都是深有体会的。系统交易和机械交易可以流程化地反复管理这些过程，省去了不少人力成本。

第三，人的决策行为随意性较强，更为重要的是，每次交易中使用的策略都有某种程度上的不一致，这使得绩效很难评价，因为不清楚 N 次交易中特定因素的作用到底如何。由于交易绩效很难评价，所以也就谈不上提高。这也是国内很多炒股者十年无长进的根本原因。任何交易技术和策略的评价都要基于足够多的交易样本，而随意决策下的交易则无法做到这一点，因为每次交易其实都运用了存在某些差异的策略，样本实际上来自不同的总体，无法用于统计分析。而机械交易和系统交易由于每次使用的策略一致，这样得到的样本也能用于绩效统计，所以很快就能发现问题。例如，一个交易者很可能在 1、2、3、…、21 次交易中，混杂使用了 A、B、C、D 四种策略，21 次交易下来，他无法对四种策略的效率做出有效评价，因为这 21 次交易中四种策略的使用程度并不一致。而机械交易和系统交易则完全可以解决这一问题。所以，要想客观评价交易策略的绩效，更快提高交易水平，应该以系统交易和机械交易为原则。

第四，目前金融市场飞速发展，股票、外汇、黄金、商品期货、股指期货、利率期货、期权等品种不断翻出新花样，这使得交易机会大量涌现，如果仅仅依靠人的随机决策能力来把握市场机会无异于杯水车薪。而且大型基金的不断涌现，使得单靠基金经理临场判断的压力和风险大大提高。机械交易和系统交易借助编程技术"上位"已成为这个时代的既定趋势。况且，期权类衍生品根本离不开系统交易和机械交易，因为其中牵涉大量的数理模型运用，靠人工是应付不了的。

中国人相信人脑胜过电脑，这绝对没有错，但也不完全对。毕竟人脑的功能在于创造性解决新问题，而且人脑的特点还容易受到情绪和最近经验的影响。在现代的金融交易中，交易者的主要作用不是盯盘和执行交易，这些都是交易系统的责任，交易者的主要作用是设计交易系统，定期统计交易系统的绩效，并做出改进。这一流程利用了人的创造性和机器的一致性。交易者的成功，既离不开灵机一动，也离不开严守纪律。当交易者参与交易执行时，纪律成了最大的问题；当既有交易系统让后来者放弃思考时，创新成了最大问题。但是，如果让交易者和交易系统各司其职，则需要的仅仅是从市场中提取利润！

作为中国最早倡导机械交易和系统交易的理念提供商（Trading Ideas Provider），希望我们策划出版的书籍能够为你带来最快的进步。当然，金融市场没有白拿的利润，长期的生存不可能夹杂任何的侥幸，请一定努力！高超的技能、完善的心智、卓越的眼光、坚韧的意志、广博的知识，这些都是一个至高无上的交易者应该具备的素质。请允许我们助你跻身于这个世纪最伟大的交易者行列！

# Introduction　Secret to Become a Great Trader!

◇ Greatness does not derive from mere luck!

◇ The reason that an ordinary man fails is that he hopes to achieve different outcome using the same old way!

◇ There would not be so plenty fake truths if it was an easy thing to distinguish correct sayings from incorrect ones.

Financial trading is the freest occupation in the world, for every trader can develop a set of profit −making methods tailored exclusively for himself. There are various specific methods of soliciting money from market; while this is the very reason that why financial market is so fascinating. However, just like the ever−changing world is indeed dictated by a few rules, the only "Holy Grail" is worshipped by numerous great traders as well. In the following, we will examine the greatest representatives among them one by one.

As a representative of Techincal Trading, Richard Dannis is known worldwide. He has accumulated a profit as staggering as 1 billion dollar while the cost was merely 2000 bucks! He has been a trader for more than a decade. The inspiring thing about him is that he conducted commodity futures trading with a technical analysis method which in essence is price acting as the core of such analysis. Never the less, the greatness of Richard Dannis is far beyond this which is like the greatness of Alexander was more than the great empire across both Europe and Asia built by him. Thanks to his "Turtle Plan", 6 out of the world top 10 CTA fund managers are his adherents. And the Turtle Trading Method is frantically well−known ever since for a couple of decades. Today in mainland China, a storm of "Turtle Trading Method" is sweeping across the entire country. The core of Turtle Trading Method lies in two factors: first, the philosophy of trendy trading implied in "Weeks' Rules"; second, the philosophy of mechanical trading and systematic trading implied in fund management and risk control. The so-called "Weeks' Rules" can be simplified as simples rules that going long at high and short at low within N weeks since price breakthrough. While Trading as breaking illustrates trend following trading. If we go deeper, we will find that "Weeks' Rules" is a trading system in nature. It tells us the principle of systematic trading and the principle of mechanical trading. Well, let's just put these two principles aside and look at some amazing facts in the first place.

The greatest representatives of fundamental investment and speculation are undoubtedly Warren Buffett and George Soros. The former claimed the title of richest man in the world in 2007 again. You can imagine how powerful he is; the latter is accredited as "the only civilian who has independent diplomatic policies in the world". The two masters win these glamorous titles because of their possession of enormous wealth. In essence, it is due to unparalleled financial trading that makes them admired by the whole world. Fresh with his feet in the field of investment, Buffett was regarded by the guru of Information Theory as the richest man in the future world for this guru considered that the practice by Buffett of Probability Theory is unparallel by anyone; Buffett' wife even made his investment secrets public. It is not hard to see that the trading system of Buffett is really powerful that even those technical speculators famous for quantity theory have to bow before him. Buffet said himself that 85% of his ideas are inherited from Benjamin Graham who is a representative of investing in a accountant's actuarial method which requires probability and systematic thinking. The interesting thing is that Buffett is a good player of bridge and his partner is Bill Gates! Playing bridge requires mentality of strict probability which is systematic thinking, no wonder that Buffett conquered the guru of Information Theory on bridge table and then conquered the whole financial world. From these facts we can see that even in his early plays of bridge, Buffett had shown his ambition to become king of the financial world.

Soros has written a large bucket of books among which the most famous is *The Alchemy of Finance*. In this book he tried to build a system of speculation. His teachers are Karl Popper and Hayek. The two thought that human perception has some inherent flaws, so their students Soros consequently deems that emotion and limited rationality lead to "Boom and Burst Cycles" of market; while if a man wants to become a great trader, he must overcome influences of such flaws and furthermore take advantage of them. Soros tried to build a systematic framework for trading based on economic ideas of Hayek and philosophic thoughts of

Karl Popper. Reflexivity is the very core of this system.

I may still tell you so many financial gurus taking systematic trading and mechanical trading as their principles, for instance, Bernstein (master of short line trading), Bill Williams (master of Chaos Trading), etc. Too many. Let's just forget about them.

Well, from the abstract perspective, why shall we take the road to systematic trading and mechanical trading? Please let me show you some very obvious reasons.

First. A man's perception and action are easily affected by market and participating groups. When you are staying in market or a group for more than 5 minutes, you will be hypnotized by ambient setting and ever since that your decisions will be affected by irrational elements.

Second. Any trading is composed of situation analysis and account management. It involves not only entrance but exit which may be either exit at profit or exit at a loss, and there are problems such as selling out and buying in. All these require multiple decision-makings, particularly in short line trading. Complicated and frequent decision-making is beyond the average brain of emotional and busy people. I bet every short line player of forex or gold knows it well that decision-making in fatigue and anxiety usually leads to failure. Well, systematic trading and machanical trading are able to manage these procedures repeatedly in a process and thus can save lots of time and energy.

Third. People make decisions in a quite casual manner. A more important factor is that people use different strategies in varying degrees in trading. This makes it difficult to evaluate the performance of such trading because in that way you will not know how much a specific factor plays in the N tradings. And the player can not improve his skills consequently. This is the very reason that many domestic retail investors make no progress at all for many years. Evaluation of trading techniques and strategies shall be based on plenty enough trading samples while it's simply impossible for tradings casually made for every trading adopts a variant strategy and samples accordingly derive from a different totality which can not be used for calculating and analysis. On the contrary, systematic trading and mechanical trading adopt the same strategy every time so they have applicable samples for performance evaluation and it's easier to pinpoint problems, for instance, a player may in first, second... twenty-first tradings used strategies A, B, C, D. He himself could not make effective evaluation of each strategy for he used them in varying degrees in these tradings, but systematic trading and mechanical trading can shoot this trouble completely. Therefore, if you want to evaluate your trading strategies rationally and make quicker progress, you have to take systematic trading and mechanical trading as principles.

Fourth. Currently the financial market is developing at a staggering speed. Stock, forex, gold, commodity, index futures, interest rate futures, options, etc., everything new is coming out. So many opportunities! Well, if we just rely on human mind in grasping these opportunities, it is absolutely not enough. The emergence of large-scale funds makes the risk of personal judgment of fund managers pretty high. Take it easy, anyway, because we now have mechanical trading and systematic trading which has become an irrevocable trend of this age. Furthermore, derivatives such as options can not live without systematic trading and mechanical trading for it involves usage of large amount of mathematic and physical models which are simply beyond the reach of human strength.

Chinese people believe that human mind is superior to computer. Well, this is not wrong, but it is not completely right either. The greatness of human mind is its creativity; while its weakness is that it's vulnerable to emotion and past experiences. In modern financial trading, the main function of a trader is not looking at the board and executing deals—these are the responsibilities of the trading system—instead, his main function is to design the trading system and examine the performance of it and make according improvements. This process unifies human creativity and mechanical uniformity. The success of a trader is derived from tow factors: smart idea and discipline. When the trader is executing deals, discipline becomes a problem; when existing trading system makes newcomers give up thinking, creativity becomes dead. If, we let the trader and the trading system do their respective jobs well, what we need to do is soliciting profit from market only!

As the earliest Trading Ideas Provider who advocates mechanical trading and systematic trading in the mainland, we hope that our books will bring real progress to you. Of course, there is no free lunch. Long-term existence does not merely rely on luck. Please make some efforts! Superb skill, perfect mind, excellent eyesight, strong will, rich knowledge—all these are merits that a great trader shall have to command. Finally, please allow us to help you squeeze into the queue of the greatest traders of this century!

# 第四版序
## 外汇短线交易中的情绪与共振

本书的主体部分是讲技术面的，讲市场行为的，围绕"势、位、态"三个要素发掘和构建了一些短线交易的有效形态。但是如果想要进一步提高其效率的话，就必须在利差和风险偏好的变化上下功夫，而这两者与大势关系密切，因此对于日内短线交易者而言有一定局限性。

那么，本书的技术与什么结合起来效果更佳呢？可以将心理面的一些指标加入进来。

这里我们谈下情绪和共振两个要素的过滤策略。

第一，情绪存在周期，特别是在短线交易中的情绪周期非常重要。驱动面与逻辑相关联，外汇的逻辑源于利差和风险偏好两个基本因子，其他的因素都是通过作用于这两者对外汇市场产生驱动力；心理面则与周期紧密联系，外汇的短期波动有明显的情绪周期，这种情绪周期在短时间内甚至盖过了驱动面因子的影响；行为面与结构相联系，结构可以解构为趋势、点位和形态三个要素。本书提到的许多东西都与趋势和点位相关，如维加斯隧道等。

怎么去把握情绪周期呢？我们在这方面有长期积累的经验，不断地提炼为理论系统，进而形成外汇算法交易的基础。对于以主观判断为主的外汇短线交易者而言，我们推荐散户持仓情绪指数。具体来讲，就是各大外汇交易平台上的多空持仓对比，如金十数据和 Dailyfx 提供的数据。尽量与散户净头寸反向操作，也就是说当本书提供的进场信号出现时，利用散户净头寸进行过滤：做多信号叠加散户净空头，则进场做多；做空信号叠加散户净多头，则进场做空。

情绪周期还有不少的代理变量，但出于化繁为简的目的，我们这里只推荐散户净头寸作为情绪周期变化指标，对技术信号进行过滤。其实，在《外汇交易三部曲》当中，我们介绍过这类指标，只不过这里提出具体的应用思路而已。

第二，外汇短线走势存在共振。直盘汇率是我们进行外汇交易的主要标的，这些汇率都是以美元为基本报价货币。美元指数作为外汇市场的方向标，会对所有汇率产生显著影响，特别是直盘汇率。美元指数的走势体现了一种情绪氛围，这是我们在进行外汇短线交易时需要把握的。美元指数涨，则做空非美货币；美元指数跌，则做多非美货币。如何判断美元指数的涨跌呢？这个问题有许多方法可以采用，稍微有点技术功底的人都可以构建出自己的判断方法，如利用震荡指标、短期移动平均线等。

情绪周期和共振是我们强烈推荐的心理面过滤指标，加上驱动面的利差和风险偏好，我们就可以对技术面的信号进行高效提升了。

任何时候，都不要放弃系统思维和关键思维，这是我们进入到较高交易水平的基石。愿我们一起携手前行，不断迭代升级，通达化境！

魏强斌　小　何

2022 年 4 月 27 日

# 第三版序
## 应无所住，方能乘势而为

本书的第 1 版是 2010 年出版的，到第 3 版上市已经快 9 年了。在这期间，外汇市场发生了很多重大的事件，如次贷危机、欧债危机、量化宽松、美联储加息、英国退欧等，这些都是重大的交易机会。本书的拥趸者主要是趋势交易者，所以必然不能错过这些重大的机会，但是否只有一种方法可以把握所有这些机会呢？我想本书的读者自然会有各自不同的答案。

寻找现成的"唯一"最优方法，是很多外汇交易新手的通病，重形式轻原理必然是南辕北辙。形式是矛盾特殊性的体现，原理才是矛盾普遍性的体现。每个交易者都有自己的特殊性，每个市场阶段都有自己的特殊性，因此具体的策略形式必然不同。特殊性需要在具体实践中总结形成，不能依靠教学来获得。我们能够从教学中获悉的只能是普遍性的原理。

我们在这里要谈到的第一点就是"**交易策略的原理比具体形式更为重要**"。本书的第一部分着重讲原理，剩下的部分则讲小何个人的具体策略。具体策略承载和体现了原理，但是如果拘泥于此，必然一叶障目。但如果空谈原理，则容易陷入"虚头巴脑"的陷阱。在原理和形式之间，原理是主要矛盾，形式是次要矛盾，学习者应该搞清楚主次。"为什么"这个问题比"怎么样"这个问题对于高手更为重要，大家在阅读本教程的时候一定要多问为什么。

第二点，**交易原理始终围绕如何利用非理性的对手盘展开**。这个问题是交易盈利的核心，也是交易胜败的关键，不可不察也。这个问题我们最早最明确地提出来，在《外汇短线交易的 24 堂精品课》和《股票短线交易的 24 堂精品课》两本中高级教程中我们详细地阐述了所有的要点。交易不是通过技术指标高效赚钱，不是赚市场走势的钱，而是赚对手盘的钱。如何战胜对手盘是交易的最核心问题，是我们每一个交易者必须解决的唯一问题。

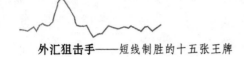
巴菲特利用"市场情绪先生"战胜对手盘,否则一个理性的投资者为什么要将一个贴现收入丰厚的标的打折给自己?**无论是价值投资,还是题材投机,重要的是都在于利用对手盘的非理性。**

那么,对手盘在何种情况下会出现非理性呢?这个问题需要长篇累牍来解释,如熊市中错杀蓝筹股和成长股,这就是大盘持续下跌使得个股持有者非理性。但是,我们这里主要谈投机交易的问题,具体而言在外汇交易中,非理性对手盘主要源于"潜在大概率逆势"行为,具体有如下两种:第一种是"回撤"引发交易者背离趋势,第二种是"突破"触发交易者的"均值回归本能",进而反向操作,容易逆势而为。这是我们要谈到的第三点,也即是**价格回撤和突破容易引发非理性行为。**

**本教程的经验主要源于小何对"回撤"和"突破"两种引发非理性对手盘情形的个人理解和运用,这是我们要谈到的第四点。**趋势中的回撤让参与其中的人迷惑,突破让参与其中的人恐惧。非理性的对手盘因为回撤和突破而成为"羔羊",成为"韭菜",但这给了理性者入场的机会。例如,巴菲特利用回撤制造的非理性对手盘买入价值被大幅低估的公司,索罗斯和杰西·利弗莫尔(Jesse Livermore)利用追随反身性下的正强化反馈过程,追随突破,一骑绝尘!

但是,如何具体把握回撤和突破是需要具体方法的。这个方法因人而异,因市场而异,只有因地制流才是智者。

我们要谈的第五点是**"应无所住,乘势而为"**。你研习了本书的方法,就应该将这些方法放到一边,揣摩原理,总结自己的经验,这样才不被个人的经验局限住,才能"应无所住,而生其心"。本书前面部分讲原理,属于"应无所住"的范畴;后面部分讲形式,属于"乘势而为"的范畴。两个部分,相得益彰,可以促进你的学习和进步,但是关键还要看你自己的揣摩和总结能力。

本书着重在"乘势",至于如何"预判"和"甄别"趋势,则可以参考小何的另外一本专著《顺势而为:外汇交易中的道氏理论》。本书以"乘势"和"应势"为主题,大家应该清醒地认识到这点。这是我们要强调的第六点。

外汇交易的研习之路,任重而道远,大家要做好心理准备,不可一曝十寒,唯有持续用功,不断总结,方能最终胜任,以此共勉!

小 何 魏强斌

2017 年 6 月 22 日

# 第二版序
## 短线的命门在于"取势"

《外汇狙击手》出版已经五年了，在这五年中众多读者来信就该书的内容发表自己的见解和实践心得，同时也提出了不少疑问。由于交易繁忙，其中很多的来信我们并没有精力回复，但读者们的厚爱让我们抽出时间对这本书的内容进行修订，其主要目的在于站在实践中的角度对读者的疑问进行解答。

最大的疑问在于："短线"的命门是什么？这也是我们会重点谈到的方面。很多做外汇的人一上来接触的就是日内短线交易，这其实是一来就走上了最难挣钱的道路，所以成功所需要的时间肯定比做中长线的人普遍要长。为什么这样说呢？因为短线交易要维持稳定的增长必须对趋势有所觉察，但正是因为天天看着短线走势在分析和操作，往往忽略了趋势的存在。一旦忽略了趋势的存在，短线要稳定地挣钱几乎不可能。"短线交易"的命门其实就是抓住趋势，简而言之，就是"取势"。短线方法不管多么精妙，如果忽略了这点，那就意味着"命门"暴露在对手的攻击之下，全身而退都不可能，更别说克敌制胜了。《外汇狙击手》也谈到了趋势，但是讲得很少，因此大家切不可以为短线厮杀而忽略趋势的存在。那么如何"取势"呢？简单地说就是要找从基本面上找到主题，从技术面上加以确认。确认的方法就是技术上分析趋势的那些套路，如均线、趋势线突破等。赘述无意义，可以参考《顺势而为：外汇交易中的道氏理论》一书，此书既有扼要的理论叙述也有详细的趋势解析指南，就当王婆卖瓜，自卖自夸吧。

本书成功运用的一个前提或者说命门，就是"取势"。除了第一部分之外，本书后面的十五张王牌更多的是从"术"的角度进行指导。势是基础，术是升华，缺一不可。

讲完了核心，有必要再谈谈这本修订之作与五年前的初版有什么区别？在每一小节原文中，我们以括号批注的形式及时对相关的重点、疑点和难点进行解读。这些批注既便于澄清一些来信读者提出的疑惑，也便于让读者关注一些实践上更为重要的观

外汇狙击手——短线制胜的十五张王牌

点，类似于实践指南。对于一些涉及全文或者多个内容的疑问，我们会在一课结束的时候以问答的方法列出，这些解答可能来自其他读者，也可能来自作者。一些问题的答案其实只是一种提示，并不存在绝对正确的唯一答案。

小 何 魏强斌

2015 年 11 月 10 日

# 前　言
## 短线狙击，志在必得：教你把握十五类短线优势机会

我专门负责英镑欧美时区的短线交易，这是一个不错的工作，因为其中蕴含着激情和速度的刺激，自由和自豪都不欠缺。我是帝娜交易哲学的拥趸，同时也是帝娜交易哲学的缔造者之一。虽然我不是一个中长线和大资金交易者，但是仍旧坚持自己的交易理念可以用在中长线交易中。所有的交易无非都是基于概率来展开的，如果你不明白这一点，无论你是做投资还是投机，短线还是长线，根据基本面还是根据技术面，从事外汇交易还是从事股票交易，都不会成功。

多年之前，我自有的资金非常少，以至于不得不选择周转率更大的短线交易，一年下来才发现其实短线比中长线难做多了，就好比做生意一样，小资金要做到"钱赚钱"是很需要水平的，这就形成了一个悖论：资金越少的人，越需要短线操作，但短线操作却最不适合资金少的人！大资金不太可能短线操作，特别是当你的资金足以对市场流动性造成冲击时，你很难做短线，因为你自己的行动会加速市场的变化，从而让套利机会枯竭，这类似于索罗斯说的"反身性"。所以，手头资金紧的交易者很难真正在这个市场上盈利，因为资金少做到盈利的技术要求高于大资金实现盈利的技术要求，绝大多数交易者很难走出这个成长陷阱：本来资金少的人就缺乏充裕的学习机会，但却要求他们比大资金交易者具有更高的水平，这真的很难！

短线交易中有很多障碍需要弄清楚，这些障碍先存在于观念，然后体现于行为。一个成功的外汇短线交易者肯定不是"照搬"别人的策略取得成功的。为什么照搬别人的方法不能取得成功？第一个原因是因为外汇交易是一门技能，而不是知识，知识可以照搬，技能很难，技能习得需要很长的时间。就算你知道费德勒的技术，你也很难取得费德勒一半的成就。第二个原因是因为外汇交易涉及很多观念层面的东西，观念不是文字，不是念两遍就能真正理解的。

　　在本书中，我们首先要让读者看清楚自己要走的道路，这就是"外汇短线交易者的2次飞跃路线"。很多人将外汇短线看成是一条很简单的道路，他们觉得只要找到"一个现成的技术秘诀或者是成功策略"就能马上开始赚钱的外汇职业生涯。当年我踏入外汇交易界的时候，也是这样想的，那时候我没有老师，更没有什么相关书籍作为参考，至少现在市面上还有好几本写得不错的书籍，比如我们此前出版的《外汇交易进阶》《外汇交易圣经》和《黄金高胜算交易》《外汇交易中的波浪理论与实践》等。在没有"明师"（非"名师"）指导，没有好书引导的情况下，我抱着"一月之后开始稳定盈利"的想法踏入到了外汇交易界，多亏当年对做外汇的困难程度估计过低，如果当时知道要真正做到盈利需要3年左右的时间，我早就放弃了。现在，已经有了《外汇短线交易的24堂精品课》中提出的"抛硬币出场训练法"，所以高强度的训练可以在一年之内造就初步稳定盈利的短线交易者。当然，这对于绝大多数也是不可能的，因为你很难做到一年之内天天全身心琢磨外汇。回想当年我走过的那些弯路，我发现这些弯路别人也在走，之所以大家都在走弯路，是因为我们的天性和市场的特性使得我们倾向于走弯路，甚至"弯回原地"。"外汇短线交易者的2次飞跃路线"将为你"照亮前行的正确道路"，让你随时觉察到你的天性和市场中的障碍，这样你就会不断纠正偏离的脚步。

　　交易有没有秘诀？交易肯定是有秘诀的，不过秘诀绝对不是具体的招式，交易秘诀可不是"降龙十八掌"。确切来讲，交易秘诀应该算得上是交易哲学，你不能指望直接拿着哲学来谋生活，但是一个好的技术人才如果能够融入哲学的精髓，则能够成为一代大师。做了很多年的交易不能赚钱的人很多，做了很多年交易赚点小钱不思进取的人也很多，"最高交易秘诀的3个部分"能够点醒这两类人。当然，如果你是第三类人的话也能够受益，即处于向高级交易者奋进过程中的勇猛精进修行之士。交易的最高三个秘诀是什么？在前言里面简单说说肯定会误导你，所以我们放在正文来让你"服用"。每个正常的人在交易中都是病人，我当年也是病人，现在治好了一半，经常服用这三剂药能够帮助你更快地在外汇交易中成为一个正常人。

　　在1小时走势图上，外汇随着市场心理的变化会出现一周到数周的周期性涨跌。这个特征只有极少的日内交易者注意到，我们归纳为"外汇短线走势的4个阶段特征"，同时我们还会对这四个阶段的"操作要点"进行详述。外汇市场的涨跌周期运动具有很少的时间特征和规律（不是日内涨跌），我们主要关心的是形态和市场心理方面的周期转换，一旦你学会从这个角度去理解市场，则可以很好地利用1小时走势图上价格的涨跌转换节律进行操作。很多做期货的交易者不太注意期货市场的阶段特征和

转换，所以往往错失重大行情，同时还经常逆势操作，这样下来只能是将资金迅速赔光。外汇短线交易也是一样的，你不能忽视外汇短线走势的阶段特征，因为这是你"定位"市场的方式，你可以对市场的发展有一个整体的判断和估计，这样就不会在市场中迷失，"举而不乱，动而不迷"。当你对市场和自己都有所了解的时候，你就处于胜算较大的位置了。

短线形态具有时效性，这种时效性主要取决于这些形态被业内人士传播的程度和采纳程度。本书介绍的短线形态都是我在交易过程中发掘和整理的，具有独特性和隐秘性，我称之为"暗藏丰厚利润的15种短线机会"，这部分内容占了本书绝大部分的篇幅。本书的形态效率至少会持续20年，除非外汇市场出现了结构性变化。这15种短线机会应该会带给你启发，让你发掘出属于自己的"私密形态"，这样你就可以独享其利润。不过，在世界其他地方肯定也会有人注意到这一形态，随着知道的人越来越多，形态会逐渐失效，这是一个漫长的过程，如头肩顶和头肩底等形态。

狙击手的目标是明确的，等待最好的机会去攻击，就交易的角度来讲就是"胜算率和回报率都是最高的机会"。当然，这是外汇日内交易者的理想，我们只能以无限的努力去靠近这样的完美标准。

没有完美的行情研判方法，只有完美的仓位管理策略。如果你能够循着这样的轨迹去利用本书介绍的内容，就可以发挥本书技巧的最大效力。相反，如果你将行情分析看作是整个交易的核心，就会误认和误用本书的知识，这样你就会倒向"失败的绝大多数人"一边。

本书的写作开始于2006年9月21日，断断续续花了接近三年的时间，其中仍有许多值得商榷的地方。外汇狙击手的生涯传奇需要本书的读者来书写，让我们高举双臂，迎接全球外汇交易的新世纪。在外汇市场超越证券市场成为个人投资者首选的未来十年中，中国需要更多的外汇狙击手，在国际汇市上纵横驰骋，屡建奇功！

小　何

2009 年 6 月 30 日

# 目　录

## 上　篇　王牌中的王牌

知己知彼讲的是对手盘的理解，知天知地讲的是格局的理解，交易无非就是对手盘和格局的问题，你对比有多清楚，对趋势和时机的把握就有多到位。技术分析只是表象，这背后的对手盘和格局才是本质。技术分析只是一个药引子，一个梯子，一个温度计。当我们对博弈的参与者和博弈的环境有充分的认识之后，我们的胜利也才有了最起码的基础。外汇在短线走势中具有显著的阶段特征，每个阶段都有一些较为具体的形态出现。同时，在交易系统上也会有相应的信号，把握外汇走势的阶段性，可以让我们能够对方向和趋势的把握有一定的察觉和准备，提高我们的感觉敏锐度。

# 下　篇　短线王牌

## 第一张短线王牌　"直接+间接进攻"突破模式 ················· 087

很多时候短期行情的发展不是一蹴而就的，这种曲线路径也使得不少外汇短线交易者迷失方向，被市场"瞒天过海的伎俩"所扰乱。在面临关键支撑和阻力的时候，行情的发展倾向于两次突破，第一次突破的节奏比较快，而第二次突破的节奏则比较慢。第一次突破的目的是打掉反向仓位的止损盘，所以有"热刀过黄油"的快速态势；第二次突破的目的是逐渐击退那些反方向进场者的进攻，这个过程不能太快，要慢慢消磨其力量，否则容易引发此后关键价位筹码的集中倾泻。

## 第二张短线王牌　"短凭长破"突破模式 ···················· 097

很多时候汇价会短期回落，这是因为在上方遭遇了特定形式的阻力，比如维加斯隧道构成的阻力。之后，汇价受到稍长期交易者支撑转而上扬，最终突破阻力，形成一次波澜壮阔的大行情。或者，汇价会短期反弹，这是由于在下方受到了特定形式的支撑，比如维加斯隧道构成的支撑。之后，汇价受到稍长期交易者打压转而下降，最终跌破支撑，形成一次行云流水般的大行情。上述第一种情况是"短凭长破"向上突破模式，而第二种情况是"短凭长破"向下突破模式。

## 第三张短线王牌　"隧道支撑阻挡"模式 ···················· 109

很早之前维加斯隧道就在欧美交易界小规模传播，此后有位署名为维加斯的交易者将此工具融入到自己的策略中，这才获得更大范围的传播。不过，目前知道维加斯隧道的交易者还是极少数，所以这个工具的有效性在未来十来年还是有很高保证的。

## 第四张短线王牌 "确认隧道支撑阻力"模式

见位进场和破位进场是最基本的两种进场方法。杰西·利弗摩尔和斯坦利·克罗都是趋势交易者，但两者偏好的进场方法存在差别，杰西·利弗摩尔偏好破位进场，而斯坦利·克罗偏好见位进场。这两种方法本身并无优劣之分，关键看你如何管理仓位。两种进场之后都涉及立即设定初始止损的问题，相比而言见位进场的止损幅度相对小些，而破位进场的止损幅度则相对大些。

## 第五张短线王牌 "修正"模式

在欧美市场重叠运作的这一段时间汇价往往反转，走出一波与先前纯欧洲市场走势相反的行情，这波行情一般在40点以上。如果你能很好地识别出欧美重叠时段的具体转折点，那你就可以利用时段上的规律赚到可观的利润。当然，这个模式不是百分百可靠的，可靠性大概在68%以上，一旦你能够控制好风险回报率，你就可以累计产生超越市场平均水平的正利润。

## 第六张短线王牌 "中立"模式

很多时候斐波那契水平就像温度计的刻度一样可以度量市场的情绪，当你从这个角度去看待和利用斐波那契水平，以及斐波那契水平下的汇价走势时，你就会对汇市有更多的认识。"中立"模式就是从这样的角度来分析和研判市场的运作的。"中立"模式需要用的技术指标主要是斐波那契回调线，你可以到很多外汇分析平台中找到这样的工具，它比斐波那契扩展线在各种软件中的运用更广泛。

## 第七张短线王牌 "投机（抛盘）—趋势（接筹）"模式 ···················· 149

　　　　交易就是一场博弈，既然是博弈，就要做到知己知彼才行，你要对这个游戏的主要参与者有尽可能多的了解，这样你才能对交易的绩效实施控制。"投机（抛盘）—趋势（接筹）"模式采用了这样的思路来研判外汇走势，你可以从中找到自己的新思路和新策略，从传统技术分析的藩篱中走出来，不要迷信传统技术分析的三大前提。

## 第八张短线王牌 "指天忤逆"和"砸地生金"模式 ···················· 159

　　　　布林带具有很强的概率论基础，虽然绝大部分技术指标都具有统计的特点，但是只有少数几个像布林带这样的指标能够将市场的运行从概率的角度来分析。布林带涉及均值和离差这些统计学基本概念，也涉及了市场走势中关于趋势和噪声的区分。

## 第九张短线王牌 "能量价格背离"模式 ···················· 169

　　　　背离有很多种形式，主要分为三个大类：第一个大类是基本面与技术面的背离，当然也包括心理面加入之后三者之间两两背离的情况；第二个大类是品种之间的背离，也包括市场之间和板块之间的背离，比如道氏理论中提到的指数背离和验证就涉及第二大类的背离；第三个大类是技术间背离，主要是价格与指标或者是价格与成交量的背离。

通常而言,当冲外汇交易者都比较容易忽视日线走势,这正是他们绝大多数人无法持续获利的关键原因之一。"日线渐短过度"模式比较适合交易者厘清日内交易的方向,当然交易者也可以直接运用这一模式进行获利操作。

横盘说明市场处于犹豫期或者休整期,如果日线上处于超卖状态,而基本面也不能更坏了,那么做多的机会就来了。最好能够配合基本面进行观察,如果找不出更坏的市场预期,则可以大胆进入做多的行列。观察日线上价格处于横盘整理时的基本面情况是非常有用的,这个需要经验的累积才能有所成就。

"回档"模式分为多头回档和空头回档两种具体类型,多头回档就是价格回落,但是幅度不深,之后逐步结束调整继续上扬。空头回档就是价格反弹,但是幅度不高,之后逐步结束调整继续下跌。

如果你是纯技术交易者,在外汇市场你会处于较大的劣势,反过来说就是如果你能兼顾市场心理和价格走势,则你可以在外汇市场中获得较大的优势。"噪声"模式将告诉你技术趋势和市场心理的一种典型关系,这个模式主要基于的技术指标包括顾比均线和蜡烛线形态工具,以及数据日历和即时新闻工具等。

## 第十四张短线王牌 "隧道压制"模式 ……………………………………… 213

学会从支撑和阻力的角度来看待行情的发展是技术分析最重要的环节，但是用技术分析来预测方向简直是缘木求鱼的做法。技术分析的圣杯是预判单边和震荡，但是技术分析本身却无法做到这一点。但是，绝大多数外汇交易者正是靠着技术分析在预测市场的方向。

## 第十五张短线王牌 "轴心点—蜡烛线—震荡指标"模式 ……………… 221

"轴心点—蜡烛线—震荡指标"模式，严格来讲应该算是一种交易系统，但我还是作为自己珍藏的一张王牌和盘托出，这个策略的使用并不是今天才有的，但是直到最近几年才变得相对完善。"轴心点—蜡烛线—震荡指标"模式基于的主要技术指标有蜡烛线形态、轴心点指标和随机震荡指标。

## 第 N 张短线王牌 寻找最佳出场点的另类方法 ……………………………… 229

通过价格本身来确定价格的极值点越来越难做到，只能另想办法。一种办法是从成交量入手。外汇交易有平台成交量，没有整个市场的成交量。我们在这里不介绍通过成交量确定极值点的方法，而从时间规律入手来解决这一问题。有时候你去价格上直接找所谓的最高点和最低点一般不容易做到，因为这样做的人太多了，所以这类方法的效力已经大不如从前了，但你想过从时间上找最高点、最低点没有？

# 上　篇
## 王牌中的王牌

# 外汇短线制胜的原理

善守者藏于九地之下，善攻者动于九天之上，故能自保而全胜也。

——孙武

谈到外汇日内交易，我认为唯一能够与之匹敌的工作就是间谍，这是一项综合素质的竞赛，除非你在各个方面都非常优秀，否则你很难取胜。对于外汇日内交易影响最大的人格特质是一个人的意志力，意志力可以帮助你由一个没有潜质的失败交易者成为一个实力非凡的成功交易者。我们在本篇谈到的问题对于你的外汇交易将有极大的促进作用。在外汇市场上，形态可能比技术指标得到更多的重视，毕竟形态算得上是一个同步指标（在某些交易者眼里，形态甚至是一个领先指标），而技术指标（包括移动平均线和基于价格的统计指标）则顶多算得上是一个滞后指标，当然像斐波那契线谱这样的特殊指标有时候甚至可以充当先行指标。成交量是一个非常好的同步指标，当然也有激进的交易者将它当作一个先行指标。外汇市场中的成交量是局部成交量，在绝大多数情况下可以作为整个市场成交量的代表，但是外汇日内的交易量具有显著的时段周期性，所以简单套用股票市场的成交量策略存在极大的局限性，容易让交易者掉入陷阱。

本篇我们主要介绍外汇短线交易的一些大问题和关键原理，也涉及我们最近几年用到的一个较为复杂的短线交易系

意志力是短线交易者最终登台入市的必要条件，能够基于趋势利用市场题材变化进出市场才是最终成功的关键。

那么，斐波那契线谱在哪些时候可以充当预测指标呢？首先，趋势要表明目前的运动只是一个调整；其次，在某一斐波那契线谱水平上价格出现了反转形态，最好的情况是市场出现了一个顺应趋势的新题材。

外汇市场中的高潮可能对应成交量的高潮，这代表群众的癫狂，往往也是行情终结的表现。但是更多情况下行情的高潮与成交量没有关系，而是利多不涨、利空不跌的异常情况出现，又或者是价格波动率创出极值，这与VIX芝加哥期权期货交易所使用的波动性指标极值的意义类似。

统。这个系统的复杂是因为我们想利用价格低相关或者是不相关的交易机会谋求更多的利润导致的，可以说这个交易系统是几个交易系统的叠加。这个系统的某些部分较早形成和使用，另外一些部分则形成得较晚。这个交易系统，我们当作示范提供在本篇的最后，希望大家琢磨其中每个部分的设计原理和基于的市场特征，并体会通过不相关交易系统的叠加来分散风险提高收益这种做法的好处。这也许是我们与其他短线交易者非常不同的地方，即通过交易系统来分散风险和提高利润与通常持有多个交易对象来分散风险和提高利润的做法存在较大的差异。

除了本篇最后一小节介绍的短线交易系统外，在本篇的前面13节会提出一些我自己总结和从帝娜同行那里学到的东西，最为重要的是交易哲学和市场特征。第一节，我会强调一个"盲利定律"，这是我从帝娜同行那里学到的一个最重要的观念，即通过觉察和习得大众忽略的重要观念和技巧，这样才能取得超越大众的交易绩效。很多交易者之所以失败，我们认为最为重要的一点是对自己的认识存在盲点，对市场的认识存在盲点，而这些盲点在绝大多数交易者身上存在共同点。第二节，我会结合自己的成长经历给出外汇短线交易入门者应该遵循的交易道路。当初我一直在持续盈利交易的大门之外徘徊，其中最为重要的一个原因是我一直追求一个错误的交易表现，这就是没有前提的高胜率，后来发现周围的绝大多数人都是这样的，于是我开始谋求改变，并由此踏上真正的成长之路。如果说第二节是对自己的认识，第三节则是对市场的认识，"知己知彼，百战不殆；知天知地，胜乃不穷"。当我们对博弈的参与者和博弈的环境有充分的认识之后，我们的胜利也才有了最起码的基础。外汇在短线走势中具有显著的阶段特征，每个阶段都有一些较为具体的形态出现。同时，在交易系统上也会有相应的信号，把握外汇走势的阶段性，可以让我们能够对方向和趋势的把握有一定的察觉和准备，提高我们的感觉敏锐度。

---

高胜率本身是中性的，如果你一旦为了高胜率而放弃了前提，如放弃了整体的盈利能力、正的期望值等，那你就误入歧途了。

知己知彼讲的是对手盘的理解，知天知地讲的是格局的理解，交易无非就是对手盘和格局的问题，你对此有多清楚，对趋势和时机的把握就有多么到位。技术分析只是表象，这背后的对手盘和格局才是本质。技术分析只是一个药引子，一个梯子，一个温度计。

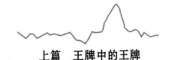
当我们对自己（包括其他参与则会）和市场有一定了解之后，就必须进一步探讨交易操作本身，这就涉及外汇短线交易的进场和外汇短线交易的出场，以及加仓和减仓，这些合起来就是整个交易的仓位管理活动。这是我在加入帝娜之后学到的最多一个领域，就是对"进出加减"的重视，将交易由行情分析转向仓位管理。在本篇的第四节到第六节我们会谈论这些问题。

外汇市场的一个重要特征是"数据和数据预期的驱动"，做外汇的人如果能够注意到数据公布的时间序列，则会给自己的交易带来相当多的便利。外汇市场的日内走势有很大一部分是"数据预期行情"和"后数据弥补行情"，前者走的是预期，后者走的是弥补预期的不足或者过度。数据价值和预期可以通过行情停留的斐波那契点（广义说也应该是回调位置）来推断，这在本篇的第七节进行介绍。

交易中的方向和位置是任何交易持仓都必须搞明白的一个问题，哪怕你是所谓的价值投资者也是如此，你必须搞清楚自己持仓的方向和位置。当然，方向与趋势存在差别，如果你是短线交易者则必须假定你所交易的这段时间的市场趋势，然后使得自己的持仓方向与这个假定的趋势一致。外汇的短线走势反复性非常高，这使得持仓时间的趋势也具有非常差的稳定性（持仓方向很难确定），同时短线交易者的资金相对较少，自然无法承受较大幅度的调整，这就使得进场位置的重要性比持仓方向显得更为重要。在外汇交易中，有两种典型的指标，一个指标是震荡指标，另一个是趋势指标，**震荡指标通常表明了进场的位置，而趋势指标则表明了进场的方向**。当然我们使用震荡指标的时候是很谨慎的，必须与趋势指标（至少是方向判断）结合起来。震荡指标的使用有很具体的前提，这是我们需要注意的。关于交易方向和位置的关系，以及两者的交易实践，我们将在本篇的第八节叙述。

现在市面上很多策略的采用都是基于一定的市场走势特征，这就是趋势，不少交易者没有搞清楚这些策略的使用前

行情分析类似于《孙子兵法》第一篇"计篇"，这个"计"不是很多人乱解读的什么计划，而是"衡量"和"计算"的意思；不是想着运用什么计谋，而是衡量对手和自己的力量对比，外部环境怎么样，这就是行情分析。有了行情分析，接下来才是是否开战，如何部署兵力的问题，这才是仓位管理。

外汇市场有没有题材炒作，外汇市场有没有主力，很多经纪商告诉你没有。其实有人的地方就有江湖，有江湖的地方就有老大。资源是稀缺的，有实力的人为什么会放弃自己的优势和外部条件来跟你竞争！这个有利的外部条件就包括题材，题材是一个饵，是一个杠杆，如果你仅仅以为题材炒作靠的纯粹是蛮力和资金实力的话，那你还完全处于帮人数钱的角色。

什么是"取势"？其实就是有所为，有所不为。哪怕对冲也是有个相对趋势的前提在里面的。糊涂人在外汇市场中想着糊涂钱，却只能沦为猎物。

尽管如此，仍旧要尽量顺着趋势去交易，除此之外，进出场时机还要拿捏到位，这就牵涉进场位置的问题了。

趋势统治方向，方向是局部的，趋势是整体的，我们轻视方向，但不能不重视趋势。

提，所以往往会误用某些策略。另外，有些交易策略的市场走势适应性较另外一些交易策略的适应性更高，在交易者不能预测和高效率甄别市场走势特征的现实下，这些适应性更高的交易策略具有更低的风险和更高的报酬特征。在本篇的第九节，我会详细从市场趋势特征的角度来讨论外汇交易策略的适应性。在本篇剩下几节我会介绍一些更具整体性的概念和"秘诀"。这些东西会给你带来交易意识和手法上的突飞猛进，但最终实现这些升华需要依靠你的艰苦实践和反省，这样才能达到内化的过程。这些整体性的东西，我放在本篇最后几节来介绍。

有一位（账号）ID为ysd2008的读者对于本书的命门其实看得比较透，他是这样说的："《外汇狙击手》以深入浅出的手法，指出了交易中应该特别注意的地方。前面介绍分析的手法，各因素是相互联系的。而里面的王牌，也许是各位朋友最想拿来的'武林秘籍'。我要说的是，单纯的'武林秘籍'的作用，可能是因人而异，秘籍中的核心，都是'势—位—态'的变通应用，说通俗点，它们是形式，真正的核心才是大家需要把握的。"

所有这些看似抽象的内容应该结合到"一个示范的短线交易系统"中去理解。

下面就进入"王牌中的王牌"。

# 第一节　寻找尚未被大众注意的优势机会

想要掌握你的交易同行不知道的信息，你就必须学会关注不同的方向，必须训练自己，不要被嘈杂的声音干扰，无论什么时候在大众朝同一个方向望去时，无论你有没有听到那个声音，你应该看到的是大众忽略的地方。

——肯·费雪

技术和策略之间存在竞争，当同一策略或者指标使用的人增加时，竞争就更加激烈，其优势就逐步丧失了。

多年前的外汇市场往往是单边走势占据主导的市场，"开工没有回头箭"是一天走势较为贴切的描述，但是随着越来越多的技术和策略伴随着精明的交易者步入外汇竞技场，市场的走势开始让越来越多的交易者看不懂，这就是"技术扩散效应"。在外汇市场被各种技术分析占领之前，这个市场的日内走势真的没有今天复杂。为什么这么多的交易者具有这样的看法呢？原因是当他们从广泛传播的技术角度来观察外汇市场时，外汇市场除了迷乱就剩不下什么相对确定的东西了。当一项技术被越广泛采用时，它的效力就下降了，带来的利润就越来越接近市场平均水平，而市场平均利润水平就是亏损（负利润）。**当市场某些重要的特征被交易大众忽视时，把握这些大众盲点的交易者就可以获得超额利润。**这就是我一直提倡的"盲利定律"，或者说"盲利公式"。"盲利定律"可以简单表述为"**盲点即利润**"。

结合我个人的外汇日内交易经验而言，"盲利定律"可以被看作一切交易获利的起点，当然你可以说什么仓位管理、行情分析等，但是我认为**找到一些被大众忽视的，但是与交易绩效密切相关的盲点，对于交易者而言是更为重要的一件事情。**无论是你基于凯利公式进行仓位管理，还是基于复利公式追求能够带来持续高绩效的相对稳定市场特征，都必须依靠盲利公式来寻找到其他博弈参与者的盲点。毕竟，外汇交易是一个博弈过程，短期内基本是个"你我输赢"的零和过程，所以依靠"**信息不对称优势**"或者"**资金不对称优势**"来击败其他参与者。对于我们日内短线交易者而言，基本上都是"墙头草"，因为我们的资金不可能制造不对称优势，如坐庄，所以我们只能依靠信息不对称优势来战胜其他参与者。

信息不对称优势是我们投机者战胜其他参与者的法宝。从这一点出发，我们就需要在交易的各个环节去注意被其他交易者所忽略掉的重要内容，这个内容既可能是某种信息渠道，也可能是某个交易的环节，或者某种市场形态等。总之，如果你想要成为一个能够获利的短线交易者，就必须养成一种思维习惯：**试着注意大众忽略的内容，试着从与大众观点相反去思考，试着从一个新的角度去诠释。**当你以这样的态度去审视交易的时候，机会之门才真正为你打开。相反，如果你紧紧抱着某些陈腐的观念，"忠诚"地跟随某些出名的策略，则你肯定得不到持续的盈利。为什么？很简单，**市场上的观念和方法也是相互竞争的，当某一观念和方法被太多人掌握的时候，这个观念和方法带来的利润也就大幅度下降了。**

下面我们举例说明，怎样才算是注意大众忽略掉的内容，怎样才算是从与大众感念相反去思考，怎样才算是从一个新的角度诠释交易。

第一，如何注意大众忽略掉的内容，如何寻找被大众遗忘的信息，如何规避大众焦点带来的利润率下降问题。这其实是一个非常广泛的问题，我们这里只选择其中一个重要的内容进行介绍，这就是如何寻找那些被大众忽略掉的"关键信息或者环节"。在外汇日内交易中，所有汇评都集中于分析以日为单位的分析，因为汇评的发布恰恰是以日为单位展开的，而这就使得绝大多数交易者操作策略所包含的持仓方向基本上在一日内是单一的。为什么我们忽略了以其他时间单位展开持仓方向假定的维度呢？这就是大众的盲点。作为一个外汇短线交易者，如果你是在日内维度上进行操作的，决策时点的选择是一门均衡的艺术，你必须在远离市场和接近市场之间取得均衡。远离市场使我们可以更好地保持理性，避免被市场波动催眠，接近市场可以让我们更好地跟上市场的节奏，及时分析驱动面对价格的影响。

则以日为单位的汇评只能作为参考，你应该努力下切到更小的时间单位去进行持仓方向假定。比如，你可以下切到小时为单位，将一天的交易决策分割到 24 个小时（当然，实际上你需要休息，所以你可能选择北京时间下午 1 点到晚上 9 点这段时间来操作，这样你分割得到的决策时点是 8 个）。对于绝大多数外汇短线交易者而言，每天的决策点是一个，这就是欧美市场，甚至亚洲市场开盘前的分析时点。这种决策点的分布肯定不适应日内交易的需要。还有一种决策时点分布，那就是完全率性而为的，不少新手中的新手就是这样去操作的，那就是"时不时地进行持仓方向分析"。这种分析绝不是我们所谓的"交易当下"，而是一种没有章法的表现，很容易陷入情绪性交易的陷阱中，如为了弥补亏空而大量交易。**如果你能够恰当地对决策时点进行分布，则可以做得更好。**请看图 1-1-1，这是英镑兑美元的 5 分钟走势图，图中有很多竖线，这些竖线恰好对应整数点，每个整数点我们进行一次进场持仓方向和位置的决策，同时每次持仓都在下一个整数点到来时了结（除非新的进场点恰好位于当下，这样就不必出场了）。通过将传统短线交易者一天 1 个交易决策点（或者是 N 个混乱决策点）分解为 8 个左右的小时整点决策点，我们可以更好地进行日内短线交易。绝大多数交易者看不到自己采用的决策框架和操作框架的不匹配，这就是被大众忽略掉的地方。我们以此为入手点，将行情波动最剧烈的 8 个小时分解为形式上的 8 个交易日，并将此形式上的 8 个交易日分别对待，这样就可以更好地应对外汇日内走势的反复性，同时摆脱情绪对后续交易的影响。**这种交易决策时点分解法**可以给交易者带来信息和情绪上的优势，一个交易日变成了 8 个交易日，这"8 个交易日"也应该实行即日平仓制度，也就是说下一个整点时此前的仓位应该了结。我这里是结合自己的交易经验来演绎关于如何寻找交易大众盲点，你可以忽略这个例子本身，但是应该重视这个例子带给你的方法论意义。

在图 1-1-1 中，我们对交易的时间跨度进行了"知觉改

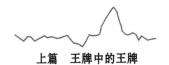

变"，这使得交易者能够更好地应对日内交易，你可以在这个
方法的基础上加入自己的东西，或者说将这个策略融入到自
己的交易系统中。

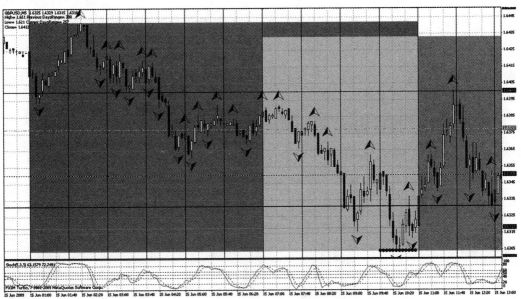

**图 1-1-1　交易决策点的恰当分解**

第二，如何逆向思考。这也是一门被某些交易巨擘奉为
金科玉律的法则，从尼尔开始，这些艺术就不断被秘密传承。
市面上这类型书籍非常少，名气也不大，只是为圈里少数职
业人士所推崇。这类书籍倡导的往往是一种抽象的观念和较
为模糊的策略，如根据 COT 持仓来反向操作，根据成交量来
反向操作等。比起那些讲一些比较死板和具体的传统技术分
析指标和形态的书籍而言，这类书籍非常欠缺吸引力，所以
这些书无论是在欧美，还是引进到国内之后一般销量都非常
差。一句话：这类书提不起大众的兴趣。正如心理学家和哲
学家弗洛姆所论证的那样，人类倾向于放弃独立思考的自由，
向大众靠拢，所以从众也是交易者们的天性。逆向思考要求
我们能够对大众的看法保持怀疑，**并且时常以旁观者的角度
来审视大众的观点**。逆向思维不是简单地"与大众思维和行
为的对立和相反"，如果真的这么简单那就没必要去探讨交易

*既不是正面看待大众，也
不是反面看待大众，而是在站
在旁边来看待大众。*

的其他方面了。要知道，有时候我们也不会与偏执情绪高涨的群众对着干，我们试图利用大众的疯狂，而不是被大众的疯狂所损害。

　　如何做到逆向思维呢？请看图 1-1-2，这是英镑兑美元 5 分钟走势图。图中标识出了一个"破位"和一个"复位"，绝大多数交易者倾向于在向下破位时进入做空，如图中 A 点所示。但是，有极少的交易者则会等待破位之后重新复位的机会，如图中 B 点所示，交易者可以在价格向下突破之后不久的返回中介入做多。破位的时候想到跟随市场方向进入操作，这是绝大多数交易者的思维方向，所以我们如果要逆向思考的话，就应该反问："在怎样的情况下，当市场下跌破位时我们反而应该做多？"

**图 1-1-2　逆向思考者忽略大家交易的，交易大家忽略的**

　　第三，现有的交易策略和技巧基本来自一个源头，这就是发轫于 20 世纪 40 年代到 60 年代左右的技术分析流派，现有的绝大多数交易类书籍只是在用新的形式复述同一个内容而已，本质而言还是一样的。无论是对于价量形态的分析，还是技术指标的用法基本都是一成不变的，极少有交易者去发掘形态的新解释和技术指标的全新用法。**技术指标的用法一直围绕着交叉、区间、背离、离度这四个关键范畴在展开，太阳底下真的是没有新鲜的事物了。**交易者更像是战争技艺，而不是木匠技能的学习和使用者，这两种技能是有区别的。其实索罗斯本人能够在交易中取得极大的成功，最为关键的一点就是对此区别有深刻的认识，毕竟交易涉及的观察和操作对象是人的群体行为，而木工涉及的观察和操作对象是客观的实体。但是，一半的交易者认为交易是知识学习，只要聪明，一两个月足以掌握；另外，差不多一半交易者则认为交易是类似木工技艺学习和使用的过程，只要照着已被大众介绍的具体策略去学习即可。其实，战争的哲学是永恒的，交易的哲学也是永恒的，但战争的具体做法却是变动的，之所以变动是因为当你的战法为对手知悉时就已经失灵了，当对方的手法变得为你所知悉时则对方也就陷入了末路，交易也是如此。很多人不明白这个道理，或者对此认识不深，总是以为交易就跟学木工一样，照着一个具体而既定的"前人策略"去操作即可。

下面，我们来看一个具体的例子，大家可以初步理解如何从新的角度去看待老的结论。

请看图 1-1-3，这是英镑兑美元 5 分钟走势图，图底部是一个双底形态。双底是一个为大众广泛知晓的技术形态，教科书上清一色的交易策略是在汇价向上突破颈线时介入做多，具体而言就是图中的 B 点。在颈线被突破时介入交易，这就是老的视角，我们应该反思这种视角，更为重要的是从新的角度去审视这类价格走势。B 点是传统的破位进场点，几乎所有的外汇交易者都学习过这种进场策略，也就是颈线突破策略。当一种有效技术迅速传播之后，也就是**渗透率达到极限的时候，其效用也就降到了最低点**。双底颈线突破之后介入技术就是这种情况。对某些形态和技术进行重新定义是提升其效率的一个主要途径，拿图 1-1-3 这个例子来讲，我们的方法是舍弃双底的传统交易思路。我们谋求在双底的右底形成时介入做多，也就是当汇价在构筑右底时的

图 1-1-3　双顶交易的多数派和少数派策略

A点介入做多，这样就将传统主流的破位进场变为非主流的见位进场，可以避免B点介入后经常出现的假突破，同时在A点能够以较小的风险追逐更丰厚的利润，而且心理压力也小了很多。

**但是，外汇市场中的突破往往是假突破居多，这是由外汇走势的特点和交易机制决定的。**

A点介入通常被认为是激进介入派，它以前面的低点作为支撑位置（正常交易研判中还需要施加更加严格的条件）。B点介入被认为是保守介入派，它以前面的高点作为阻力位置，然后以突破阻力作为进场信号。

**外汇市场中的正常利润是负值。**

我们举了几个较为简单的例子来告诉大家如何利用"大众的盲点"为自己追求超额利润。你可以沿着这个思路走下去寻找属于自己的"撒手锏"。**交易中凡是最有效的东西必然是最少数人知道的东西**，这点是我们可以毫不隐讳地教给本书读者最精华的经验。

# 第二节　外汇短线交易者的两次飞跃路线

交易者倾向于将一种本来可以产生较高回报的标的卖掉，而将一种本来不能产生较高回报的标的留下来，实验结果表明交易者倾向与最大化财富策略背道而驰。

——约翰·诺夫辛格

任何一个外汇短线交易者都必然在经历两次飞跃之后，才能找到属于自己的持续盈利道路。请看图1-2-1，这是外汇短线交易者两次飞跃路线图。**信念决定了交易者的态度，而态度决定了交易者的行为，有效的行为和无效的行为根源于有效的信念和无效的信念，这是绝大多数外汇交易者所忽略的一个重要问题。为什么这么多的外汇交易者都无法找到有效的外汇交易之路，最为关键的原因在于他们始终无法克服某些对交易无效的信念。赢家之所以能够成为赢家，在于他们能够克服某些阻碍交易持续盈利的信念。**当然，这种克服既有认知层面的，也有行为层面的，从各个层次入手重塑交易心智才行，没有经历行为层面的重塑是空洞的。

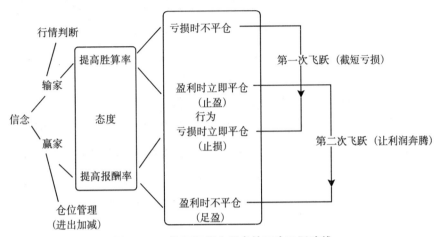

**图 1-2-1　外汇短线交易者的两次飞跃路线**

在交易场上，输家和赢家的最根本区别在于信念上。基本而言，我们与一个交易者聊上一个多小时，就知道这个交易者是输家还是赢家，这些东西是没法掩藏的。你在哪个层次，从你的言谈论点中就会知道，这是无法伪装的。输家非常看重行情判断，他们的绝大部分精力都集中于行情分析本身，对于涨跌和转折点非常关注，关注行情研判是输家信念和价值趋向的外在表现。输家喜欢向权威询问行情研判的方法和特定品种的行情走势。赢家最为看重的是仓位管理，当然行情分析也并不意味着可以省略。**仓位管理最为具体的表现就是对于交易进场、出场、仓位加减的操作。输家将胜算率的高低当作交易水平评价的唯一标准**，他们基本上忽略了其他的评价标准，全力追求最高的胜率。他们追求高胜率的态度为大众媒体和"大师们"所推动，市面上售卖的交易软件都在强调其胜率超越了 90%，而那些兜售自己课程的"大师们"也在不断宣扬自己的课程可以带来超高胜率。

真正的赢家摆脱了这一误区，毕竟我们在小时候习得的"高胜率追求"（少犯错误，多做正确的事情）影响了绝大部分的交易者。我们所见到的纯技术交易赢家，其胜率都不高，在 30%~50%。**较之于胜率，赢家们更加注重风险报酬率。** 在某些情况下风险报酬率等价于盈亏比，也就是平均盈利除以平均亏损得到的数值，我们简称为报酬率。赢家注重较高的风险报酬率。输家的信念和价值观导致他们普遍追求高胜算率，而赢家的信念和价值观导致他们普遍追求高报酬率。

输家追求高胜算率的态度，使得他们在具体操作中倾向于快速兑现利润，同时继续持有浮动亏损的头寸。为什么快速兑现利润可以提高胜率呢？毕竟，如果你将盈利目标降到很小的幅度时，就能够尽可能多地盈利出场。为什么继续持有浮动亏损头寸可以提高胜率呢？第一，交易的盈亏一般是在平仓时论定的，输家认为不平仓就没法断定最终的输赢；第二，大部分浮动亏损头寸基本都会重新回到进场点，特别是外汇日内交易中的头寸。但是，这些输家忽略了关键的一点，那就是**极少数几次的"例外"会让他们此前的盈利前功尽弃**。曾几何时，有位交易界同行用"千日拾柴一日烧"来形容这些输家的操作方式，他们往往在一次交易中将前面赚取的利润（甚至连同大部分本金）亏光。"止盈"是输家字典中使用得非常频繁的一个词语，"止"具有很大的误导性。

所谓的统计分布上的"肥尾事件"对于交易绩效往往有决定性的影响。

赢家将一个良好（至少恰当）的风险报酬率放在最为重要的位置，所以他们的策略是"截短亏损，让利润奔腾"。对于日内交易而言，要尽量做到"足盈"，这与人类的天性相悖。

外汇短线交易者的第一次飞跃是围绕着如何截短亏损展开的，这涉及恰当止损点的设置问题。外汇短线交易者的第二次飞跃围绕着如何赚足盈利展开的，这涉及出场管理问题。

注重报酬率，并非忽略胜算率，只是有个先后顺序，一般人往往先从胜算率入手，这就是走弯路了，会制约真正入门。先提高报酬率，再逐步提高胜算率，才是王道。

胜算率和报酬率在交易学习之路中的地方是不一样的，人类的天性使得交易者在学习道路之初非常重视胜算率，这就是将他们导向了以行情判断为核心的交易手段上。他们着重把握交易次数上的输赢分布，这种思维是典型的输家思维，如表1-2-1所示。正确的交易学习之路应该首先着重于提高每笔交易的风险报酬率，也就是盈利空间相对于亏损空间的比率（一般而言就是盈利出场点到进场点距离相对于亏损出场点到进场点距离的比值），在获得了恰当的报酬率之后再去提高胜算率。赢家的思维是从仓位管理，具体而言是从类似

表1-2-1　胜算率和报酬率在交易学习之路中的位置

| 交易价值观 | 交易手段 | 管控的要素 | 思维代表 | 正确的提高顺序 |
| --- | --- | --- | --- | --- |
| 提高胜算率 | 行情判断 | 次数 | 输家思维 | 后提高 |
| 提高报酬率 | 仓位管理 | 质量 | 赢家思维 | 先提高 |

于凯利公式这样的角度出发去把握整个交易流程的学习。

追求胜率并不是不对，只追求胜率，或者在交易之初就全力追求胜率则是错误的做法。请看表1-2-2，赢家和输家的不同价值偏向导致他们踏上一条截然不同的学习之路。亏损交易者在学习之初就不断寻找那些胜算率几乎完美的秘密策略，江恩理论、神奇指标、完胜策略、交易秘籍，高级软件都是他们追逐的对象，他们基本上都忽略了风险报酬率。他们之所以踏入这条死路，最为重要的原因是他们头脑中那些限制性的价值观，其中最为重要的一条就是：胜率是衡量交易者水平高低的唯一标准。赢家具有的是能量性的价值观，这就是将报酬率看作是衡量交易者水平的最重要的工具。

表1-2-2　报酬率和胜算率的输家和赢家偏向

| 亏损交易者的学习之路 | 成功交易者的学习之路 |
| --- | --- |
| 先提高胜算率 | 先提高报酬率 |
| 漠视报酬率 | 后提高胜算率 |
| 限制性价值观：胜率是衡量交易者水平的唯一标准 | 能量性价值观：报酬率是衡量交易者水平的最重要标准 |

谈到外汇短线交易者的两次飞跃路线，不得不谈到胜算率和报酬率的问题，而要追溯到根本上，则必须理解信念—行为—结果之间的逻辑关系。这么多的交易者之所以失败，最为关键的原因是他们直接追求结果，忽略了信念对于行为和结果的制约过程。请看图1-2-2，要想盈利，就不能直接追求盈利本身，而应该以导致盈利的行为和信念作为追求对象，**我们应该以技术性目标，而不是绩效性目标作为努力的方向。**这就好比打网球的时候我们应该以正确的姿势作为目标，而不是以打赢作为目标。如果你满足技术性目标，则绩效性目标自然就达成了。相反，如果你以绩效性目标作为追求对象，则往往会违背正确的资金管理规则，同时也会扭曲自己的交易心理。在图1-2-2中，我们可以看到典型的失败交易者的信念—行为体系，读者看看自己是不是这样的。

失败交易者的观念与小时候的教育有关。父母和老师有意或无意地向子女灌输"少犯错误的人就是优秀的人"这类概念，很多激励方式是惩戒错误行为，而非奖励正确行为。当我们踏入交易界的时候，自然而然地会认为赚钱就是胜率高的结果。于是，我们将高胜率当作交易中最值得追求的事情来做。为了提高胜率，我们迅速兑现浮动盈利，同时继续持有那些浮动亏损的仓位，归结起来就是"截短利润，让亏损奔腾"，长期下来，平均亏损肯定大于平均盈利，风险报酬率就会很差。

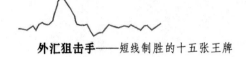

信念 —— 母信念（少犯错误的人是优秀的人）

　　　　　—— 子信念（赚钱就是胜率高的结果）

价值观（胜率高是最值得追求的目标）

态度（截短利润，让亏损奔腾）

　　　　　　　　　　　　　　　市场

分析 ——— 决策 ——— 执行 ——— 收益

**图1-2-2　失败交易者的"信念—行为"体系与交易结果**

## 第三节　外汇短线走势的四个阶段特征和操作要点

　　市场走势与大众心理具有某种阶段性特征，这些特征的出现具有概率上的规律性，对于交易者而言具有非常重要的操作意义。

——魏强斌

　　我们现在从小时图的角度展开外汇短线走势的阶段特征和操作要点，这个角度不一定适合所有的外汇短线交易者，但是可以给每一个外汇短线交易者提供行情分析思路上的启发。外汇短线走势的四个阶段是：开始阶段、突破阶段、持续阶段和结束阶段，其中开始阶段和结束阶段是重叠的。所以我们在具体阐释外汇短线走势的四个阶段特征时只描述三个阶段：开始/结束阶段、突破阶段和持续阶段。

　　本节叙述的内容和技巧应该与本篇第十三节的"市场周期和心理周期错配"结合起来看。开始/结束阶段往往属于"市场转折/心理持续"的阶段，也就是说**市场已经开始转折了，而大众心理却仍旧沉浸在此前市场走势中的阶段**；突破阶段一般属于"市场持续/心理转折"的阶段，也就是说市场延续转折之后的走势，而大众才注意到转折已经出现；持续阶段一般属于"市场震荡/心理持续"和"市场持续/心理震荡"这两个阶段，市场在拉出单边走势之前往往会做类似股票"洗牌"的过程，这个过程的出现很难完全归结于市场庄家的操纵，你可以简单地理解为**"市场为了让绝大部分参与者把握不住最丰厚的利润而做出的举动"**。

你所见到的外汇短线交易高手必然从开始/结束阶段、突破阶段和持续阶段三者中的一个入手来着眼进场，然后根据行情发展的阶段来决定加仓、减仓和出场。下面我就来介绍一些自己对这三个阶段的理解和操作，这里提到的知识点和技巧也许要结合本教程其他部分的内容才能理解，特别是本篇第十四节的内容。如果你对其中的某些指标或者技术比较陌生，这不要紧，你可以通过本书的其他部分来更好地理解它们，如果实在不行，你也可以登录我们的答疑网站。我的操作方法受到了帝娜私人基金其他人员的极大影响，如欧阳傲杰的黄金短线交易策略就对我的交易风格形成有很大影响。

我们首先来看外汇短线走势开始/结束阶段特征和操作要点，见表 1-3-1。一波短线行情（1 小时图上的）的起点往往比持续阶段需要更多的界定条件，毕竟交易者最容易误判的就是行情的起点，或者说转折点。正因为这个原因，我们在操作 1 小时图上（或者是 5 分钟图上）的一波行情起点时，往往要同时从日线图或者是 4 小时图上查看走势特征。

表 1-3-1 列出的开始/结束阶段特征和操作要点只是帮助你去抓行情的起点，绝不表明你要等待所有条件齐备后才去操作，你应该尝试把其中的要点融入到自己的研判体系中去。转折/起点交易比突破交易和趋势跟随交易（持续交易）难度更大，准确性更低，所以需要交易者在高于交易框架的时间结构上进行分析，我的外汇短线交易一般是在 1 小时交易图上展开的，**要抓转折/起点就必须同时查看日线走势图**。

表 1-3-1 开始/结束阶段特征和操作要点

| | | |
|---|---|---|
| 1 | 日线图特征 | 出现渐短模式的蜡烛线（或者说十字星之类的小实体蜡烛线），同时对应的震荡指标处于极值区域，极值区域一般定义为 80 以上区域或者是 20 以下区域（见图 1-3-1），更为明显的开始阶段特征还要求此时的小实体蜡烛线位于关键阻力支撑位置附近，如前期显著高低点，趋势线附近 |
| 2 | 4 小时图特征 | 震荡指标处于极值区域 |
| 3 | 1 小时图特征 | 蜡烛线横盘震荡走势跨 3 日（见图 1-3-2），或者是出现双峰、三峰 |
| 4 | 基本面特征 | 显著利好不涨，稍微利空即跌；显著利空不跌，稍微利多即涨；或者是公众消息面没有显著的变化汇价却大幅下跌和上涨 |
| 5 | 验证要点 | 如果汇价的企稳反转位置恰好位于斐波那契特定水平附近，则可以进一步提升其信号反转的有效性 |
| 6 | 注意事项 | 外汇短线交易者要想抓住汇价走势的起点往往需要小止损多次尝试 |

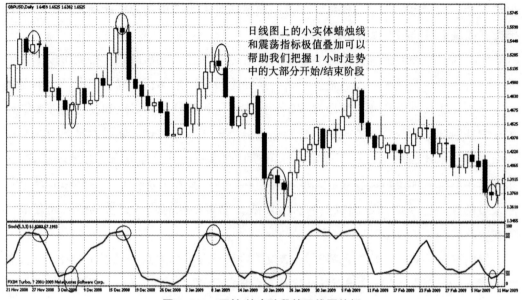

图 1-3-1　开始/结束阶段的日线图特征

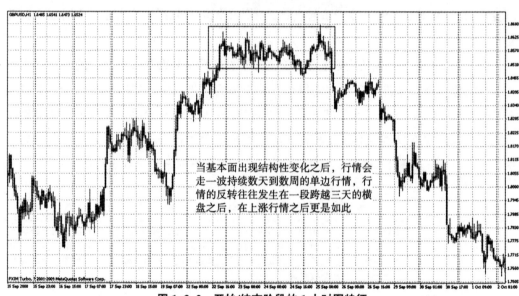

图 1-3-2　开始/结束阶段的 1 小时图特征

在所有交易者中，只有极少数赞成抓"转折/起点"，如保罗·琼斯和乔治·索罗斯，大部分成功交易者都擅长于做趋势突破或者是趋势跟随。我们先来看趋势突破，请看表 1-3-2，这个表显示了我定义的"外汇短线走势的突破阶段特征和操作要点"。"突破而作"是那些在走势突破阶段介入的交易者的座右铭，最一般的突破是汇价对水平趋势线，也就是阻力支撑线的突破，也就是表 1-3-2 中的第 3 种特征和操作策略，如果

表1-3-2 突破阶段特征和操作要点

| 1 | 顾比复合均线 | 顾比复合移动平均线或者是其他类型的均线组发生交叉（见图1-3-3），具体而言可能是金叉或者是死叉（1小时图） |
|---|---|---|
| 2 | 维加斯隧道 | 汇价穿越了维加斯隧道（见图1-3-4），具体而言可能是向下穿越或者向上穿越（1小时图） |
| 3 | 直边趋势线 | 汇价突破形态的颈线（见图1-3-5）或者是直边趋势线（1小时图） |

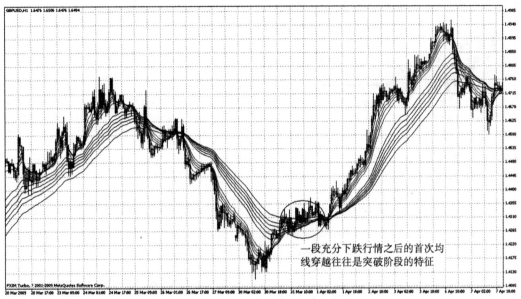

图1-3-3 突破阶段的顾比复合均线特征

图1-3-4 突破阶段的维加斯隧道特征

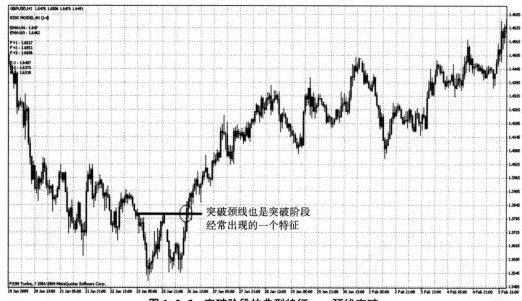

突破颈线也是突破阶段经常出现的一个特征

**图1-3-5 突破阶段的典型特征——颈线突破**

单单从技术面去看，突破很多时候都是无法准确区分真假的，这就使得突破策略的胜率很低，自然就要求很高的报酬率，也就是说盈利空间相对亏损空间要大才行。

突破阶段的操作往往需要观察市场心理的变化，这些可以广泛浏览各层次汇评（投资机构汇评、银行汇评、媒体分析师汇评等）得到。短线交易往往是一个围绕原则同时灵活处置的过程，如果想要得到非常高的绩效，甚至创造短线交易的奇迹，则必须对交易保有一定的灵活性，完全机械和自动化的交易是无法创造奇迹的（就个人观点而言）。

突破而作不仅仅是用在一段行情的最初突破之处（突破阶段），在行情的持续阶段也会有调整，自然也就有许多小突破，这些也可以利用突破而作的策略。**在行情的持续阶段，我倾向于寻找调整进场的机会**，也就是所谓的"见位进场"。请看表1-3-3，对于趋势跟踪交易者而言，外汇短线走势的持续阶段是他们入场的最重要阶段。趋势持续的特征可以从蜡烛线整体特征和布林带特征去把握，而顾比均线和震荡指标则可以很好地帮助他们把握持续阶段的进场。

关于进场策略和出场策略剖析较为深入的书可以参考魏强斌的相关专著，比如《外汇交易三部曲》和《外汇短线交易的24堂精品课：面向高级交易者》。

表 1-3-3　持续阶段特征和操作要点

| 1 | 顾比复合均线 | 顾比复合移动平均线或者是其他类型的均线组持续地发散和收敛，当出现回档时就是很好的见位进场机会（见图 1-3-6）。所谓回档就是短期均线回落到长期均线附近，然后倾向于再度展开的情况，这是一个持续阶段进场的机会（1 小时图） |
|---|---|---|
| 2 | 震荡指标 | 震荡指标可以帮助我们把握持续阶段的见位进场机会，比如回档位对应的 stochastic 值位于 80 以上或者是 20 以下，具体而言就是趋势向上时，stochastic 的值位于 20 以下；**趋势向下时，stochastic 的值位于 80 以上**，这是一个持续阶段进场的机会（1 小时图） |
| 3 | 蜡烛线 | 上涨持续阶段的蜡烛线多阳少阴，大阳小阴，当遇到小实体回调蜡烛线时恰好是入场做多机会；下跌持续阶段的蜡烛线多阴少阳，大阴小阳，当遇到小实体反弹蜡烛线时恰好是入场做空机会（1 小时图） |
| 4 | 布林带 | 汇价在布林带中线之上运行就是持续上涨的特征，汇价在布林带中线之下运动就是持续下跌的特征，汇价持续阶段会出现周期性的休整，这时候布林带就会收口，收口后的张口往往是持续阶段入场的机会（1 小时图） |

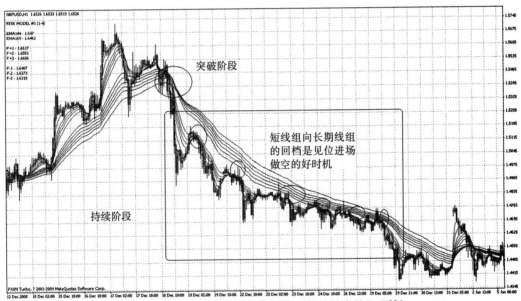

图 1-3-6　持续阶段的顾比线特征（持续的发散和回档）

　　我将外汇短线走势定义在 1 小时走势图上，而且我的交易主要集中于英镑兑美元上，我通过上述表格定义的条件来甄别走势所处的大致阶段，这个过程不可能做到非常准确，但是可以帮我领先绝大部分交易者一小步，这点微小的优势足以创造出丰厚的利润。最后，我想申明更为重要的一点：**外汇 1 小时走势图上一波较为显著的单边走势基本与市场在一周到几周内的主导心理有关，也就是说与这段时期的炒作主题有关，或者是与这段时期内的市场焦点有关。**只有将短

　　题材不仅仅是股票短线交易获利的关键所在，也是外汇短线交易获利的关键所在。股票方面的题材大家比较熟悉，在《股票短线交易的 24 堂精品课：驾驭市场的根本结构》一书中有详细的解释，对于题材感到陌生的读者可以参考一下这本书。

线走势的阶段与炒作主题的阶段结合起来才能很好地运用本节的内容，这就是本书传授技能的艺术一面。

# 第四节　外汇短线进场的要素

> 善战者，致人而不致于人。兵之形，避实而击虚。水因地制流，兵因地制胜。故兵无常势。水无常形，能因敌变化而取胜者，谓之神。
>
> ——孙武

进场对于短线交易者的意义比中长线交易者更为重要，对于小资金交易者而言，进场是非常重要的环节，这是因为小资金交易者缺乏充裕的资本来应付市场的回调，或者说"噪声波动"。小资金交易者不可能通过设定宽松的止损幅度来应付市场的调整走势，只能寻找更为恰当的进场点和进场时机来回避这种"噪声波动"。不少从事过美股当冲交易的行家里手对此可能会有更深的体会。也就是说，对于小资金交易者而言，为了控制住风险同时也能够过滤掉噪声，必须寻找更优的进场时机，这就需要在进场环节上下足功夫。**小资金做短线难就难在进场点的抉择，而出场点则无论是对于小资金还是大资金都是非常难做到的一个环节，所以以小资本高杠杆开始交易其实上来就让交易者处于一个非常不利的位置：不光要求恰当的出场，更要求恰当的进场。**如果你资本丰厚，且交易杠杆恰当，则面临的主要问题是出场；进场的相对重要性较低，对于你交易绩效的影响并没有小资金那么显著。

我是从小资金开始从事交易的，所以最清楚小资金交易的困境：第一，因为资金状况不充裕，所以对于迅速进入持续盈利水平的愿望更迫切，可提供的学习时间更短，所以往往在真正步入正轨之前就放弃了，或者是一直徘徊在错误的交易学习之路上，这就是内在天性带来的困境。第二，因为资金状况不充裕，所以不能承担市场较大幅度的噪声波动或者说回调，这就对进场点的要求很高，小资金交易者被要求同时在进场和出场方面具有很高的造诣。第三，小资金交易者盈利愿望迫切，想走捷径，而且小资金交易者数量巨大，这就给某些软件和策略提供者以盈利机会，他们当然会迎合这类"速成的愿望"，这些商人没有能力也没有意愿将广大的小资金参与者带入交易的正途上，而是有意或无意地往岔路上带，这就使得小资金交易者很难学到真正的东西，

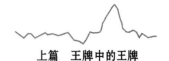

走上正确的道路，这就是外部负面环境带来的困境。第四，小资金交易者很难接触真正的职业交易者和机构，这就使得他们一开始很难对交易职业形成正确的认识，这就是信息上的劣势。

要摆脱这些困境非常不容易，所以小资金交易者的道路非常崎岖，但是绝大多数交易者的能力和愿望使得他们倾向于走这条道路。这就是一个悖论：**最不适合小资金交易方式的交易者却最倾向于走小资金交易策略这条道路。**

外汇市场的容量很大，这使得不少以技术交易策略起家的人都相当于是小资金交易者，几十万美元的保证金如果以非常高的杠杆形式进行交易则也面临进场点抉择的难题。

外汇短线进场方法无外乎四种，请看表 1-4-1。进场方法以调整进场和突破进场为主，调整进场是逆走势进场，所以一般在调整有结束迹象的末期介入；而突破进场则是顺走势进场，一般倾向于在突破初期进场。**如果在突破已经完成很久，市场基本步入持续走势才介入，则会面临无处可放置初始止损的困境。**

表 1-4-1 外汇短线进场方法

| | | 激进进场 | 以较低时间结构研判 |
|---|---|---|---|
| 进场方法 | 调整末期 | 保守进场 | |
| | 突破初期 | 积极进场 | 以较高时间结构研判 |
| | | 正常进场 | |

调整末期进场的方法主要是激进进场，这类进场的特点是在市场还处于区间走势的时候就开始为突破走势进行谋划和布局，请看图 1-4-1。如果我们预想此后的走势会向上突破，走出单边市，则可以在市场还处于震荡区间的时候介入，具体的介入时机是震荡走势的末期（这个存在主观性，不过可以参照日内外汇走势的时间特征，比

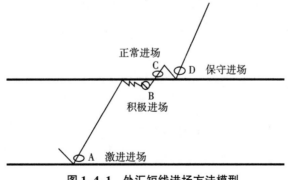

图 1-4-1 外汇短线进场方法模型

如亚洲市场交易转入欧洲市场交易，也可以参照基本面数据公布时间表，比如接下来几个小时会有重大数据公布，而这个数据恰好是市场的焦点），具体的介入价位是震荡区间的下边沿（做多）。当然，如果你估计突破后的走势是向下，则你的具体介入价位就是震荡区间的上边沿（做空）。

调整末期介入的第二种方法是保守进场策略。当汇价向上突破之后，并不急于介入，而是等待市场的一个回测，这个价格行为可以向我们表明突破的有效性，以及下方阻力变成支撑的可靠性，请看图 1-4-1 中的 D 点（如果市场震荡后下行突破，然后回撤，则与本例的图形成镜像关系）。现在的外汇市场，简单的"突破而作"对于小资金而言经常会遭受痛苦的反复"洗牌"过程，所以调整末期介入有其合理性。**对于小资金而言，调整末期介入比突破初期介入更好，除非是市场的焦点集中于某一重大基本面数据，这一数据关系汇率走势的持续变化，则这样的数据公布之后的汇价走势可以跟进突破。**

突破初期介入的具体方法有两种，第一种是积极进场，这时候汇价还没有完全突破，恰好顶着震荡区间的上边沿，在英镑兑美元的小时走势图和 5 分钟走势图上经常会出现这样的走势。这类走势往往出现在重大数据公布的前夕，而且市场往往倾向于继续上行（向下的积极进场就省略了，可以类推，图形成镜像关系）。如果你等待真正突破才介入，一般是来不及的，就算能够介入也会因为滑点而被拉到较远的价位成交，而且非常不好放置止损，特别是不适合小资金交易者和高杠杆交易者。面对这种情况，最好采用积极进场法，如图 1-4-1 中的 B 点所示。

突破初期介入的第二种方法是正常进场，如图 1-4-1 中的 C 点所示。这是教科书上传授得最为普遍的一种方法，也是被用得最多的一种方法。这个方法有很多前提，最关键的前提有三个：第一，交易的手续费较低；第二，市场呈单边强劲走势的时间不应该太少；第三，配合"试探—加仓"策

驱动因素的可持续性程度与进场方法选择存在较高的相关性。

突破而作的策略如果碰上震荡市场就会频繁亏损，虽然亏损幅度小也会导致资金的显著下降，所以必须在单边走势中加仓，通过指数化增长来弥补此前的震荡市的亏损，并且靠单边加仓来赚取主要利润。

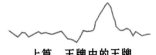

略才能扳回震荡时的频繁亏损，同时带来净盈利。

外汇日内走势的突破需要考虑到市场的活跃性，这个需要从市场所处的时段和数据重要度来考虑。如图1-4-1所示的正常进场是针对做多交易的，至于做空交易则可以倒过来理解。

短线交易者应该以调整末期进场为主，以突破初期进场为辅。调整末期进场一般用于较小资金、较高杠杆资金、较低时间框架交易，以及较重仓位交易；而突破初期进场则用于较大资金、较低杠杆资金、较高时间框架，以及较轻仓位交易。

下面我们结合真实走势让读者对四种进场策略有一个直观的认识。请看图1-4-2，这是英镑兑美元的5分钟走势图，R代表阻力，S代表支撑。汇价在较长的一段时间内处于震荡走势，这时划分区间具有一定的主观性，但是这并不妨碍我们最后的交易绩效。假定交易者认定汇价最终会向下走出单边走势，也就是说区间的下边沿最终会被向下突破。如果持有这个假定，且交易者又是比较激进的，那么可以等待汇价升至震荡区域上边界附近时择机介入做空，在真实操作过程

数据的重要度不是狭隘地体现在公布当时和之后，往往也体现在对公布之前汇价走势的影响上，这个时候就是在走"预期行情"，越是重要的数据，其"预期行情"越大。

较小驱动因素导致的行情在调整末期进场，较大驱动因素导致的行情在突破初期进场。

图1-4-2 英镑兑美元的激进进场做空

中往往还需要通过现价的蜡烛线形态来确认上边界阻力的有效性，然后才能择机入市做空。

接着，我们来看积极进场的实例。请看图1-4-3，这是欧元兑美元的5分钟走势图，汇价在一个区间之内反复震荡，此后汇价升至区间上边界附近徘徊，这时候积极的交易者就可以在汇价徘徊的末期介入做多。

是不是末期，一般靠估计，尽量靠近末期，一般可以通过基本面、心理面的变化，以及价格闪动频率来识别。

图1-4-3　欧元兑美元的积极进场做多

图1-4-4也是一个积极进场做多的实例，这个例子也是欧元兑美元5分钟走势图上的。像这样的例子有很多，几乎在每周的交易中都会遇到好几次，当然你最好能够同时关注消息面和市场心理的变化。怎样去关注市场心理的变化，最好的办法就是"旁观"那些汇评，你既不能正面去看汇评，也不能反面去看汇评，应该站在侧面去看汇评，这样才能洞悉到参与者的心理变化。

正常进场比较好理解，这种方法你可以从一些被普遍信奉的技术分析经典中看到，比如约翰·墨菲和麦基的书，传统的颈线突破进场和形态边界突破进场就属于正常进场。请看图1-4-5，这是欧元兑美元5分钟走势图，其中演示了最简

图1-4-4 欧元兑美元的积极进场做多

单的进场策略，这就是突破震荡区间上边界或者说突破前高进场。你可以从很多角度去剔除认为的假突破，比如突破时的K线是不是持续形态、突破之后是否有3根K线收盘于被突破的阻力之上、突破时是否还有上涨的心理空间（比如近期还有未公布的预期利好数据等）、突破是否处于欧美交易时段等。

图1-4-5 欧元兑美元的正常进场做多

突破之后并不急于介入，等到价格进行回测之后再介入，这是交易者过滤假突破的方法之一。当然，如果价格没有回测就直接向前发展，这类交易者就失去了这次机会。一般而言，**外汇市场的干脆突破都发生在普通交易者心理没有准备的时候，一旦你心理做好准备的时候则不会有干脆的突破**。这一点也比较好理解：你自己就是散户的代表，你的心理状态和想法与绝大多数散户一样，因为你们学习同样的技术分析，受到同样技术分析流派的影响，周围围绕同样的汇评指导和消息留言，你们的行为因此变得一样，一旦散户大量同时入场而又缺乏大机构的支持时就很容易出现假突破。**你可以把自己的"临盘感受"作为散户心理的指示器，这样你可以较好地预期什么样的突破很可能是假突破**。保守进场法是一种较为传统的过滤假突破的方法。请看图 1-4-6，这是欧元兑美元 5 分钟走势图，在汇价向上突破区间上边界之后，交易者并不立即进场做多，而是等待此后汇价回测表明突破有效（换言之就是阻力成功转换为支撑）。

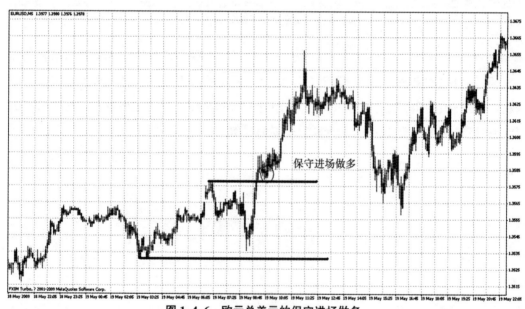

图 1-4-6 欧元兑美元的保守进场做多

下面我们就将四种进场策略放到一个行情走势中分析。请看图 1-4-7 欧元兑美元 5 分钟走势图，A 点是典型的激进进场点，B 点是积极进场点，C 点是正常进场点，D 点是保守进场点，这四个点都可以作为做空交易点。一般情况下行情未必会给出所有四种进场机会，但是一定会包括"调整末期"和"突破初期"两大类进场方法。

进场的四种策略我们都已经介绍了，你可以看看自己采用的进场策略属于其中哪种，也可以看看别人传授的进场策略属于哪种。调整末期进场还可以与震荡指标结合

图1-4-7 欧元兑美元的四种进场策略

起来使用，而突破初期进场则可以与趋势指标结合起来使用。**这四种基本的进场方法可以衍生许多变异策略**，比如突破 N 日新高（低）进场策略等。

外汇短线的具体形式上面我们已经介绍了，下面我将介绍一些进场时需要考虑的要素，这些要素是我自己多年以来实践和运用的总结。实际进场的时候一般会考虑这些要素是否具备，但是不会拘泥到每一项要素都具备才进场。表 1-4-2 给出了我用于判断进场时机是否成熟的几个权衡要素，这些要素可以增加你的进场效率，对于小资金交易者意义较大。这些要素是用于权衡某个进场点的操作价值，与上面介绍的四种进场点不同。一般情况下我们可以根据四种进场点来确定潜在进场时机，然后通过考虑下面的进场要素来确认进场时机的操作价值。

表1-4-2 外汇短线进场要素

| 1 | 波动率异常和市场节律，一般可以从布林带的张口把握 |
|---|---|
| 2 | 数据价值兑现不够或者是日均波幅不够 |
| 3 | 调整末期，此时震荡指标正由极值区域步入正常区域，汇价在 R 处低头或者是在 S 处抬头 |
| 4 | 突破初期，汇价向上突破 R 或者是向下跌破 S，突破交易我一般比较慎重 |
| 5 | 具有恰当的风险报酬比 |
| 6 | 依据概率分布进行资金分配 |

对于小资金或者高杠杆的外汇短线交易者而言，如何把握行情启动点或者是动量

走势起始点是非常重要的一个问题，**我个人首先关注的是波动率异动和市场节律**。所谓波动点异动就是行情波动超出正常噪声水平的走势。一般我用布林带来确定，两个标准差左右的布林带为我经常使用，当布林带一段时间收缩之后我就会耐性等待价格波动突破此区域或者说布林带张口。布林带张口的第一个运动方向未必是真的突破方向，也就是说未必是行情的真正启动方向，在欧洲交易时段开始阶段出现的布林带张口往往存在这种情况，大概有超过一半的时候会先虚晃一枪，再拉开真正的走势序幕。所谓市场节律，就是指三大交易时段的轮换特点，通常欧洲时段的行情最大，其次才是美洲时段。这与通常的观念存在区别，这是因为最大的外汇市场是从伦敦为主的西欧，而不是美国，除非有特别的基本面因素。一般而言，亚洲市场不适合进行交易获利，即使作为入场阶段也应该尽量在此时段的末段介入。为了清楚地界定，我们可以采用一些辅助指标，比如利用 MT4 指标 sessions（见图 1-4-8 和图 1-4-9）或者是 MT4 指标 tradinghour（见图 1-4-9）。

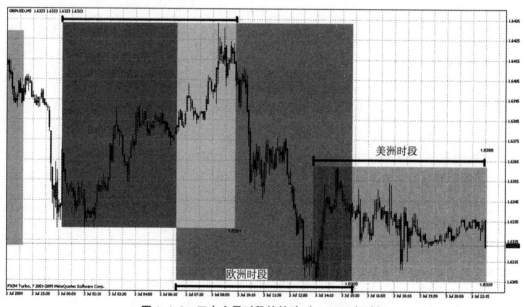

图 1-4-8　三大交易时段的轮动（sessions 标注）

　　**布林带主要是从空间的角度去把握进场的时机，而市场节律则是从时间的角度去把握进场的时机，理想状况下两者的结合可以很好地确定时空维度上的大致进场点。**

　　进场时除了关注时空节律方面的内容外，还需要查看进场之后的发展空间，在基本面没有重大变化的一个较长时期内外汇市场的日均波幅和特定时段均波幅都是比较稳定的，离差较小。如果今天的市场波幅已经达到了日均波幅，而价格目前正处于波

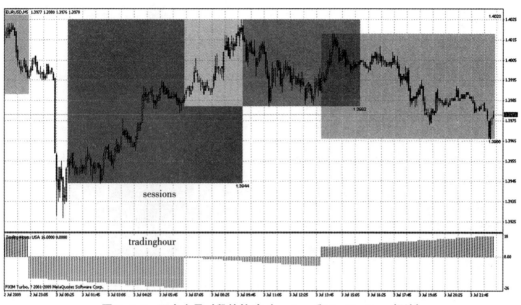

图 1-4-9 三大交易时段的轮动 (sessions 和 tradinghour 标注)

幅区域的一端,则此方向的顺向进场利润空间期望值就非常小了,所以就没有必要进场了。另外,每个经济数据能够引发的波幅也是相对稳定的,虽然有例外但还是能够做到"心中有数"的,在《外汇交易进阶》《外汇交易圣经》,特别是《外汇交易的内在规律:从统计数据到高手实践》一书中对此有更为深入的统计,我在本书就不对这些统计上的数字具体开列了。如果你恰好处在一个重要经济数据公布之后,则你可以据此推断持仓的相对最大可能利润幅度,如果行情已经将数据价值实现得差不多了,你也就没有必要顺向进场了。

外汇短线进场的第二个要素浓缩为**"数据价值兑现不够或者是日均波幅不够"**,见表 1-4-2。人工统计日均波幅数据是非常费时的,如果你还要动态跟踪潜在波幅空间则更费力,我们提供了两个免费指标可以帮助你及时直观地判断潜在的波幅空间还有多大。请看图 1-4-10,你分别在主图和附图叠加 TSR 系列指标就可以直观跟踪潜在波幅空间的变化(本书开列的指标大家可以从我们的技术支持网站上免费下载和永久免费使用)。

进场的第三个要素其实与四种进场方法关系比较密切,请看表 1-4-2 的第三条。我一般会寻找调整末期进场的机会,调整末期我一般从震荡指标和 R/S (阻力支撑水平) 两个角度去甄别(见图 1-4-11)。

图 1-4-10　日均加权波幅和潜在波幅空间统计指标

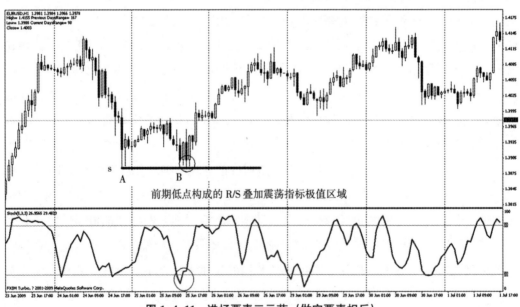

图 1-4-11　进场要素三示范（做空要素相反）

　　表 1-4-2 也列示了突破进场的要点，一般我不会采用这类进场方式，至少短线交易很少这样做。如果交易杠杆很低我可能会倾向于突破而做，如果汇市某一时期出现基本面的重大变化，比如次贷危机，我可能会考虑以突破交易为主。我崇尚系统交易，

对于机械交易持有一定的保留态度，这从上述我的观点中可以看出。

"具有恰当的风险报酬比" 和 "依据概率分布进行资金分配"两个是从仓位管理的角度来探讨进场问题的，虽然进场要素二也考量了进场的潜在报酬问题，但是还没有要素五和要素六那么全面。这两个要素比较抽象，涉及的方面比较多，最简单的使用方式是将显著的 R/S 作为估计潜在风险报酬率的工具，估算出风险报酬率以及胜算率之后则可以代入凯利公式初步估算出资金分配问题了。对于小资金日内交易而言，第六个要素可以根据经验法则来操作。

进场的一般要素我已经和盘托出了，这些要素背后肯定有一些具有普遍意义的原理，但更多的是我个人经验的总结和归纳。本身最有价值的部分或许就是在本篇总结的这些东西，毕竟有效的形态具有时效性，而本篇总结的东西则更具有生命力，所以本书的精髓主要集中于本篇，我将那些"以不变应万变"的东西开列在本篇各小节中。

初次进场时我们的心态处于"相对无干扰"的状态，这时候我们的状态更接近于"交易当下"的最佳状态，但是随着初次交易结束，此后我们的交易心理就受到此前平仓交易的持续影响。再度进场的原理其实与初次进场一样，只是我们需要从新的角度对交易者强调一些要点，这些要点我开列在表 1-4-3 以及表 1-4-4 中。

**表 1-4-3　获利平仓后再次进场的要素**

| 1 | 震荡指标从极值区域调整出来 | 满足其一即可 |
|---|---|---|
| 2 | 价格确认新边界 | |
| 3 | 再次收盘于临界点内（做多则要求在支撑之上，做空则要求在阻力之下） | |

**表 1-4-4　止损后再次进场的要素**

| 1 | 止损后再次入场对于交易者而言是非常重要的，也是很难做到的，因为此时交易者非常害怕遭受亏损 |
|---|---|
| 2 | 在区间内逆向操作止损后可能需要反身操作，反身操作的心理压力越大说明成功的可能性越大。反身操作往往是最稳定的方法之一，但必须离止损价位一定的距离。如果止损后价格又回到区间内，则在复合条件时再次在原方向开仓 |

进场对于短线交易者的意义非常重大，这是由资金规模和交易杠杆决定的，大家只要牢记这点就有动力去琢磨交易进场的问题了。对于所有类型的交易而言，进场不是同等重要的，但出场却是同等重要的。下一节，我会向大家详述短线出场的要点，短线交易者同样需要对其花上大量精力。如果说进场要花 4 分精力，出场则需要花费 6 分精力，一旦你从仓位管理和概率规则的角度去理解进场和出场，你的短线交易水平必然会有很大的提高。

# 第五节　外汇短线出场的要素

比指导交易者进场更重要的是策略能够指导出场，出场是交易成败的分水岭！

——马塞尔·林克（Marcel Link）

"先立于不败之地，而后求胜"，这是《外汇交易圣经》的开篇语。这句话引自《孙子兵法》，我的理解是这样的：所谓"先立于不败之地"讲的是防守，而止损设定就是防守，其目标是"截短亏损"；而"求胜"讲的是进攻，其目标是"让利润奔腾"。无论是"截短亏损"还是"让利润奔腾"都直接与出场有关。

**"截短亏损"涉及当下错误的界定，"让利润奔腾"涉及未来错误的界定。**之所以出场，是因为定义的错误出现了，否则你就应该一直持有头寸。就头寸盈利状况而言，**出场分为止损和兑现盈利，这种区分对于交易技能提高益处不大，因为交易的本质不是盈亏，盈亏是结果。**但是，为了大家理解起来方便，我们还是从大众的角度来剖析出场的要素。所谓从大众的角度，也就是从盈亏的角度来分类解析出场要素。

止损出场一般是指初始止损出场，当然其设定要素也可以迁移到盈亏平衡点止损和一般跟进止损。止损设定之后计算风险报酬率的分母部分就确定了，止损设定的一般要素我认为有五项，大家可以看表 1-5-1。

表 1-5-1　止损设定的要素

| 1 | 阻力之上，支撑之下（至少 5 个点） | 空间止损 |
|---|---|---|
| 2 | 布林带之外 | |
| 3 | 亏损不超过本金的 2%~8% | |
| 4 | N 小时止损 | 时间止损 |
| 5 | 止损设定的一般顺序是：初始止损—盈亏平衡点止损——般跟进止损 | |

止损设定的第一个要素是找到可供防守的位置。或者说界定失误的位置，又或者说是定义行情趋势反转的临界点。最简单的防守位置就是前期高点或者是低点构成的阻力或者支撑，如图 1-5-1 所示。

**图 1-5-1　最简单的防守位置和止损放置**

放置止损的一般方法（包括初始止损和一般跟进止损）是：做多交易时，止损放置在支撑之下；做空交易时，止损放置在阻力之上。

市场的走势具有不规则性，噪声始终伴随着市场的运动，有时候市场会击穿防守位置外侧的止损，但这样的击穿是由噪声波动导致的，这会使得我们过早地离场。为了防止这种情况，我们需要对市场噪声波动进行过滤，一个较好的办法是利用布林带来过滤市场噪声。布林带的默认离差设计使得97%的价格波动落在布林带之内，当市场击穿布林带外轨时单边趋势通常就会出现，所以我们要求初始止损尽量设定在布林带外轨外侧。具体而言，做多交易的止损设定在布林带下轨之下，做空交易的止损设定在布林带上轨之上。当然，如果你的交易时间框架小于 1 小时，则可以采用 1 个左右的标准差，比如《黄金高胜算交易》一书的作者欧阳傲杰就倾向于采用 1.618 个标准差。

小资金交易者有时候必须采用经验法则对仓位进行管理，就效率而言，经验法则可能比凯利公式干得更好。日内交易有时候需要快速反应，我一般规定单边交易不能损失占交易

先立于不败之地，而后求战。

这个方法看似简单，其实止损的要素就在这句话上。

总资本 4%左右的资金。当然这个比率对于每个交易者和每笔交易而言并不一致，但是你应该给自己下这样一个硬性指标，以避免"冲动带来的魔鬼"光临。

外汇短线交易的时段特征比较明显，这就决定了日内交易持仓时间的最大跨度，所以我们通常需要给自己的仓位设定"时间止损"，严格说不能叫止损，应该说是出场，因为这个出场未必是亏损出来的。当然，还有一种时间止损就是进场后在限定的时间内不能盈利，就应该了结仓位，但是实际操作起来难度颇大，因为这个方法忽略了交易成本问题，你反复在震荡区域内进场和出场，这样也会积累大量的成本。

> 思考一下如何避免在震荡区反复"割肉"。其实，有一个简单的原则，那就是在同一价格区域附近一天之内不能进场超过两次，一天总交易次数也有限制。

止损的设定是一个动态的过程，这是不少交易者所忽略的问题。**如果交易者仅仅止损停留在静态**，则很难成为"交易界生态链的猎食者"。动态的止损是高效交易者的典型特征。进场时的止损设定是初始止损，随着行情发展到等于初始止损幅度的价位，这时候就应该将止损移动到盈亏平衡点（当然盈亏平衡点止损还可以按照其他规则设定），然后随着行情的继续发展开始设定一般的移动止损，或者说跟进止损。这个动态止损设定过程，稍微有些水平的交易者一般不愿意与太多人分享，特别是其间的盈亏平衡点止损，大家如果能够在这上面下足功夫，则可以取得很大的成就。

> 动态止损其实是在根据市场的发展来调整风险暴露水平和风险报酬率水平。

如何兑现盈利，这方面的学问也很大。简单的"止盈"最终会极大损害系统的盈利能力，但这种方法还是在交易大众广泛采用。这些人处于交易生态金字塔的最下层，他们的典型特点之一是根据固定的利润目标，或者是价位等来决定盈利出场。不少交易者希望给自己定下盈利目标，比如每日本金增长多少，这其实非常不符合市场运动的特征。市场的机会分布是不均匀的，所以你只能控制风险，等待市场给你利润，"先立于不败之地，而后求胜"，"胜可知，而不可为"。这些简单的道理说出来之后大家都觉得没什么新奇的，但是落到实处的人却很少。

盈利出场其实就是进场条件不符合，或者说持仓条件不

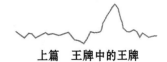

符合。请看表 1-5-2，我列出了自己长期在交易中摸爬滚打总结出来的一些自认为具有普遍性的出场要素，这些要素未必是你出场的充分必要条件，但是你最好能够考虑其价值，否则你在交易出场环节上恐怕要走很多的弯路了。

表 1-5-2　盈利出场的要素

| 1 | 波动率异常和市场节律，一般可以从布林带收口把握 |
|---|---|
| 2 | 数据价值或者是日均波幅达到平均水平。当汇价达到当日最大波幅时，可以紧缩跟进止损空间，或者是立即出场，待回调到恰当位置再进场 |
| 3 | 更高一级时间框架的震荡指标处于极值状态 |
| 4 | 在更大一级时间框架的显著阻力支撑位置附近（特别是前期显著的高点和低点） |

水平比我高的外汇短线交易者肯定不少，但是我觉得看这本书的读者不论你是哪个层次、哪个水平，你都可以从中取得某些新进步，毕竟没有两个交易者是一样的，没有两个交易者的思维和理论是一样的，三人行必有吾师焉，也希望你能够在我们的技术支持网站上相互交流。表 1-5-2 列出的盈利出场要素有四项，我逐步向大家解释，真正的理解必须扎根于两个前提：第一，你必须将这些盈利出场要素通过实践去理解和掌握；第二，你必须将这些盈利出场要素通过你自己的交易系统去理解和掌握。

第一项涉及波动率异动和市场节律，这个与进场考察的要素是一样的，波动率衰减（见图 1-5-2），有步入震荡走势的迹象时就应该出场，至少应该减仓。波动率的衰竭可以通过布林带的收口和标准差指标的拐头来定义，这里面可以发展出很多个性化的东西，大家大胆去发挥即可，不必拘泥一格，这里面绝对没有"标准答案"。当市场节律表明有很大可能进入调整走势的时候，也应该减仓或者出场（见图 1-5-3）。这些需要大家在具体的交易实践中去体会，在即日走势上琢磨几个月自然会有很大的收获。

第二项出场要素数据价值和日均波幅，除了非常重大的数据外，一般我对于按照数据价值出场不太关注。重大数据

波动率在现代量化交易中占据了极其重要的地位，华尔街的很多高效程序是基于波动率建立起来的。

图 1-5-2  利用布林带和标准差指标来定义波动率衰竭

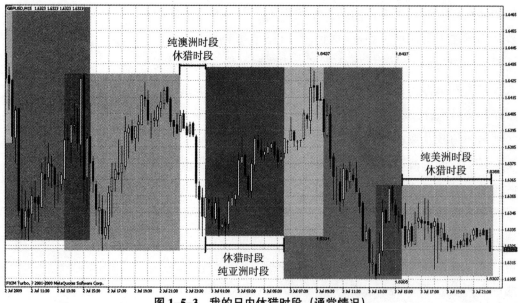

图 1-5-3  我的日内休猎时段（通常情况）

价值的历史数据很容易得到，你可以自己去统计，也可以参照帝娜私人基金实战丛书《外汇交易的内在规律》一书的详细统计。通常情况下，我比较重视日均波幅，**持仓进场后如果价格达到日均波幅点数，则我一般选择减仓或者出场**。我会借助前面介绍的

TSR 系列指标来操作，请看图 1-5-4。如果你进场做多，则当
"Room Up" 后面数字小于等于 0 时平仓；如果你进场做空，
则当 "Room Down" 后面数字小于等于 0 时平仓。

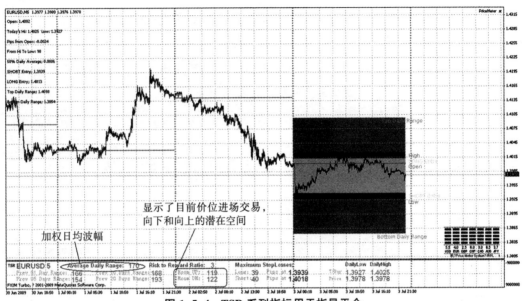

图 1-5-4　TSR 系列指标用于指导平仓

震荡指标在所交易的这个时间层面上不能作为寻找波段
高低点的指标使用，但可以在更高一级时间框架上作为震荡
指标使用。假如你在 5 分钟图上进行做多交易，此时如果 1
小时或者 4 小时走势图的震荡指标进入了超买区域，则你可
以考虑减仓，甚至出场。**当然，你需要考察基本面是否有重
大的变化，市场心理预期有无重大变化，如果在这两个方面
有重大的变化，则你也不能利用更高一级时间框架的震荡指
标作为出场的充分必要条件。**

一些非常重大的阻力支撑位置也应该作为出场的考虑点，
比如一些日线图上的重大转折点形成的支撑和阻力，作为日
内交易者，一旦价格行进到这些前期高低点附近则势必会进
行一些调整和测试，保证金交易者不太可能承受这些关键位
置附近的调整幅度。

本书不是针对新手的进阶教程，所以如果你对某些最简

基本有重大变化导致的大
行情更不能通过震荡指标极值
来判断是不是终节点，否则震
荡指标一直处于钝化状态会让
你错失很大一部分利润，并且
眼看着行情迅速发展根本不给
你再度入场的安全价位。

单和最基本的知识不清楚的话,可以先行阅读一些基础的材料,也可以在阅读揣摩过程中利用搜索引擎进行知识补漏。本节主要介绍了我个人对出场的一些看法,重要的不是我说了什么而是你是否找到了一个可以换角度看问题的启发点,这才表明你有很快地成长起来的能力。一个能够居于"生态链顶端"的交易者必须具备这样的能力,交易是一个零和游戏,这是交易的本质。**交易就是博弈,你如果将交易当作手艺来学习,则你必定误入歧途。**

> 博弈的关键在于因应对手和格局的变化而变化,而不是基于死板的策略。

# 第六节　外汇短线加仓和减仓的要素

识众寡之用者胜!

——孙武

仓位调整比简单的进出场更贴近交易的操作要领,毕竟随着市场行情的发展,持仓的风险报酬率和胜算率也处在不断变化中,这自然就要求交易者随着这些变化对仓位进行逐步调整。一般的交易者根本没有**仓位微调**这个概念,他们追求的是"全身进退",有不少菜鸟交易者甚至对分仓进出嗤之以鼻,他们认为这是拖泥带水的做法,不畅快。交易不是要让你感觉如何的好,而是赚钱,**感觉好的交易往往是赔钱的交易**。这是因为你的感觉与大众一样,而这个市场是零和博弈,不可能大家都赚钱,如果大家都赚钱,钱从哪里来?所以,必定多数人是输家。

> 为什么感觉好的交易经常让你赔钱?第一,感觉好的交易往往是符合"截短利润,让亏损奔腾"天性的交易,这种交易长期下去肯定是赔钱的;第二,感觉好的交易往往是从众的交易,往往是在群体乐观巅峰时做多,悲观谷底时做空。

**仓位调整最基本的方法是加仓和减仓。**对于波段交易者而言,或者说可以分仓的交易者而言,加仓和减仓是必须掌握的技能,哪怕你从事日内刮头皮交易也应该懂得一些加仓和减仓的基本道理。

我对减仓和加仓的基本要素做了一些归纳,请看表 1-6-1。

表1-6-1　减仓和加仓的要素

| | |
|---|---|
| 1 | 区间走势中，顺向减仓 |
| 2 | 单边走势中，顺向加仓 |
| 3 | 日内交易，顺向减仓为主 |
| 4 | 日间交易，顺向加仓为主 |
| 5 | 突破后进场交易（破位进场），先轻后重 |
| 6 | 调整后进场交易（见位进场），先重后轻 |
| 7 | 做多交易中见显著阻力平掉1/2P，破阻力获得支撑增加1P，如果再度回到阻力下方，则平掉新建1P，保留1/2P |
| 8 | 做空交易中见显著支撑平掉1/2P，破支撑获得阻挡增加1P，如果再度回到支撑上方，则平掉新建1P，保留1/2P |

这个表格总结的锁仓要素是我自己交易经验的总结，有些是自己悟出来的，有些是别人那里"拿来"的，但基本都经过了自己的长期实践，最短的也有十余年了。

下面，我就对减仓和加仓的要素逐一进行剖析，刚开始你的理解可能流于字面，这是正常的。不过，如果你连交易都没做几天，则最好还是先做半年的交易再来看这个表格的内容，否则你什么也学不到，反过来你还认为这表格里的东西都是废话，太肤浅了。为什么会这样呢？新手一般看还有没有什么具体的技术分析可以直接拿来用的，如果你讲的都是用文字来表述的，他一看就觉得水平低，所以他反过来会说"太浅了"。

我们转入正题，**减仓和加仓的采用有一个非常重要的前提，这就是市场目前的趋势性质是什么**。这个需要交易者进行恰当的假定，否则你就会把加仓和减仓用反了，用歪了。如果市场倾向于来回震荡走势，这个你可以从数据公布，汇评透出的心理预期以及日线上的走势来假定，如果近期没有什么重要数据公布、汇评也是分歧较大，或者没有什么新的预期，没有什么新的炒作题材，炒作缺乏更大的空间，日线上最近几周一直处于区间震荡，则你就可以大胆假定市场处于震荡走势，这时候应该以顺向减仓为主。区间走势中，当市场往对边发展时，其风险报酬率是越来越差，反转的概率

*不知格局，不可以胡乱加减仓。*

也很高（胜算率逐步降低），从仓位管理的角度来讲自然也就应该越来越低了，如图
1-6-1 所示。

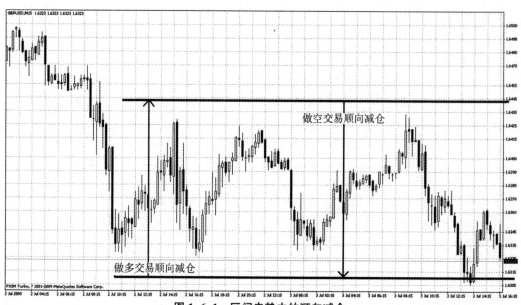

**图 1-6-1　区间走势中的顺向减仓**

　　单边走势中，顺向加仓。单边走势按照老练技术交易者的说法是只能跟随不能去
预测，这个话放在纯技术交易者那里说没有错。就我个人而言，我更倾向于观察汇评
从而判断市场参与者的心理风向，COT 持仓报告、投机者情绪类指标我也关注，无非
寻找关键少数和次要多数对行情的观点。一旦从这个角度入手，则未来走势的性质还
是可以有个大概的判断的。**对于外汇短线交易者而言，觉察参与大众的心理焦点和观
点倾向比基本面分析更有效**，因为当你觉察到参与者们倾向于发动单边走势时，你就
需要相应地调整自己的交易策略了。具体到仓位管理，你则需要采用顺向加仓为主的
仓位微调策略，如图 1-6-2 所示。

　　日内交易，顺向减仓为主；日间交易，顺向加仓为主。外汇日内走势经常反复，
为什么这样说呢，大家不妨去统计一下外汇的日波幅和月波幅的大小，两者一般也就
两三倍的关系，这表明外汇绝大多数时候可能都在一个区间内波动，反复性很强，所
以保证金交易者不太可能顺向加仓。当然，日间交易者，特别是低杠杆交易者也可以
顺向加仓。对于 1 小时以上交易框架为主的趋势跟踪交易者而言，胜率低是可以接受
的，但是必须在抓住一波走势之后大胆加仓，这样才能抵补此前的多次小额亏损，同
时赚取利润。日内交易，特别是外汇杠杆交易，我一般以顺向减仓为主；日间交易特

别是像期货和股票这样的品种，我一般采用顺向加仓为主。关于外汇日内和日间的加减仓问题，图1-6-3做了一个相对简单的说明，请结合具体的货币对和交易时间框架，以及具体交易策略进行批判和完善。

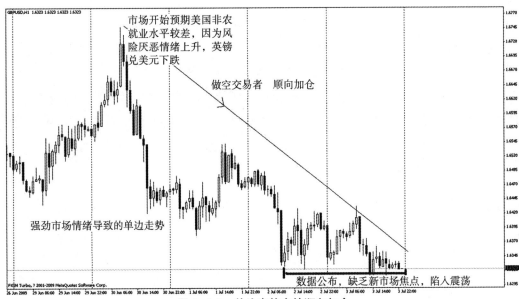

图 1-6-2　单边走势中的顺向加仓

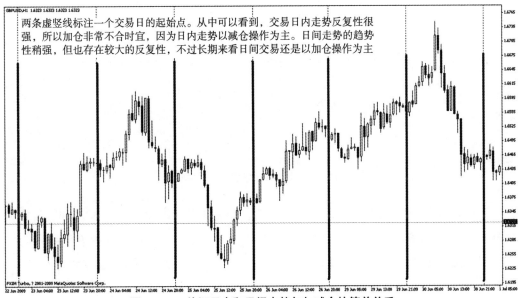

图 1-6-3　外汇日内和日间走势与加减仓的简单关系

**突破后进场交易（破位进场），先轻后重。**突破交易与"试探—加码"策略必须同时使用，但是许多从事突破交易的交易者都不明白这一点，他们往往单独采用突破而作的方法，最终结果是他们往往是在突破而作的道路上不了了之。由于大部分市场处于震荡走势，只有不到一半的时间处于单边走势，如果一直采用突破而作的策略胜率必然不到50%，假如盈亏幅度一样，则必然很难最终获利，即使单笔盈利大于单笔亏损也不能保证最终盈利。所以，这时候就需要进一步扩大对稀缺单边走势的运用，这就是在单边走势上的加码。**加码不是随便都能采用的，如果在震荡走势上加码则亏损反而会更加严重。**所以，我们必须能够让真突破自我筛选，而突破一段之后才加仓就是这样一种方法，而且随着行情逐渐远离震荡区域才开始金字塔递减加仓（比突破时的试探仓位仍属于重仓加码）。对于突破进场和先轻后重加码的简单直观演示请看图1-6-4，这里需要注意的是所谓的"先轻"是指突破时的介入，"后重"是指此后的整个加仓量相对于突破时的仓量更重。

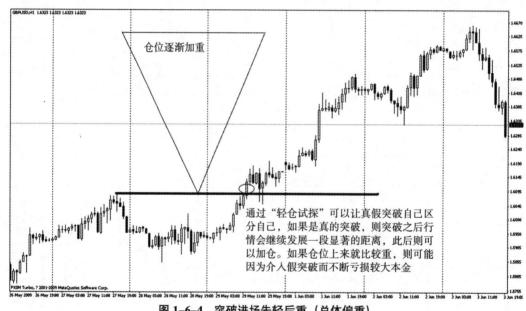

**图1-6-4 突破进场先轻后重（总体偏重）**

**调整后进场交易（见位进场），先重后轻。调整进场**一般属于日内交易和震荡市场交易的最重要进场方式，因为其总体仓位应该倾向于更轻。同时，应该在调整后将要进入的大部分头寸建立起来，因为此时的胜算率和盈亏比是最高的。如图1-6-5所示，该图简单演示了调整进场的仓位管理基本原则。

我有一个做外汇的同行好友，他的仓位加减方法比较特别，而且非常符合凯利公式的原理。他的仓位管理策略是：做多交易中见显著阻力平掉1/2P，破阻力获得支撑增加 1/2P；如果再度回到阻力下方，则平掉新建 1/2P，保留 1/2P。做空交易中见显著支撑平掉 1/2P，破支撑获得阻挡增加 1/2P；如果再度回到支撑上方，则平掉新建 1/2P，保留 1/2P，如图 1-6-6 所示。这个方法我将其列入加减仓要素的最后两条，其中很多深意可以发掘，我自己也在深入揣摩之中。在仓位加减过程中觉得这个方法不错，特别拿出来分享给大家。不过这个方法必须放到足够的汇价波动框架上，也就是说 R/S 与 R/S 之间不能太近。

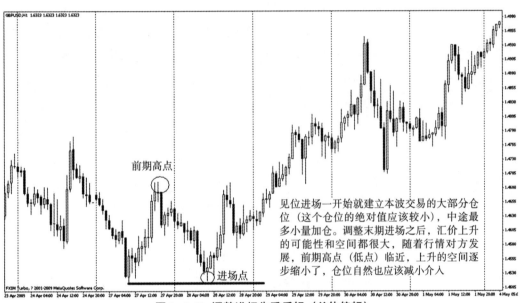

见位进场一开始就建立本波交易的大部分仓位（这个仓位的绝对值应该较小），中途最多小量加仓。调整末期进场之后，汇价上升的可能性和空间都很大，随着行情对方发展，前期高点（低点）临近，上升的空间逐步缩小了，仓位自然也应该减小介入

图 1-6-5　调整进场先重后轻（总体偏轻）

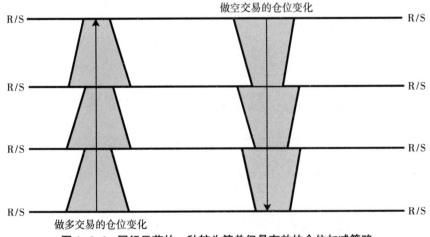

图 1-6-6　同行示范的一种较为简单但是有效的仓位加减策略

仓位管理还有一种较为特殊的方式就是锁仓。锁仓只在少数平台上实现，而且目

前随着欧美金融监管当局对电子交易平台的要求逐步细化和严格，锁仓功能将逐步淡出小资金交易者的视线，当然你可以通过两个平台来实现这一功能。所谓锁仓就是同时持有空头和多头仓位，一般先建立多头（空头）仓位，然后再建立空头（多头）仓位，两者同时持有，也有锁仓是在震荡市场同时开仓，然后分别平仓的锁仓方式。锁仓有两个最简单的要素，如果你是锁仓交易者一定不能违背这两个要素。**锁仓第一项要素是"短线锁长线"**，这种锁仓的思路是这样的，你已经建好了一笔长线的单子，短期内不会动这笔单子，但是行情波动很大，这时候你可以通过另做一笔短线单子来博取行情的短期利润；锁仓的第二项要素则是从投机和投资的角度来讲的，比如你看好了一个货币的长期升值过程，你做了一笔投资的单子，同时你对货币短期内的反向涨跌利润非常向往，这就可以锁一笔相反的单子。**锁仓最大的忌讳是两笔单子都是长线或者两笔单子都是短线**，不过一般的交易者锁仓都是这样的锁法，最后自己也弄晕了。

加仓和进场思维类似，也都处于进攻阵线上，而减仓则和出场思维类似，基本处于防守阵线上。加仓和减仓的意识一定要有，即使你无法在现有资金水平上去实现这一思想，也应该懂得其内在的道理，这将对你的操作思维产生非常大的助益。

正如一位 ID（电脑账号）为 zh008008 的读者所言："进出加减时势，用好了以后什么都是浮云，六个字够我们琢磨一辈子的了。"

# 第七节　数据价值与驱动位置

一曰度，二曰量，三曰数，四曰称，五曰胜。

——孙武

在观察过去的数据时，背景是非常重要的。

——G. 诺登（G. Norden）

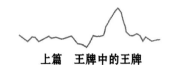

每个数据都有其价值，这个价值可以确定为具体的点值，每个驱动因素都有其可以确定的能量，这个能量释放的最明显特征就是特定点数的运动。运用统计手段可以确定这些数据和驱动因素的价值（简单地说就是大概值多少点），在《外汇交易的内在规律》一书中，我的同行们将向你大家介绍这方面的具体内容。

在相同的基本因素下，出现相同的汇率价位，可以通过比较前后的基本因素来确定目前价位的合理性（见图1-7-1），进而反弹出未来的运行空间和方向，这被称为"同水平价位驱动面—心理面对应法"。

> 价格运动的背景，价格点位对应的背景，这个是交易分析中必须搞清楚的方面，纯粹从技术面的支撑和阻力位去看待价格点位是低效甚至无效的做法。

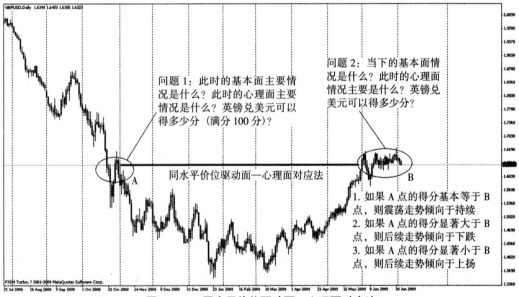

图1-7-1　同水平价位驱动面—心理面对应法

**每个数据都可以确定为点数**（见表1-7-1），**每个驱动因素都可以转化为具体的价位，这就是行为分析和驱动分析综合的最高境界。**当然数据价值，也就是数据可以兑现的点数并不是绝对不变的，一个较长时期内的均值是稳定的，但长期来看是变化的，这就需要大家自己去移动统计了。

数据行情中的吸收效应和震动效应之和等于数据价值，也就是"**吸收效应＋震动效应＝数据价值**"，吸收效应发生在

> 什么是交易高手？其实就是长期以来对价格和基本面互动积累了相当经验的人。

表 1-7-1　历史上的数据价值

| 2004 年对美元相关汇率最具影响力的数据 | 数据价值（日均波幅） | 2006 年对美元相关汇率最具影响力的指标 | 数据价值（日均波幅） |
|---|---|---|---|
| 非农就业人数（NFP） | 193 | 供应链管理协会制造业指数 | 130 |
| 利率公布 | 140 | 非农就业人数（NFP） | 115 |
| 美国国债的国外购买数额（TIC） | 132 | 贸易余额 | 114 |
| 贸易余额 | 129 | 个人消费支出 | 112 |
| 经常项目 | 127 | 消费者物价指数（CPI） | 109 |
| 耐用品订单 | 126 | 纽约联储制造业指数 | 109 |
| 零售额 | 125 | 国内生产总值（GDP） | 108 |
| 消费者物价指数（CPI） | 123 | 费城联储指数 | 107 |
| 国内生产总值（GDP） | 110 | 美国国债的国外购买数额（TIC） | 106 |

数据公布之前，震动效应发生在数据公布之后，市场把对数据价值的提前吸收、数据的预期值和实际值三者统一起来考虑才能把握数据行情。在不考虑吸收效应的理性情况下，预期值好于实际值，汇率贬值；预期值差于实际值，汇率升值。在考虑提前吸收的情况下，在实际值公布前，汇率升值，假如实际值好于预期值，则当升值过度时，也就是吸收程度过高时，则汇率在实际值公布之后会下跌。在数据公布前涨得过高，则数据公布后会跌；在数据公布前涨得适度，则数据公布之后基本不动，需要看下一个重要数据的预期拉决定接下来的走势；在数据公布前涨得不够，甚至下跌，则数据公布后汇率会补涨。所以，**通过观察数据公布前市场是否已经发生同向运动（与实际值优劣同向），可以确定是否发生提前吸收效应，以及吸收程度的大小，从而可以确定**实际值公布后是否会出现"震动效应"（反转或者是进一步发展，"震荡效应＋提前吸收＝数据价值）。在有明显提前吸收效应的情况下顺向操作数据行情，则必须找到缓冲充足和便于防守的位置介入（见图 1-7-2）。

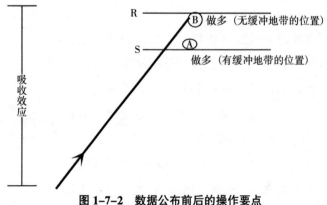

图 1-7-2　数据公布前后的操作要点

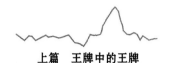
将价格趋势与基本面趋势对应起来理解，在每个波段标明对应的重要驱动因素（重要数据以及市场焦点），可以帮助我们深入了解市场焦点变化和行为的变化，对于数据价值和驱动位置的关系也会有深入的了解，这种将基本面因素标注在对应价格线上的做法被我定义为"驱动—行为路线图"。通过这项工作，我们可以比一般外汇短线交易者看到更整体的情景，这就使得我们具有信息上的优势。

没有基本面（驱动因素）支持下的重大变化通常是变化的开始，这种变化的基本面依据通常还没有为市场大众发现。数据价值是连接技术分析和基本分析的纽带，当然，大众心理和预期也是一种纽带。交易数据行情要以单一重要数据为主，尽量避免相邻公布重要数据的情况，数据公布后有重要讲话的情况也比较难交易，特别是重大会议众多人物相继讲话的情况。交易数据行情必须选择数据公布前的最优良位置，也就是在做多时选择尽可能低的价位，在做空时选择尽可能高的价位，留有充分的缓冲空间。在资金十分充裕和基本分析清晰的情况下可设定较为宽泛的止损。

对于数据价值和驱动因素与位置的关系我们拉拉杂杂说了不少，这些是我个人从事外汇短线交易的心得，也希望大家能够继续深入并在实践中加以发展。

> 如果市场突然出现大幅运动，却没有任何基本面消息对应，往往是重大行情开始的标志，这是因为重大消息为极少数重要机构所了解，他们开始快速调整仓位。

> 数据公布前一段时间的价格通常会停留在关键技术价位附近，这些位置可以提供很好的止损参考点。

## 第八节　位置和方向以及震荡指标和趋势指标的互证

每笔交易的开始都涉及两个问题：持仓方向和进场位置，任何的交易指标都可以归入振荡指标或者是趋势指标。

——小何

认识到外汇交易中位置和方向的二元性是我在交易道路上的一次顿悟，开启了我短线交易的成功之门。在此之前，我对交易的认识非常肤浅，基本上停留在所谓的方向上，每笔交易被我仅当作判断行情涨跌的赌注而已，虽然其中我也运用了不少技术指标和研判方法，但仍旧是在寻找未来市场的方向。就一个纯技术交易者而言，这很幼稚，即使对于一个超越了单纯技术分析的交易者而言，这也是绝对不够的。即使像巴菲特和索罗斯这样的非技术交易者，也非常注重交易的位置，他们始终在交易的位置和方向中取得锁定交易。在本节的内容中，我们将非常注重交易的位置和方向的综合视角，同时也提出的一种方法：利用趋势指标和震荡指标来把握交易方向和位置的二元性。

最近有职业投资者专门撰文对巴菲特近些年来股票买卖进行分析和统计，发现他的很多购买行为其实具有相同的技术特征。

关于方向和位置二元性关系的一些要点，请看表1-8-1，这是我个人的一些总结，如果你从事过较长时间的外汇交易或者是其他交易品种的交易，则你应该对其中的绝大部分内容有自己的体悟。我们来看第一条"较长期交易比较短期交易更重视方向"，投资一般可以归入为较长期交易，日线上的趋势跟踪交易也可以被归入较长期交易，这类交易由于持仓时间较长，而且可能倾向于以基本分析为主（这条不是必要条件），所以交易的方向比进场位置更为重要。当巴菲特在做长期投资时，其进场的位置往往不那么精确，可能分布在很长一个时间段内的很大一个价位范围之内。要想做到最大限度地厘清价格未来的运行方向，严格说是趋势，就必须倾向于以驱动因素判断为主。技术分析可以告诉你很多潜在的可能转折点，也可以帮助你跟随趋势和方向，但是绝对不能够

方向是局部的，趋势是整体的。

**表1-8-1　交易方向和位置的二元关系**

| | |
|---|---|
| 1 | 较长期交易比较短期交易更重视方向 |
| 2 | 较短期交易比较长期交易更重视位置 |
| 3 | 较短期交易者使得汇率以折返形式在关键价位之间运动 |
| 4 | 较长期交易者使得汇率在特定方向上较相反方向上更大幅度地运动 |
| 5 | 做短线位置好多空都能赚钱，做波段方向对高低都能赚钱，不过最后还是要取决于出场。一个好的位置给予交易者初始心理上的优势，一个好的正确的方向给予交易者后续心理上的优势 |
| 6 | 有利于防守的进场位置加上有效率地跟进止损流程是制胜的关键，而进场主要涉及位置，跟进止损则主要涉及方向 |

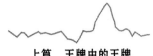

帮助你确定唯一的转折点和方向，我个人是这样认为的。在理论上我接受异议，但是在实际操作中我坚决拒绝任何与此相悖的做法。

"较短期交易比较长期交易更重视位置"，前面的一节已经提到了这个问题，毕竟短线交易者一般是小资金交易者，希望通过更高的周转率获得更高的累计回报率。短期交易面对更多的市场噪声波动，加上资金少、杠杆高，决定了进场之后不能承担较大幅度的反向运动，这就要求止损设置幅度要尽可能地小但是又不能轻易地被噪声波动所触发，这就要求交易者对进场点的选择做到超凡出众。交易位置如果说得具体一些、简单一些、透彻一些就是支撑阻力位置，简单标注为 R/S，一般水平支撑阻力线就足够交易者"排兵布阵"了。进场点的敲定往往是从两个角度来思考的：如何让止损设定得最小同时效率又不降低，如何争取到尽可能大的潜在获利空间。这两个角度又可以归结为一点：如何通过进场来为一个恰当的风险报酬率打下基础（注意，这里是"基础"，真正要实现恰当的风险报酬率还是要依靠出场）。

将较短期交易者看成一个群体，则这个参与群体有什么特点呢？我始终认为如果不知道这个市场最主要的两个参与群体在想什么、做什么，则你就没有必要参与到这个市场中。有时候，我会将市场的主要参与者分为较短期交易者和较长期交易者，两者的交易哲学、交易风格和交易手法存在较大的差别，如果能够把价格形态、指标类型与这两种参与者对应起来，则你可以更高效地使用技术分析。较短期交易者倾向于刮头皮，倾向于做区间内的高抛低吸，倾向于当日平仓，这使得汇价走势在短期内倾向于在一个区间内波动；较长期交易者倾向于做波段，倾向于做单边走势，不断顺着趋势加仓，倾向于在趋势反转之后出场，这是汇价走势在长期内倾向于在一个方向上运动。

短线交易者有时候并不以做足波段为追求，他们可能追求的是 1∶1 风险报酬率下大于 50% 的胜算率。当交易者对利

什么是行情的灵魂，是江恩几何学还是其他什么？这是一个交易者需要搞懂的问题，这是任何交易方法的根本哲学问题。

知己知彼才能百战百胜，图形背后的动机和能力才是我们要琢磨透的东西。

润幅度的要求下降之后，任何方向上只要施加合理的风险控制和利润兑现策略就能够赚钱。由于短线交易者的利润空间有限，要维持恰当的风险报酬率就必须要求相应地压低止损幅度，同时还不能因为降低止损幅度而被市场噪声击中，这就对进场要求更高了。另外，由于短线交易的风险报酬率并不占优势，所以要靠相对较高的胜算率来弥补，这与进场点也有很大关系。长线交易者即使找到一个最优的位置，如果做错方向也是白搭，即使在一个不太好的位置进场，只要方向把握正确则出场就容易多了。坦白来讲，**人的天性倾向于寻找交易方向，这种天性适合于长线交易，但恰恰绝大多数人都在从事短线交易，短线交易要求逆人类的天性而行。**

恰当的位置往往可以为初始止损、跟进止损的设定带来天然的优势，而初始止损和跟进止损对于长期的盈利非常关键。当然，短线交易者不能仅仅依靠跟进止损来最大化利润，这还需要依靠如波幅出场之类的方法避免利润回落。

要在实际交易中把握位置和方向这对二元关系，需要很长时间的历练和反思。对于初学者而言，从技术指标的角度来把握比较现实，毕竟新手直接观察价格走势图可能什么也看不出来。技术指标的最基本类型是趋势指标和震荡指标，趋势指标着眼于全局，着眼于过去，震荡指标着眼于局部，着眼于将来。如果你从方向和位置的角度去看待和使用这两个指标，可以发现：趋势指标在告诉你市场的方向（可以近似看作趋势），而震荡指标则是在告诉你市场的位置。趋势指标的最典型代表是均线和均线衍生指标（比如 MACD 指标），而震荡指标的典型代表就比较多，比如 KD 指标、RSI 指标等。一般而言，当趋势指标指示趋势向上（比如均线组呈现多头排列），而震荡指标处于超卖区域（最好是刚刚从超卖区域往正常区域迈，也就是调整末期），这时候做多的方向给出来了，做多的位置也给出来了，交易者就可以大胆操作了，如图 1-8-1 所示。当趋势向上时，交易者不能采用震荡指标的超买信号作为空头进场信号，殊不知这是向上趋势强劲的

什么时候要"跑得快"，什么时候要"坐得稳"，这个问题往往让中级以下的交易者无所适从。

表现。如果你要从震荡指标和趋势指标的搭配使用中找到做空交易的方向和位置，则可以按照上述做多交易的分析类推得到。

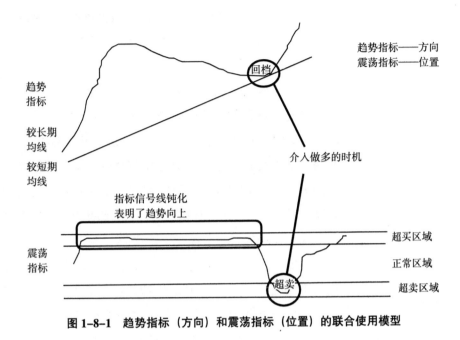

**图1-8-1 趋势指标（方向）和震荡指标（位置）的联合使用模型**

图1-8-1给出的是比较抽象的演示，下面我给出一个较为具体的演示。请看图1-8-2，这是英镑兑美元的5分钟走势图，图中采用两组均线作为趋势指标，你可以把

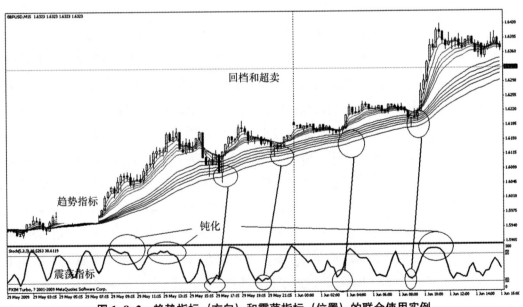

**图1-8-2 趋势指标（方向）和震荡指标（位置）的联合使用实例**

一组均线当作一根均线来看待。均线保持多头排列（方向）同时出现了短期均线向长期均线的回档，回档处的震荡指标恰好处于超卖状态（位置）。交易者如果还进一步确定进场时机的话，可以从蜡烛线的形态来分析，看看有没有止跌上升的蜡烛线组合。

外汇短线交易的位置和方向背后隐藏了很多重大的交易哲学命题，如果你能够顺藤摸瓜地掌握这些东西，则你在交易方面的眼界和胸襟不可同日而语。请看表 1-8-2，外汇短线交易基本上是在二元对立中寻找利润，从这个表中我们可以看到五对二元对立范畴，位置和方向是第一对，我们这里重点说说其后四对范畴和位置—方向范畴的关系。位置是大众在短线交易中经常被忽略的一个要素，相对于位置，交易大众更注重的是方向。见位交易，短线交易采用较多见位进场，见位进场交易对于交易者定位精确进场点的能力要求较高，所以见位交易者相比破位交易者更重视交易位置。破位交易者最怕假突破，虚晃一枪的走势让短线交易员的心灵备受折磨，连续几次假突破之后交易者对于把握市场的趋势方向已经变得麻木不仁了，持仓的信心全无。

区间走势与见位交易密切相关，自然与位置决策密切相关，而单边走势与破位交易密切相关，自然与方向决策密切相关。**区间走势在仓位管理上是以顺向减仓为主，而单边走势中则是以顺向加仓为主。**区间走势中前方关键位置往往需要谨慎处理，比如上涨过程中的阻力位置和下跌过程中的支撑位置；而单边走势中则对前方位置持参考态度，因为趋势一旦形成所谓的支撑阻力往往都会被掠过。技术分析的主要作用是提供交易位置，对于方向只能跟随，而不能预测方向，即使像江恩理论和艾略特理论这样的工具，其实也只是提供了位置而不是方向，它们所谓的转折点也只是一个阻力支撑位置而言，并不是真正的方向改变点。基本分析的主要作用不在于提供进场和出场的位置，而是彰显市场的方向。表 1-8-2 中的五对二元范畴对于实际交易的意义重大，千万不要看成

虽有智慧，不如乘势；虽有镃基，不如待时。

不过基本面有时候对于提供时机也非常有用。

是"纯理论"，千万不要把宝贝当废铁。

表 1-8-2　外汇短线交易中重要的二元范畴

| 位置 | 1 | 方向 |
|---|---|---|
| 见位交易 | 2 | 破位交易 |
| 区间走势 | 3 | 单边走势 |
| 顺向减仓 | 4 | 顺向加仓 |
| 技术分析（市场行为） | 5 | 基本分析（驱动因素） |

谈到位置和方向的二元关系，不得不谈到驱动因素和行为因素。技术分析分析的是行为因素，也就是参与者行为的动态均衡，而基本分析则是对驱动因素的剖析。行为因素可以通过位置（R/S）来度量，支撑和阻力水平就是参照点，就是度量市场温度的刻度；驱动因素最终体现在市场方向上，驱动因素就是市场运动的热源，是温度的来源。驱动因素和行为因素与方向和位置的二元可以从表 1-8-3 中看出，这个表格列出了四条重要关系。大家可以深入琢磨我总结的这四条法则对于外汇短线交易乃至其他各种交易的实质意义。

表 1-8-3　驱动因素（方向）和行为因素（位置）

| 1 | 基本面的驱动因素好比温度，位置的行为因素（特别是 R/S）好比温度计的刻度 |
|---|---|
| 2 | 要判断行情能走多远，必须从驱动因素入手 |
| 3 | 位置（R/S）提供了进场和出场的价位和行情能量的度量 |
| 4 | 震荡市（区间市）中，当汇价上行到阻力（R）时，横盘不跌，应该根据驱动因素判断市场趋于回落（继续震荡）还是突破（走出单边） |

交易的科学成分是新手必须追求的，交易的艺术成分是老手必须追求的。本书针对的是新手和老手之间的人以及某些老手，如果你是纯新手，则本书肯定不适合你，你也读不出什么味道。

# 第九节　区间和单边

就我的经验来讲，超越走势图来看问题是优秀交易者的标志。

——G. 诺登（G. Norden）

技术分析的圣杯在于识别得出走势的性质，具体而言就是判断出走势属于区间还是单边。特别强调，是判断而不是跟随，这种判断甚至带点预测的意味，这是技术分析所追求的"圣杯"，也是技术分析永远不可企及的目标。这是由技术分析本身的局限性所决定的，但是绝大多数交易者却在不断地努力寻找出通过技术分析甄别走势性质的方法和指标。可以这样说，**技术分析的圣杯其实在技术分析之外去找才能找到**，这是我和几个同行的共识，但这一共识在我们小圈子之外几乎得不到认可，特别是在初级交易者那里，他们会举出艾略特波浪理论和江恩理论作为反驳的论据。

市场是处于区间走势，还是单边走势，如果要求纯技术交易者不做马后炮式判断的话，几乎毫无概率上的优势。即使如此，纯技术交易者仍旧需要对市场的走势性质进行深入的掌握，因为这是许多策略有效的前提。技术指标和策略从根本上来讲要么是针对区间走势的，要么是针对单边走势的，绝对不可能存在两者可以"通吃"的神奇指标，这样的指标就是广大菜鸟们一直苦苦寻找的"圣杯"。下面我们来看一下区间走势和单边走势的研判要点和操作要点。

● 区别震荡区间走势和单边强劲走势应该从市场大环境入手来判断，根本的基本面（以及对基本面的预期）变化通常引发强劲的单边市场，比如"暂停加息决定""经济增长放缓"等。

● 区间市场以顺向减仓为主，单边市场以顺向加仓为主。

一般而言，技术交易者容易忽视技术形态、技术指标以及技术策略和结论的前提，或者说背景。他们认为知其然就可以了，不必知其所以然，尚且不论他们那套"技术走势包含吸收一切"的理论是否正确，单单是认定"影子的研究"可以代替"运动物体本身的研究"就是非常荒谬的。**区别震荡区间走势和单边强劲走势应该从市场的大背景、大环境入手去判断，基本面和市场预期的根本变化主导着市场的走势性质，这是外汇交易的不传之秘。**单单这句话就能够为你的

---

*市场走势的性质一旦判断清楚，那么暴利是必然的，但是要判断清楚那是不可能的，能不断靠近这一理想状态就不错了。*

*多问几个为什么，这是成为高手的捷径，技术分析的三个前提及其背后的漏洞没有搞清楚，只是死板地遵循，你就永远徘徊在盈利的大门之外。*

*如何判断趋势，如何从大背景和大环境去判断趋势，这个可以参考《顺势而为：外汇交易中的道氏理论》一书，简单而言就是找基本面的大变化。*

交易生涯带来光辉的前景，不过要在实践中很好地执行这句话则需要更多的努力，只有通过交易本身才能学到东西。

对外汇市场的背景进行剖析有很多种方法，我们举一些简单的例子，这些方法已经被少数机构所采用。第一种方法是将要公布的重要数据在走势图上标识出来，如图1-9-1所示。通过这样的方法我们可以对市场参与大众的预期走势和焦点转换有一个直观的看法。我们可以将这种方法与历史数据标注法结合起来使用，也就是将过去的数据和未来的数据同时标注出来，这样的工作量较大，但是对于交易者把握市场整体的背景相当有用。这个方法的最大作用是帮助交易者对当下的走势性质有深入的认识和相对准确的把握，然后通过技术分析来找准进出位置即可。

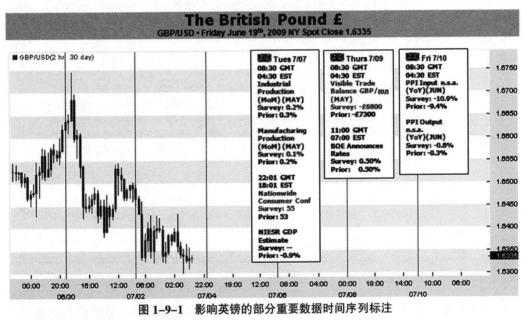

图 1-9-1　影响英镑的部分重要数据时间序列标注

资料来源：http://www.dailyfx.com.

第二种方法是通过分析息差变化和息差预期来甄别当周和当天的走势性质。在一个风险偏好居于主导的市场中，如果某一货币的升息空间被大众预期为缩小甚至停止，则这一货币马上就会有一波如行云流水般的酣畅单边下跌走势。

第三种方法是市场意见矩阵法。如表 1-9-1 所示，得出情绪意见之后，你就可以对此进行分析了，只要情绪不是绝对看多或者绝对看空，则都可以按照占多数的情绪偏向去操作当日的走势。

当然，你也可以利用 T 表来综合意见，表格的一边列出支撑特定货币上涨的理由，另一边列出支持货币下跌的理由。你可以看一些参考资料，但必须亲自写出这些理由，

表1-9-1 市场意见矩阵法简单示范（2009年7月7日，澳元）

| 序号 | 机构 | 主要意见 | 情绪 |
|---|---|---|---|
| 1 | 摩根大通 | 澳洲联储维持利率不变的决定将不会在澳元/美元在海外时段的行情掀起波澜，但市场焦点将很可能转向股市、美元动向、美国企业财报以及周四的澳洲国内数据。澳洲联储决议及声明了无新意，汇价又回到原来的整理区间 | 震荡 |
| 2 | 瑞银 | 澳元/美元在第二季度受风险偏好情绪所驱使的涨势正在消退，第三季度汇价可能会重启跌势 | 下跌 |
| 3 | 花旗银行 | 昨日环球股市下滑，市场风险升温，利淡澳元 | 下跌 |
| 4 | 交通银行 | 澳元短线有回调压力 | 下跌 |
| 5 | 中国银行 | 在各主要国家实施定量宽松货币政策后，全球经济虽仍未有明显起色，但巨大的流动性被直接挤压到市场的结果是，环球股市以及外币均大幅反弹。澳元自3月开始反弹超过两成，升至七个月来的新高。纽元同样反弹两成，刷新今年以来的最高水平。就反弹幅度而言，澳、纽居首。原因易明，因为相较其他外币而言，澳、纽仍具息差吸引力。商品货币短线走势看好 | 上涨 |
| 6 | 巴克莱银行 | 美元的储备货币地位短期内难以被取代，而美元一旦贬值也将严重冲击已经疲软不堪的全球经济。因此，G8成员国很可能在会议上携手稳定市场信心，提振美元汇率 | 下跌 |
| 7 | 西太平洋银行 | 美国经济数据惊喜指数在经历数周的原地踏步之后，目前重新开始下跌，暗示未来的经济数据可能不尽如人意，风险厌恶情绪可能因此上升，投资者对澳元的兴趣还将继续减弱。从8周循环数据来看，实钱和主权资金仍在少量流入澳元，但这也意味着资金从澳元抽离的空间很大。同时，该行的美国经济数据惊喜指数目前为42.1%，为3月以来的最低水平，暗示未来公布的乐观美国经济数据将越来越少，这将令澳元承压 | 下跌 |
| 8 | 澳洲联邦银行 | 因隔夜美国ISM指标表现稳定，澳元/美元得以延续此前的强势。今日澳洲联储（RBA）政策会议将是关注的重点，会议结果将于北京时间12：30公布。Capurso预计联储维持利率不变的可能性很高，澳元/美元亚市有望重回0.8000上方，支撑位在0.7900 | 上涨 |
| | 情绪累计 | 看涨2　　　　　看跌5　　　　　震荡1 | |

没有逻辑线索，就没有交易。

理由本身要有依据，要清晰、不重叠，尽量做到不交叉，**最好将每条之间的逻辑关系理顺**。这个过程要在欧洲时段开始之前完成，在内地做交易的人士可以在头天晚上完成一部分，次日上午完成一部分。

FXCM作为全球散户外汇交易提供商，其研发工作一直处于前列，所推出的COT情绪分析和投机者情绪分析报告具有很高的价值。大家可以从其英文研发站点和中文研发站点获取最新的情绪分析报告：www.dailyfx.com（英文站点）和www.dailyfx.com.hk（中文站点）。中文站点的信息量很小，大家最好直接看英文站点，我以前英文不太好，不过随着交易的需要我还是硬生生地把自己的英文阅读水平提上来了。

外汇投机情绪指数自推出以来其准确程度震惊了整个业界的分析人士。根据 CFTC 网站上公布的成员财务报告，FXCM 是其中一家最大的外汇交易商成员。通过统计 90000 多名使用 FXCM 交易平台的零售客户的买卖盘情况而推出的外汇投机情绪指数报告，不仅具有地域上的广泛性，更是代表了中小投资者的投资方向。通过这份报告，我们可以发现一个十分有趣的现象，每当这些散户看好后市，后市就会下跌，看坏反而上扬。看来大家都在默默地奉献是个不争的事实。该情绪指标主要是一个散户指数，也就是输家群体的心理指标，该指标的发布包括三个部分：总览（见图 1-9-2）、投机头寸饼图（见图 1-9-3）、主要货币投机情绪走势（见图 1-9-4、图 1-9-5、图 1-9-6、图 1-9-7）。下面，我们将从 www.dailyfx.com.hk 摘录的对应货币投机情绪走势的解析文字与图 1-9-4 到图 1-9-7 对应起来，大家可以琢磨下其中的玄机。

| FXCM情绪指数（负值表示净空头） | | | 北京时间7月3日 11:12 |
|---|---|---|---|
| 货 币 | 上 周 | 本 周 | 动 向 |
| 欧元/美元 | -1.05 | -1.11 | 指数倾向中性，后期更倾向下行 |
| 英镑/美元 | 1.27 | 1.26 | 倾向看跌 |
| 美元/瑞郎 | 1.02 | 2.93 | 仍接近极值，继续看跌 |
| 美元/日元 | 1.54 | 1.69 | 倾向看跌 |

图 1-9-2　FXCM 情绪指数总览

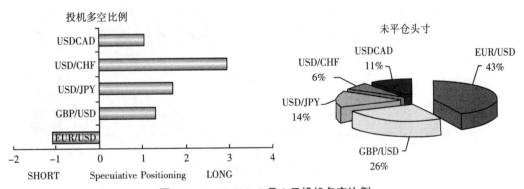

图 1-9-3　FXCM 7 月 3 日投机多空比例

如图 1-9-4 所示，欧元/美元多空比例现为-1.10，近 52% 的交易商做空。上一日该比例为-1.72，63% 的未平仓头寸为空头。多头比上一日增加了 29.1%，比上周增加了 13.3%；空头比上一日减少了 17.0%，比上周下降了 1.5%。多头快速上涨，加上投机情绪是一个反向指标，表明汇价有可能上扬（摘自"FXCM 投机情绪指数"）。

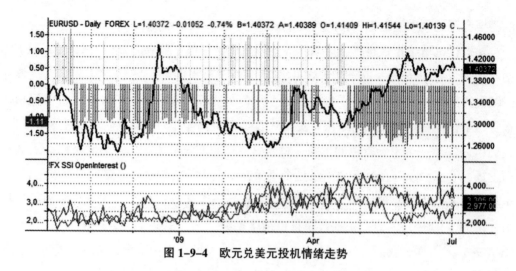

图 1-9-4　欧元兑美元投机情绪走势

　　如图 1-9-5 所示，英镑/美元多空比例现为 1.26，近 57% 的交易商做多。上一日该比例为 1.06，51% 的未平仓头寸为多头。多头比上一日增加了 10.3%，比上周增加了 28.7%；空头比上一日减少了 10.5%，比上周减少了 9.4%。投机情绪是一个反向指标，显示英镑/美元可能进一步下滑（摘自"FXCM 投机情绪指数"）。

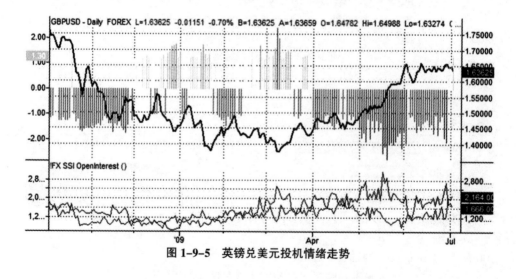

图 1-9-5　英镑兑美元投机情绪走势

　　如图 1-9-6 所示，美元/瑞郎多空比例现为 2.93，75% 的交易商做多。上一日该比例为 3.60，78% 的未平仓头寸为多头。多头比上一日减少了 19.0%，比上周增加了 77.3%，空头比上一日减少了 1.2%，比上周减少了 31.7%。近期多头大幅下滑缓解了我们的看跌倾向，但多头仍比空头高出近 3 倍，因此我们仍预期汇价将下滑（摘自"FXCM 投机情绪指数"）。

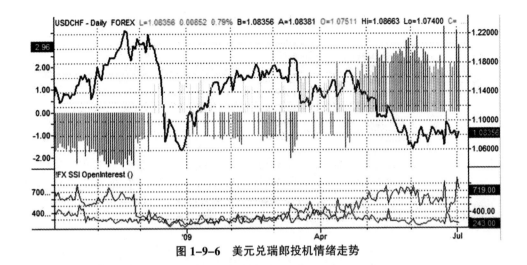

图 1-9-6 美元兑瑞郎投机情绪走势

如图 1-9-7 所示，美元/日元多空比例现为 1.69，近 63% 的交易商做多。上一日该比例为 1.30，57% 的未平仓头寸为多头。多头比上一日增加了 9.8%，比上周增加了4.4%；空头比上一日减少了 16.5%，比上周增加了 10.1%。投机情绪是一个反向指标，显示汇价有可能下滑（摘自"FXCM 投机情绪指数"）。

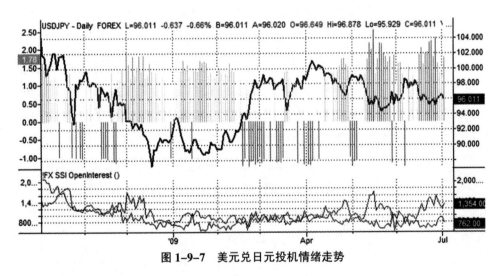

图 1-9-7 美元兑日元投机情绪走势

COT 持仓报告反映的是大资金交易者的情绪变化，报告分为总览和币种分析两个部分，总览如图 1-9-8 所示，通过外汇期货的持仓变化我们可以对外汇现货交易者的情绪有一定的估计。

无论是 FXCM 的投机情绪指数还是 COT 持仓情绪指数都主要是为交易者提供一周的情绪动向，通常还需要结合市场意见矩阵来指导日内的走势特征分析。甄别趋势的

Latest CFTC Release Dated June 30, 2009:

| Week (Data for Tuesdays) | COT Impications | 13 Week Index (Current) | 13 Week Index (Previous) |
|---|---|---|---|
| US Dollar | bottoming | 17 | 8 |
| Euro | topping | 75 | 83 |
| British Pound | topping | 100 | 92 |
| Australian Dollar | topping | 100 | 58 |
| NZ Dollar | topping | 100 | 100 |
| Japanese Yen | neutral | 67 | 67 |
| Canadian Dollar | bearish | 58 | 75 |
| Swiss Franc | topping | 92 | 100 |

**图 1-9-8　COT 持仓情绪总览（示范）**

注：Bottoming：做底；Topping：做头；Neutral：中性；Bearish：继续下跌。

基本面和心理面方法有很多，大家可以自己去继续发掘，这是外汇分析的蓝海。要想查询免费而及时的散户持仓变化数据以及 COT 走势，可以从 http://fxtrade.oanda.com/ 获得，这家网站在提供这些数据方面做得很好。

**当缺乏重大基本面数据和重大预期情绪偏向时，就应该按照区间市场去操作，区间市场以顺向减仓为主，单边市场以顺向加仓为主**，我们需要将行情性质与操作手法结合起来使用。区间市场和单边市场具有一些典型的形式，我们下面具体进行分析。因每种形式都牵涉典型的风险报酬结构和交易策略，对于其中的某些形式我们只能做好最坏的打算，而不要希望从中渔利。这是一个不可通吃的竞技场，你不能寄希望于自己在所有形式的走势中获得利润，这是不可能的，你只能在出现最频繁的形式和利润最丰厚的形式中获取尽可能多的利润，同时在较少出现的形式和利润贫瘠、风险难控的形式中做好风险控制。

> 要找到自己最具优势的格局去参与。

区间走势的第一种形式是规则区间走势，请看图 1-9-9。这种走势有两种子类型，一种是宽度规则震荡，也就是图 1-9-9 中这种，还有一种是窄幅震荡，基本上处于一条横线上运动。这类规则区间走势在外汇走势中并不少见，这种情况的出现一般是由于基本面和心理面缺乏结构性变化所致，两种货币在一些次级驱动因素下轮流走强，但是由于任何一方

> 这个边界通常是前期的高低点也是基本面消息的反转点。

都没有强劲的驱动因素出现，所以走到震荡边界很快就调头折返。当市场在一段时间内连次级驱动因素都缺乏时，就容易出现窄幅震荡走势。规则区间走势一般也是教科书用于讲解高抛低吸策略和突破后止损反手操作的典型走势，区间走势容易让交易者陷入到高抛低吸的惯性中，以致市场开始突破走单边了还高抛低吸，从而成为逆势操作。这个现象对于交易者的影响很大，在市场周期和心理周期错配中我也会谈到这点。

**在规则区间中进行操作应该较单边走势的操作仓位轻**，这样可以避免突破后遭受较大的损失，毕竟区间内的利润空间有限，为了追逐有限的利润而承担过高的风险是不值得的。但是不少外汇短线交易者不明白这一道理，他们往往喜欢在震荡走势里面重仓博微利，因为较长时间的震荡让他们产生了一种安全错觉：市场的波动率低，交易心理上容易接受些，同时汇价总会回到进场处，所以虚幻的控制感产生了。规则区间走势产生了虚幻的安全感和虚幻的控制感，这使得交易者缺乏心理准备和仓位准备去应付必然带来的单边走势。

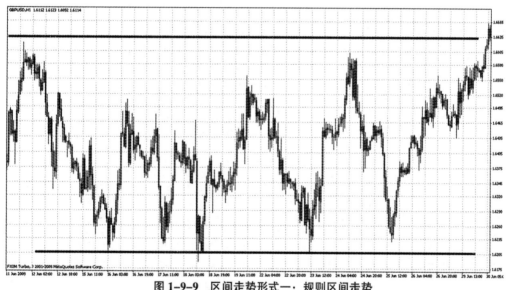

**图1-9-9　区间走势形式一：规则区间走势**

相对于规则的区间走势而言，收敛区间走势更多的是作为突破而作策略的基础，技术分析的教科书会详细地介绍各种收敛三角形，比如上升三角形、对称三角形等，这些都是收敛区间走势，如图1-9-10所示。收敛区间一般会被要求画好上下边界线，然后等待汇价的突破，我这里不介绍这些策略。其实，收敛区间走势反映了市场有能力，但是没有意愿（找不到驱动因素和炒作空间）去发动走势。这种市场你可以尝试轻仓介入，不必等待行情真正的突破，因为你等待突破再介入也未必能够找到真正的突破方向，特别是在假突破如此多的情况下，两个策略的准确性应该是一样的，但给交易者心理和交易成本上带来的优势却是不同的。

图1-9-10 区间走势形式二：收敛区间走势

相对于收敛区间而言，另外一种区间走势则显得非常不好对付，无论你是突破而作，还是见位而作，一般都会被震荡出局，这是一种风险非常不好控制的区间走势，如图1-9-11所示。这种区间震荡走势被称为扩展区间走势，传统技术分析称之为扩散

图1-9-11 区间走势形式三：扩展区间走势

三角形。如果你高抛低吸，则止损可能被触及，除非你将止损设定到足够远的地方，但是这违背了风险控制的一般原理。如果你突破而作，则止损更是容易被触及，这种震荡走势出现的概率较小，所以我们只能承受这种走势带来的亏损。扩散形态一般是市场有意愿但是没有能力走出单边走势的特征，当然也可能是主力故意在趋势发动前"洗盘"的举动。不过后面一种可能性很小，因为一般没有这个能力去反复"洗盘"。对于扩散区间而言，与其他区间走势一样，仓位要轻，这是唯一的应对之道，你也很难从市场背景中提前预测这样的走势。

　　单边走势比较简单，就是两种：第一种是单边向上走势，如图1-9-12所示；第二种是单边向下走势，如图1-9-13所示。单边向上走势的特点是高点逐步升高，低点逐步抬高，或者说高点越来越高，低点也越来越高；单边向下走势的特点是高点越来越低，低点也越来越低。汇市的下跌速率未必比上涨快，这与股票市场存在一些差别，毕竟股票市场存在所谓的"重力效应"，没有资金推动就要跌下来，但外汇市场是货币对货币，基本没有这种效应。单边走势中的跟进止损非常重要，加仓也非常重要，而震荡转向单边走势的过程就是试探仓位到增加仓位、轻仓到重仓的过程。

　　区间和单边是市场的两种根本走势结构，其意义在于对技术体系、仓位管理等重大交易领域进行了划分。如果你不知道区间和单边对应的交易哲学和策略，则你也很难领会交易的要领，你只会被市面上那些提供神奇指标和万能系统的"江湖术士"所误导。要理解区间走势和单边走势在实际交易中的意义，一个较好的起点是从西方主

**图1-9-12　单边走势形式一：单边向上走势**

图 1-9-13　单边走势形式二：单边向下走势

单边走势不加仓，这是杰西·利弗莫尔所谓的最大忌讳。

要的技术形态开始，看看这些形态如何去交易。第一种情况是如果你能够预知其到来如何去交易；第二种情况是如果你不能预知其到来如何去交易。最后，你要总结出如何创造出一个交易策略，特别是仓位管理方法，如何在不事先区分各类区间走势和单边走势的情况下整体上盈利。这意味着你要在尽可能多的情况下获得尽可能多的利润，你肯定是不能创造一个在所有情况下获取尽可能多利润的策略。

# 第十节　外汇短线交易的总体要素

孙子提出的"不可胜者，守也；可胜者，攻也"与杰西·利弗莫尔所说的"截短亏损，让利润奔腾"其实是一个意思。

——魏强斌

任何交易都应该以系统的思维和流程来展开，我一直信奉"整体战"的原则，也亲眼看到不少凭着一招半式做外汇

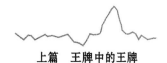

的高手最后以惨败收场。外汇短线交易的总体要素就是要解决这方面的问题，每个交易者对待外汇短线交易的思维存在差别，自然得出的交易要素也就不同。但是，我认为这种特殊性的一面并不能掩盖总体性的重要性，当策略经过整体加工和系统化处理之后必然会具有更高的效率。虽然你可能不会同意我对于外汇短线交易总体要素的总结，但是你应该同意总结交易要素这一行为的重要性。

系统化要做到完备而简单。

经过本篇前面几节的介绍，大家想必对我的短线交易思维已经有了一个较为全面的了解，虽然更深入的了解要到本书后面部分，但是现在你应该可以对我的短线交易要素进行一系列的总结。请看表 1-10-1，我认为这个表格比较完整地将我短线交易的要素列出来了，这个算不上交易策略或者说系统，但恰恰是这些要素构建了我整个交易策略的大厦。

**表 1-10-1 外汇短线交易的总体要素**

| | | |
|---|---|---|
| 行为要素分析 | 1 | 波动率异动和市场节律（布林带收口张口，日内走势的三大市场轮动节奏等） |
| | 2 | 数据价值和日均波幅 |
| | 3 | 生长节点和黄金比率（也就是斐波那契回调比率和扩展比率等） |
| 驱动要素分析 | 1 | 选择性反向博弈原则 |
| | 2 | 焦点吸收和震动效应（未预期到的数据值才能驱动市场） |
| 仓位管理要素 | 1 | 高盈亏比，也就是高风险报酬率 |
| | 2 | 正期望值的交易策略 |

我的分析主要是两个部分：第一部分是驱动要素分析，第二部分是行为要素分析。这两部分分析既有我自己的一些经验，也借鉴了同事们的一些经验和理论框架。行为要素分析包括三个方面的要素：第一，分析进场甚至出场的时机，这就涉及布林带和 sessions 指标的运用，前面已经提到了这些指标和相应的策略。第二，对当日的整体波动幅度有一个大致的了解，这需要查看当天公布数据，甚至次日以及整周重要数据的公布，同时要利用 TSR 日均加权指标对日均波幅进行估计，这样可以避免因为日均波幅到位进一步导致顺向发

展空间过少的情况出现。第三，对当前的价格所处的位置有所认识，这就涉及生长节点和黄金比率的问题了。自然界的事物都是以黄金比率或者说斐波那契比率的形式发展或生长的，汇价的运动也不例外，通过黄金比率我们可以对进出场位置进行更好的管理。

由于本书后面部分对斐波那契比率这个工具介绍得比较少，所以这里相对详细地介绍一下，如果你想要更深入地了解，可以查看这方面的专家写的书。斐波那契比率分析工具主要用于定位，进场位置和出场位置理论上都可以用斐波那契工具进行分析。我们这里重点介绍比较常用的一种斐波那契分析工具，即水平线分析，具体又分为两种：第一种是我更倾向于使用的斐波那契回调分析工具；第二种是我不太赞成使用的斐波那契扩展分析工具。

我主要把斐波那契回调分析工具用于确定进场点，请看图 1-10-1 和图 1-10-2。在下降走势中汇价发生了反弹，如果我们假定趋势向下，则可以利用斐波那契回调分析工具来确定潜在的调整末期进场点，如图 1-10-1 所示。在不少外汇软件中都有可以使用的斐波那契回调分析工具，具体的用法可以参照平台使用手册，自己多尝试几次也能掌握其用法。

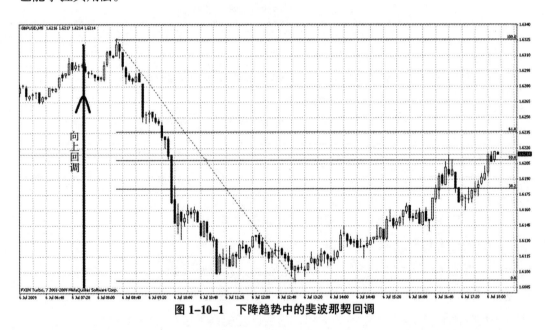

图 1-10-1　下降趋势中的斐波那契回调

在上升走势中，汇价发生了下跌，如果你假定趋势向上，则可以通过利用斐波那契回调分析工具来寻找潜在的调整末期进场点，上升趋势的斐波那契回调线画法如图 1-10-2 所示。对于短线交易者而言，斐波那契回调水平不能设定过多，我一般采用 0.618、0.5 和 0.382 三条，有时候直接采用 0.382~0.618 的整个区域作为水平带。

斐波那契扩展分析工具理论上是用于确定利润目标的，也就是出场点，也有极少数人将它用于寻找反转进场点，不过这类操作风险极高。日内交易利用斐波那契扩展分析工具来确定出场点或者是减仓点还是有一定的可行性的，最好和日均波幅及市场节律结合起来使用。我用得不是很顺手，所以我很少采用斐波那契扩展分析工具。如果要用，我一般只采用1倍扩展和1.618倍扩展。斐波那契回调只需要两个点即可画出，而斐波那契扩展则需要三个点才能画出，如图1-10-3和图1-10-4所示。

图1-10-2　上升趋势中的斐波那契回调

图1-10-3　上升趋势中的斐波那契扩展

AB 段为单位 1
C 点为扩展起点

向下
扩展

**图 1-10-4　下降趋势中的斐波那契扩展**

越是短线越不能忽略市场
预期和情绪变化。

**短线交易者必须重视所谓的消息面和心理面，那些技术交易者不要去管技术走势之外的论调否则会阻碍你创造较高的短线收益。**如果在亚洲市场我没有充分的时间去分析市场的背景以及驱动因素，那么我会倚重于技术走势来把握交易机会。但是，如果我有充足的时间来分析市场的驱动因素，对于交易绩效本身会有很大的提高。在驱动分析方面，我主要是利用上一节介绍的方法对市场的焦点和心理进行分析，从而对市场情绪有一个直观的理解。在分析大众情绪对市场走势的影响时，我会依据选择性反向博弈原则：**在大多数人看多的时候看多，在大多数人看空的时候看空；在绝大多数人看空的时候看多，在绝大多数人看多的时候看空；在机构看多时看多，在机构看空时看空，在散户看多时看空，在散户看空时看多。**

选择性地与大众逆向，而
不是一味与大众逆向。

驱动分析帮助我们对市场运行的背景有一个很好的理解，然后我们可以从行为分析的角度去验证和具体定位，并通过仓位管理来实行盈利。最终，需要用正期望值的交易策略捕捉高盈亏比的机会来实现交易的长期盈利。

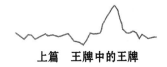

# 第十一节　提高外汇短线交易思维的工具

故不尽知用兵之害者，则不能尽知用兵之利也。

——孙武

工欲善其事，必先利其器。

——孔子《论语》

为什么一些外汇短线交易者的交易绩效要比其他交易者更好，两者的绩效差别源自不同的思维方式，如果将思维方式看作工具，则一些交易者绩效更好的原因在于他们使用的思维工具更有效。交易者的思维工具很少成为交易类书籍的主题，绝大部分交易书籍都着眼于行情走势本身，而不是交易者本身，这些书籍透出的一个假设就是：决定交易绩效的是交易者对市场的把握，而不是对自己的把握，交易的起点是市场。而不是交易者本身。其实，交易者既要对市场了解，更要对自己了解，**了解自己是交易的起点，如果看不透自己，则看不透市场，把握不住自己，则把握不住市场**，交易的主体是人，对象是市场，这是大家首先要明白的一个道理。

人的思维倾向于假定单一结果，倾向于注重取胜的次数，倾向于注重目前的盈亏，往往忽略了可能的各种结果，忽略了取胜的质量，忽略了整体的盈亏。当你假定单一结果时，你往往忽略了真实市场走势的多样性，你倾向于不为自己的交易留下退路，自然你会对头寸的盈亏不知所措。当你倾向于注重取胜的次数，你对胜率非常在乎，自然你在操作上就会让盈利尽快兑现，留着亏损的头寸以便让它有机会回补，你以非常低的风险报酬率为代价换取了"值得骄傲"的高胜率，"常胜将军"的美誉对你而言很是受用。**当你倾向于注重目前的盈亏，你就会放弃那些长期能够盈利的策略，你不停**

知己知彼，这个《孙子兵法》提出的原则在交易哲学中并非是故弄玄虚，也不是附庸风雅，故作高深，完全是一个非常务实的东西。

不停地追求高胜算率，你就深陷了最大的陷阱，绝大多数市场参与者永远停留在这个陷阱中。

地优化和变更自己的方法，不停地学习所谓的新策略，忙了很久但是始终没有形成一套自己的交易策略，总是在不停地变化策略，只要当下这笔交易亏损，就开始怀疑现有策略是否有效，就开始谋求对现有策略进行修补和改变。

每个人都有这三种倾向，在日常生活中这些习惯或许可以帮助你提高效率，但在交易中它们绝对是祸害无穷。我自己刚踏入交易界的时候也带着这些不好的习惯，随着自己交易经验的丰富，我发现了改善这些习惯的绝妙方法，这些方法不是我发明的，但是我本身确实受益无穷。针对人的三种倾向，我用了以下三种思维工具来克服：

交易决策树。类似于博弈树，用于克服假定单一结果的倾向，让交易者对情景进行规划，制订出各种预案。

交易绩效统计表用于克服单纯追求高胜率忽视盈亏比的倾向，帮助交易者尽量做到"止损足盈"。

账户净值曲线图。通过观察账户的净值，你可以很清楚地看到自己操作方法所具有的增长特征。

如果你将其与市场的走势性质对照起来，就可以发现你的方法是倾向于捕捉单边行情，还是震荡行情，如果你是纯技术交易者，则应该以单边行情作为追求对象。

交易决策树就是情景划分法，你将可能出现的情景逐一划分并细化下去，如图1-11-1所示。假定进场点在A点，之后交易者面临两个决策，什么样的情况下止损，什么样的情况下兑现盈利。你还可以进一步划分下去，直到每一种情况都被完全包含，直到你能够清楚地知道在任何情况下如何应对，这就是交易决策树的作用。每个人对于交易决策树的运用都有自己的理解和风格，大家着重利用交易决策树去找出所有的可能性情景，然后加以应对。

交易决策树其实与博弈论有密切关系，感兴趣的读者可以找些博弈论的书来看看。

交易绩效表是许多交易软件提供的功能，比如Tradestation和Metatrader等，我主要使用MT4来获得交易绩效表，如表1-11-1所示。Maximal Drawdown反映了你交易系统的最大风险程度，本表中的49.49%有些高，也就是说最大连续亏

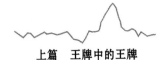
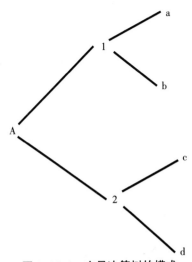

图 1-11-1　交易决策树的模式

表 1-11-1　MT4 提供的交易绩效统计表

| Gross Profit: | 1369.36 | Gross Loss: | 1669.79 | Total Net Profit: | | −300.43 |
|---|---|---|---|---|---|---|
| Profit Factor: | 0.82 | Expected Payoff: | −2.24 | | | |
| Absolute Drawdown: | 494.93 | Maximal Drawdown: | 494.93 (49.49%) | Relative Drawdown: | | 49.49% (494.93) |
| Total Trades: | 134 | Short Positions（won %）: | 65 (40.00%) | Long Positions（won %）: | | 69 (34.78%) |
| Profit Trades（% of total）: | | | 50 (37.31%) | Loss trades（% of total）: | | 84 (62.69%) |
| Largest | | profit trade: | 96.00 | loss trade: | | −191.00 |
| Average | | profit trade: | 27.39 | loss trade: | | −19.88 |
| Maximum | | consecutive wins（$）: | 5 (110.00) | consecutive losses（$）: | | 10 (−165.00) |
| Maximal | | consecutive profit（count）: | 226.00 (4) | consecutive loss（count）: | | −227.00 (2) |
| Average | | consecutive wins: | 2 | consecutive losses: | | 3 |

损比率是 49.49%。won%代表胜算率，Largest 一栏中的 Loss trades 代表最大单笔亏损，这个也是交易系统的风险衡量，这个数据的大小代表了交易者的风险控制能力。特别需要注意的是，Average 这一栏的 profit trade 和 loss trade，分别代表平均单笔盈利和平均单笔亏损，这可以代表你交易策略的风险报酬率。如果平均单笔盈利比平均单边亏损小，则你的系统肯定是不能持续盈利的，即使你理论上可以用高胜算率来弥补。交易绩效统计表还有其他一些可深入分析的地方，不过对于一般交易者而言看看上述几个关键数据也就差不多了，初学者一定要先从最大单笔亏损的缩小和平均单笔盈利相对平均单笔亏损的提高开始。

账户净值曲线图可以帮助交易者意识到账户净值变化与交易心理、市场周期的同步关系，同时让交易者将自己的焦点从在乎当下交易盈亏转到在乎交易整体盈亏上来。MT4 也提供了账户净值曲线图，如图 1-11-2 所示，纵轴是账户净值，横轴是交易笔数。

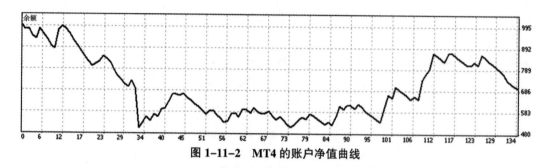

图 1-11-2　MT4 的账户净值曲线

一个好的交易者不是刚愎自用的人，他必然会利用一些可用的外在工具来提高自己的交易意识水平，从而提高自己的整体交易绩效。本节介绍的三种工具是我经常使用的，大家可从中找到适合自己的东西，用以提高自己的交易水平。外汇短线交易水平的高低取决于你的思维水平，虽然利润是市场给的，风险是自己控制的，但长期来看无论是利润还是风险都要交易者来把握。要提高把握水平就需要借助一些很好的思维工具，"工欲善其事，必先利其器"！

> 交易者让自己的思维符合盈利的客观规律就能盈利，而不是与运气交朋友。

# 第十二节　最高交易秘诀的三个部分

进出加减是交易的最高秘诀，而风险控制则是交易最高秘诀中的秘诀！

——魏强斌

交易是不是有最高的秘诀，我想这是一个因人而异的问题，每个交易者都应该有自己的最高交易秘诀，每个交易者的最高交易秘诀都与他人存在差别，每个人的最高交易秘诀

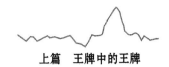

其实都不可能是其他人的最高交易秘诀。在本节，我准备将为自己总结的三个最高交易秘诀与大家分享，请不要拘泥于我这三个秘诀，你能得到的只能是启发，而不是结论，当你经历交易实践创造出属于自己的东西时，才有秘诀可言。所谓秘诀就是私密的诀窍，如果是大家都了解都使用的东西是绝对不能够被称为诀窍的。

我个人认为最高的交易秘诀必然涉及交易的流程和控制流程的概率论原则。如果你的交易还没有流程化，或者是你的交易流程不受概率论的管控，则你的持续交易绩效肯定是不高的。

我总结的"最高交易秘诀的三个部分"如下：

**秘诀一　典型情况下的进出路线图设计（典型走势）**

**秘诀二　进出加减的一般原则和策略（仓位管理的手段）**

**秘诀三　风险控制和报酬扩展的原则和策略（仓位管理的原理）**

走势具有特殊性，比如我前面提到的震荡市和区间市，以及西方技术分析的那些具体形态，这些都属于"典型的情况"，针对这些典型的情况你要设定进出路线图。进出路线图要求交易者必须基于典型的形态确定准确的进场点，同时还有出场点，更为重要的是要用决策树来找出所有可能的情况加以规划，这就是路线图。我们来举一个最简单的例子，请看图 1-12-1。假如交易者以 MACD 信号线上穿零轴作为做多进场信号和做空出场信号，以 MACD 信号线下穿零轴作为做空进场信号和做多出场信号，那么，A 点的进场和 B 点的出场就构成了"进出场路线图"。

仓位管理具体体现在进场、加仓、减仓和出场四种手段上，关于仓位管理中这四种手段的具体用法我们在前面已经有所提及。当交易者根据典型的走势制定了进出路线图之后，就需要采用具体的仓位管理手段来执行这一路线图。仓位管理的原理是控制仓位管理和路线图制定的"幕后主脑"，这些原理中最基本的一条可以从凯利公式得到。凯利公式中最重

利用对手盘的非理性，避免自己的非理性，后面这半句就是控制风险的问题。

图 1-12-1  最简单的进出路线

要的因素无非是风险报酬率和胜算率，其中风险报酬率对于绝大多数交易者而言是最需要注意的一个因素，如何追求"截短亏损"和"让利润奔腾"之间的最大均衡应该是纯技术交易者永恒的主题。什么是凯利公式？如果你还不知道，而且你自认为是交易老手了，那你真的应该去补上这一课，去网络上检索一下凯利公式和相关介绍。短线交易者比较容易养成"计较"的习惯，如果你不计较，你就不会让进场的成本足够低，也不会在止损设定上尽可能缩小幅度。凯利公式可以帮助那些计较的交易者更好地完成交易，而短线交易者正是最计较的交易者，所以更应该好好掌握凯利公式。现在有一种论调，认为凯利公式已经过时了，或者说不适应交易的需要了。事实不是这样的，只是不少交易者对凯利公式的理解存在误区，比如说凯利公式计算出来的合理仓位如果是保证金交易的话，则应该是用在承担止损的那部分资金。

谈到凯利公式就要谈到风险报酬比，谈到风险报酬比就不得不提"顺势而为"。这是一个"因为过度抽象成了空话"的命题，本身没错。懂得人对此非常有体会，不懂的人还是稀里糊涂，自我感觉好像懂了，其实还是没有懂。"顺势而为"可以进一步明确为"截短亏损，让利润奔腾"，这涉及"what"，我们需要找到"how"，具体而言就是"如何截短亏损，如何让利润奔腾"。如果你能够顺着这个思路走下去，则最快找到谜底的人就是你，当然，处于交易界生态金字塔上层的也是你，如图 1-12-2 所示，我把这张图称为"藏宝图"。

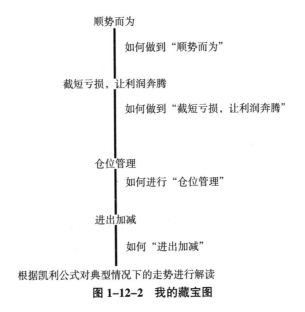

**图 1-12-2  我的藏宝图**

95%的人在步入交易这一行之后都停留在"顺势而为"这四个字上。他们不断督促自己要顺势而为，不断责怪自己没有顺势而为，但是从来都没有想过如何才能做到顺势而为。只有不到5%的交易者会追问如何做到顺势而为，他们最后会发现，要做到顺势而为就必须截短亏损，让利润奔腾。如果你不截短亏损，很可能因为逆势而把账户打爆；如果你不让利润奔腾则很难赚到大钱，你也就没有顺势。那么，如何做到"截短亏损，让利润奔腾"呢？这就要进行仓位管理，"顺藤摸瓜"下去我们就会发现交易最终落实到依据凯利公式和典型的情况进行"进出加减"操作。我的藏宝图还有很多内容和内涵可以深挖，和盘托出就没有什么意思了，交易毕竟是一个需要自己付出的过程，这对大家都比较公平，所以你自己花时间琢磨下吧。

*为什么？怎么样？交易要进步，这两个提问习惯要养成。*

# 第十三节 市场周期和心理周期错配

知道幻觉的存在就可以帮助你避免做出错误的决定。

——约翰·诺夫辛格 （J. R. Nofsinger）

市场存在的意义在于让非理性者被淘汰掉，经济学家们的观点往往也是非理性的。

市场具有周期性，人的心理也有周期性，如果人的心理周期与市场的走势周期能够同步，则绝大多数交易策略都会被恰当使用。市场的周期主要体现在"震荡—持续的交替"，或者说"区间走势—单边走势的交替"，心理周期主要体现在"震荡预期—持续预期的交替"。但是，**市场有一种魔力，它能够催眠交易者，让他们的心理周期往往与市场周期错配。**当市场处于震荡走势的时候，交易者认为市场走单边，这时候交易者往往采用突破而作的策略，结果当然是屡屡碰到假突破。当市场处于单边走势的时候，让交易者认为市场走势震荡，这时候交易者往往采用高抛低吸的策略，结果当然是一笔单子把以前赚的都亏出去了，或者是不断止损不断逆势进场，真的是屡败屡战。市场有两种走势，大众有两种预期，策略有两种类型，预期是连接市场和策略的调度，恰当的预期可以将恰当的策略用在特定走势中，不恰当的预期则会将不恰当的策略用在特定走势中。大家也许对这里的话感到无所适从，不过你只要注意跟踪自己的心理预期，就会发现自己经常因为错配的预期导致错配交易策略。

外汇市场中的典型周期错配如图 1-13-1 所示。市场在顶部或者底部转折的时候一般会有一个非常显著的 N 字价格走势，此时，大部分交易者还认为市场处于上升中的调整或者是下跌中的反弹，但是 N 字顶部或者是 N 字底部已经预示了行情的反转。所谓的 N 字顶部就是行情从一个高点跌下来然后反弹，反弹不过前高，形成次高，然后再度下跌，跌破反弹的起点。所谓的 N 字底部就是行情从一个低点涨上来然后回调，回调不破前低，然后再度回升，升破回调的起点。

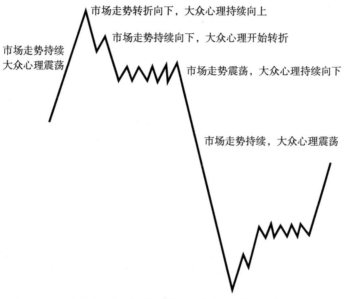

市场走势转折向下，大众心理持续向上

市场走势持续向下，大众心理开始转折

市场走势持续　大众心理震荡

市场走势震荡，大众心理持续向下

市场走势持续，大众心理震荡

图 1-13-1　市场走势和大众心理周期错配

市场从顶部下降或者从底部上升一段之后，市场上的参与大众往往也开始注意到趋势的改变，进而调整自己的交易方向，准备介入单边走势，此时市场开始进入"磨人耗钱"的震荡走势。等待交易者在此走势中元气耗尽或者是养成高抛低吸交易习惯之后（吃了区间震荡走势的甜头），开始发动强劲单边。先前按照单边走势操作的交易者此时已经不敢追击，只能看着行情飞速运动。此段行情发展是最快的，幅度是最大的，先前按照震荡走势操作的交易者此时一下将利润回吐，并往往逆势加仓赔上老本，而且赔本速度超快。上述这个错配过程大家肯定都经历过，现在明白为什么你觉得自己运气不好，或者是觉得市场跟自己作对了吧，结合图 1-13-1 来看更能深入理解其实践意义。

图 1-13-1 是典型的市场走势和大众心理周期错配，现实走势中有时候会夸大某一部分或者缩减某一部分，这个大家下来后结合实际走势肯定是能够掌握的。下面我给一个最简单的错配实例给大家揣摩，请看图 1-13-2，这是美元兑瑞郎 1 小时图，外汇市场的走势和心理周期错配在 1 小时框架上非常明显。汇价开始处于震荡走势，这时候大众可能在震荡的前期和中期急匆匆地进入做空，但是市场以长时间的震荡耗散了精力和资金，等待参与大众开始疲惫不堪的时候，外汇市场"出其不意，攻其不备"，

市场就是要让大众持续亏钱，否则市场将崩溃。 | 趁大众思维还停留在震荡市场的时候发动快速单边走势。

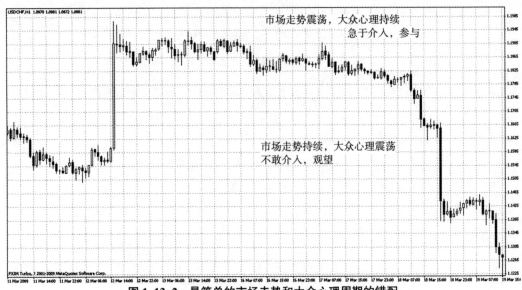

图 1-13-2　最简单的市场走势和大众心理周期的错配

　　任何金融市场都是一个少数捕食者和多数供养者并存的生态系统，多数供养者为这个系统的存在和运作不断产生和输入能量，少数捕食者则直接获取这些能量。在外汇市场中，多数供养者靠自己在其他行业赚取的金钱为外汇市场输血，然后这些血液为少数高手所"吸食"，这就是外汇交易的本质。强者才能盈利，并在交易界的生态链中占有顶端的位置，请看图 1-13-3。你要么不进入交易界，一旦进入你就必须在少数捕食者和多数供养者之间做出选择，交易界可不是做慈

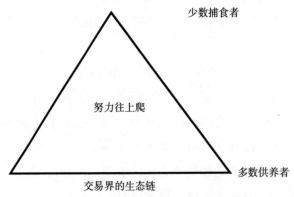

图 1-13-3　强者生存的交易生态金字塔

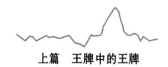

善的地方。索罗斯对此有很明确的说明，如果你在交易界做慈善没有人会感谢你，因为他们认为这不过是你能力不够的表现而已。**适者生存，市场通过让交易者心理和策略错配而建立起了交易界的生态金字塔，这就是残酷的交易行业！**

# 第十四节　一个示范的短线行情分析系统

知己知彼，百战不殆；知天知地，胜乃不穷。

——孙武

在本篇之前的课程中，我们提到了交易哲学、分析的要素、市场的陷阱以及高效的交易学习之路等问题，通过前面的十三节大家对我的交易策略大致也有了一定了解。每个交易者都应该有一套完备的策略作为盈利的基础，我也不例外。当然，任何短线交易策略或者说行情分析系统和仓位管理系统都必然融入个人的交易哲学，所以你如果想照搬我的东西一定是行不通的，里面很多心法你是无法融贯的，你只能从我这里面悟出属于你的东西，然后发展出自己的策略才能立足于残酷的交易生态链中。

本节主要对我的短线行情分析系统进行一个简介，大家在利用技术面和基本面进行分析之前，一定要懂得一个道理：**技术走势、基本面都是虚的，主要去把握市场的心理，这才是关键！**很多人做了很多年的外汇交易，始终亏钱，他们始终不怀疑技术分析和基本分析的效能，而是怀疑自己用功不够，这真是可笑。我也用技术指标，也用基本面数据，但是这些都是表象，就像太极拳的招式一样，管用的是太极拳的心法，对我管用的是通过这些指标和数据看出参与者的动机和能力变化，这才是外汇短线交易的最高境界。

我的短线交易系统包括行情分析系统和仓位管理系统，

利用对手盘的非理性获利。

仓位管理系统的策略基础在本章前面已做介绍，这里就不再赘述，我着重介绍一下短线交易的行情分析系统，请看表1-14-1。

**表1-14-1 我的短线行情分析表格**

| 整体市况 | | | | | | |
|---|---|---|---|---|---|---|
| 数据价值 | 亚洲区间 | 亚欧区间 | 欧洲区间 | 欧美区间 | 美国区间 | 汇市焦点 |
| 错配周期 | 市场转折 | 市场持续 | 市场震荡 | 市场持续 | 多空情绪指标 | |
| | 心理持续 | 心理转折 | 心理持续 | 心理震荡 | | |

| 技术分析系统 | | | | | | | |
|---|---|---|---|---|---|---|---|
| 方向〔势〕 | GUPPY复合均线 | | 过滤 | 方向 | SAR | 态 | 形态 |
| 位置〔位〕 | 空间位置 | FIBO | VAGAS | | 位置 | STOCH | | 线态 |
| | 时间位置 | BANDS | SESSIONS | | | | | |

我的分析主要分为两个部分：第一部分是针对驱动市场的基本面和心理面因素的，这就是"整体市况"分析；第二部分则是价格和指标方面的分析，这就是"技术分析系统"。"整体市况"的数据价值部分，我会将当日公布的相关重要数据填入到对应的市场时段，同时在"汇市焦点"填入今天最受关注的基本面事项，通过这一步骤我对今年行情的价格走势会有更深入和更全面的看法，这是纯技术交易者所忽视和欠缺的。

"整体市况"分析的第二步是查看目前市场周期处于什么状态，汇评和论坛人气反映出来的是什么状态，由此确定目前处于错配周期的哪个阶段，这是制定策略的基础。同时，你需要观察各类汇评透出的多空情绪，可以利用我们前面介绍的心理分析工具来得出多空情绪对比情况。一旦你对近日的数据公布路线图、汇市焦点，以及错配周期和多空情绪有所了解，你对今日行情的方向和走势性质也就有了很深入的了解，接下来你就需要在此基础上针对汇价走势本身进行分析。

汇价本身的分析就涉及"技术分析系统"这方面的流程。这个技术分析系统在MT4分析平台上的布局如图1-14-1所示。GUPPY复合均线主要用于甄别市场的方向，整体而言就是趋势，FIBO（斐波那契回调线工具）和维加斯隧道线主要用于确定行情在空间上的进出时机，而BANDS和SESSIONS主要用于确定行情在时间上的进出时机。偶尔，我会借助SAR和STOCH进一步过滤此前主系统得到的方向和位置信号。当持仓的方向和进场的时空位置确定之后，我会利用蜡烛线等工具来确认进场的方向和位置。其实，《外汇交易圣经》中部分章节是我执笔的，所以你们会在这个系统中看到该书中的某些思想。

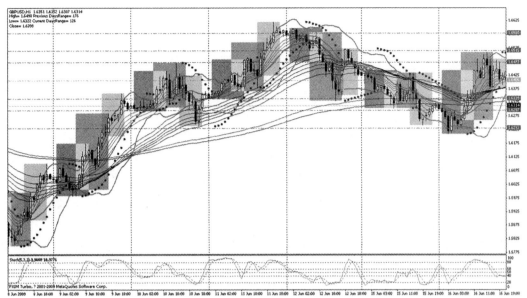

图 1-14-1　我的短线行情分析系统

GUPPY 复合均线告诉你持仓的方向，而 FIBO、VAGAS、BANDS、SESSIONS 等系列指标则告诉你进场位置（出场位置），通过以蜡烛线为主的工具可以确认这些进场位置的有效性。我这个系统的思想就是这样体现了"势、位、态"三要素的，大家完全没有任何理由去照搬，应该做的是从中汲取精华融入自己的交易策略中。

# 下 篇
# 短线王牌

故不尽知用兵之害者，则不能尽知用兵之利也。

——孙武

第一张

# 短线王牌 "直接+间接进攻"突破模式

> 凡战者，以正合，以奇胜！
>
> ——孙武

很多时候短期行情的发展不是一蹴而就的，这种曲线路径也使得不少外汇短线交易者迷失方向，被市场"瞒天过海的伎俩"所扰乱。在面临关键支撑和阻力的时候，行情的发展倾向于两次突破，第一次突破的节奏比较快，而第二次突破的节奏则比较慢。第一次突破的目的是打掉反向仓位的止损盘，所以有"热刀过黄油"的快速态势；第二次突破的目的是逐渐击退那些反方向进场者的进攻，这个过程不能太快，要慢慢消磨其力量，否则容易引发此后关键价位筹码的集中倾泻。

在本模式中，我们需要的主要技术指标构件是（见图2-1-1）：第一，维加斯隧道（Vegas1 HR，又名 Vegas1 小时隧道）；第二，斐波那契混合轴心点指标（Live Charts Fib Pivots），这个指标主要为交易者提供非常有效的日内支撑阻力水平；第三，蜡烛线，通过蜡烛线形态的变化我们能够更好地把握市场中博弈群体的即时心理和力量变化。这些指标都可以从我们的资源网站免费下载和永久免费使用。

## 手握王牌：模型和短线操作要点

我首先对"直接+间接进攻"突破模式的分析和操作要点进行详细讲解，其中有些东西对于没有接触过外汇短线实际操作的人而言比较难以理解，对于那些交易经验不

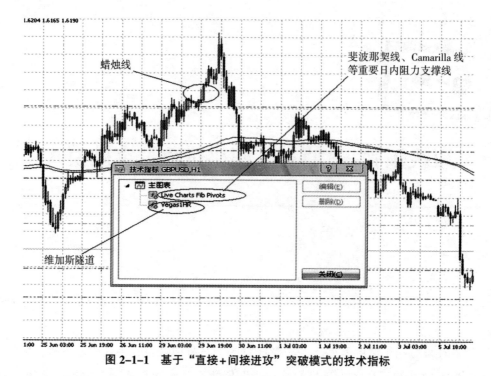

图 2-1-1  基于"直接+间接进攻"突破模式的技术指标

够的读者也是这样的。如果你一时半会儿还无法理解这些东西，则你需要进一步的实际操作，然后再回过头来研读和实践这里教授的东西。

请看图 2-1-2，这是"直接+间接进攻"突破模式的基本模型，本来我是准备手绘这一基本模型的，让大家知道更为一般的形态是怎么样的，但是后来一想：这会误导

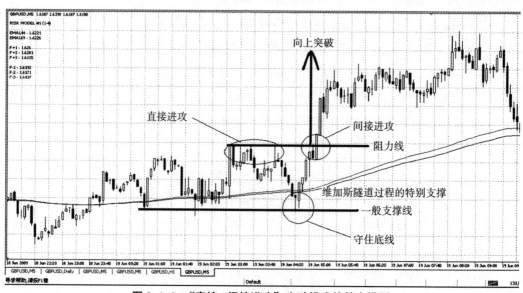

图 2-1-2  "直接+间接进攻"突破模式的基本模型

交易者，所以也就作罢。

西方技术分析的理论大家无非是迈吉和墨菲，迈吉的书基本以实例展开，而墨菲的书则恰恰相反。对于东方技术分析，特别是日本蜡烛图有全面深入总结的尼森也倾向于以实例来讲解抽象的理论和形态，这样做的好处是让读者一来就能够培养起对形态的正确和灵活态度，不会"死抠"，成为死板的交易理论家。

"直接+间接进攻"突破模式的基本模型主要涉及汇价的两次运行，也就是汇价的直接进攻和间接进攻，这个模式有看涨情形和看跌情形，图 2-1-2 是看涨情形，看跌情形可以反推，一样的道理。"直接+间接进攻"突破看涨模式中汇价先会急速升至一个较为显著的阻力位置，通常是以流星形态来"攻击"这一阻力位置，此后汇价迅速回落，但是回落程度很浅，不久之后就止跌然后再度上扬。止跌的位置一般是某一支撑位置，比如前期低点、维加斯隧道、斐波那契混合轴心点指标构成的日内支撑等。"直接+间接进攻"突破模式主要是让交易者能够识别一种日内交易中"第一次假突破，第二次真突破"的机会。

这种突破其实是一种向上 N 字结构，回档是因为短线获利回吐，继续上扬是因为更加有眼光的中线交易者低吸所致。

"直接+间接进攻"突破模式的一般模式我在图 2-1-2 中已经"一图顶万语"地介绍了，你可以自己拿着这幅实例图去揣摩其中的市场力量和市场意图变化之道。下面，我们则更深入一些介绍这个模式的一些研判和操作细节，这些细节往往是你在实际运用中容易忽视的关键要点。

第一个研判和操作要点请结合图 2-1-3 来理解，汇价在第一次冲击关键的过程中，应该有一些速率和形态上的特征，具体而言就是：在上涨情形中，汇价应该以接近陡直的速率冲击阻力位置，同时应该在冲击的顶部留下流星形态，也就是上影线很长的一类蜡烛线（对于蜡烛线实体大小则没有什么要求，这并不符合流星形态的标准定义）；在下跌情形中，汇价应该以接近垂直的速率冲击支撑位置，同时应该在冲击的底部留下流星形态，也就是下影线很长的一类蜡烛线，这

蜡烛线属于微观信号，与震荡指标类似，所以不能作为趋势指标来使用。

里也不对这根蜡烛线的实体大小进行要求。

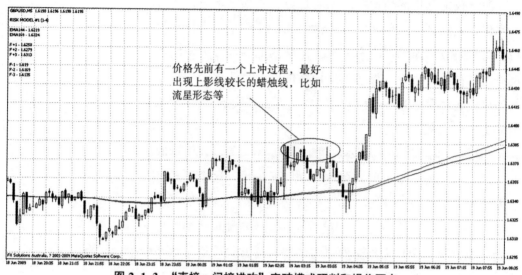

价格先前有一个上冲过程，最好出现上影线较长的蜡烛线，比如流星形态等

**图 2-1-3　"直接＋间接进攻"突破模式研判和操作要点一**

"直接＋间接进攻"突破模式的第二个研判和操作要点请结合图 2-1-4 来掌握。第一次急速发展之后，汇价应该立即退回来，在上涨情形中则是回落到某一支撑线附近，这个回落的幅度一定要小，这个小并不是针对此前一个波段，而是针对绝对幅度而言的。较小的回撤幅度表明市场的反向敌对筹码的实力并不很强大，也表明我方进攻力量是在"避其锐气，击其惰归"，而不是真的力量不行。上升情形中的回撤立足点是某一具体的支撑，这里的支撑来源不做具体要求，你应该能够从行情走势图中一眼就能看得出来。

> 区分对手盘的动机和能力非常重要，到底是没有动机，还是缺乏实力，这个区别要搞清楚。

"直接＋间接进攻"突破模式研判和操作的第三要点请结合图 2-1-5 掌握。在上升行情中，第二次汇价上升是一个逐渐消磨"守军"力量的过程，但是突破时必须以一根实体较大的实体蜡烛线完成，这就是攻方力量在阻力位置压倒守方力量的典型表现。

> 阻力线/支撑线是温度计的刻度，帮助我们监控驱动因素的强弱。

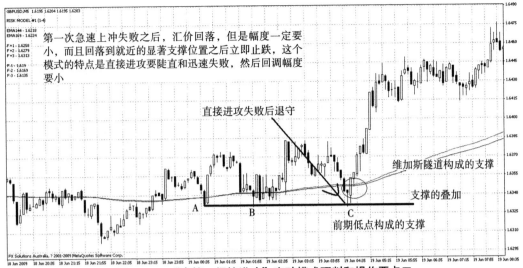

**图 2-1-4　"直接 + 间接进攻"突破模式研判和操作要点二**

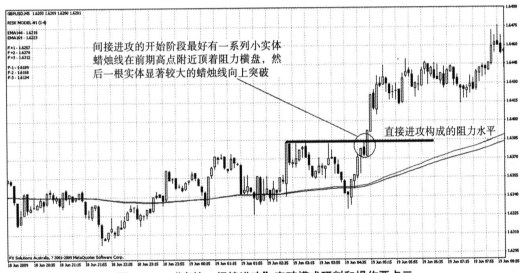

**图 2-1-5　"直接 + 间接进攻"突破模式研判和操作要点三**

　　"直接 + 间接进攻"突破模式研判和操作要点四请结合图 2-1-6 掌握。在上升情形中，当汇价升至第一次拉升的顶点时，应该出现若干小实体蜡烛线，这些小实体蜡烛线顶着第一次拉升的高点运行，这就是我总结的"顶位"，对于别人来说是一种进场位置，对于我来说则是一种进场的待确认信号。

　　小实体代表一种犹豫，意愿不明确或者实力均衡。

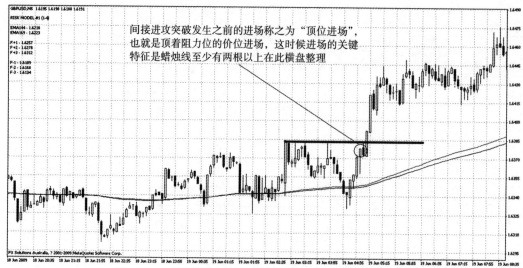

间接进攻突破发生之前的进场称之为"顶位进场"，
也就是顶着阻力位的价位进场，这时候进场的关键
特征是蜡烛线至少有两根以上在此横盘整理

图 2-1-6 "直接+间接进攻"突破模式研判和操作要点四

突破前有充分的调整则突
破后持续性更强，而且不太容
易出现空头陷阱或者多头陷
阱，也就是2B顶底出现的可
能性下降了。

"直接+间接进攻"突破模式研判和操作的第五个要点请
结合图 2-1-7 掌握。上涨情形中汇价第二次进攻时在高位或
短或长时间横盘之后再以较大实体的阳线突破，这种一般是
少有可靠的日内突破进场信号，相对于那种缺乏突破前横盘
的走势，这类走势之后的突破更为可靠。

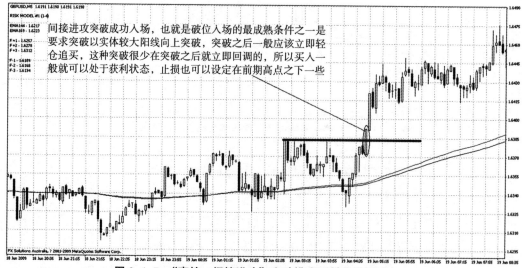

间接进攻突破成功入场，也就是破位入场的最成熟条件之一是
要求突破以实体较大阳线向上突破，突破之后一般应该立即轻
仓追买，这种突破很少在突破之后就立即回调的，所以买入一
般就可以处于获利状态，止损也可以设定在前期高点之下一些

图 2-1-7 "直接+间接进攻"突破模式研判和操作要点五

# 王牌案例

通过本章第一节的学习，你对"直接+间接进攻"突破模式的基本模型和操作要点应该有一些比较全面和深入的掌握，但这都是静态的，你必须明白如何具体分析，如何具体进场等，这样才算真正了解了"直接+间接进攻"突破模式的精髓，也才能够由学习升华到操作。本节我将通过一个简单的实例，以粗略的步骤引导你迈向"学以致用"的道路。

请看图 2-1-8，这是美元兑瑞郎 5 分钟交易实例，要利用"直接+间接进攻"突破模式构建交易优势就必须找到价格第二次来到某一关键位置的形态。你应该养成这样的习惯：注意当下主要货币对是否出现了小幅度回调之后又再度"兵临城下"的情况。如果出现了，你就要密切关注接下来汇价在关键位置的表现了。在本例中，汇价 A 点处发动了第一波攻击，但是以迅速的小幅回落结束，你应该敏锐地观察到第一波攻击顶点出现的流星形态蜡烛线。价格回落到前期低点

盯盘看什么？如果没有选择性地盯着盘面，就会被市场催眠。那么，如何进行选择呢？看市场在关键位置的表现如何。

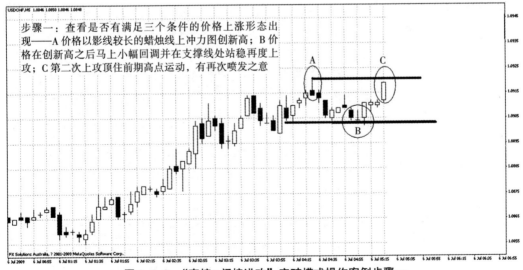

图 2-1-8 "直接+间接进攻"突破模式操作案例步骤一

附近止跌，你可以在 B 点看到一个非常明显的早晨之星，这是一个看涨意味浓烈的反转蜡烛线形态。汇价在止跌之后发动了第二轮攻击，这时候我们就要进一步观察其能够成功的迹象，这就是 C 点的形态特征。

当你找到一个潜在的"直接+间接进攻"突破模式后，接下来你有两种进场策略可以采用。第一种进场策略如图 2-1-9 所示，当汇价以众多小实体贴近前期高点运行时，这就是难得的"低成本"进场时机，你可以尽量在横盘的末段进场做多，初始止损设定在一个合理的范围之内。

小实体贴近主阻力线/支撑线运行，表明市场在尝试积蓄力量突破。

图 2-1-9 "直接+间接进攻"突破模式操作案例步骤二（1）

第二种进场策略则是等待价格有力向上突破的时候，请看图 2-1-10。汇价顶着某一阻力位置横盘，大多数情况下都会继续向上发展，因为如果阻力真的有效的话，则汇价一般稍微触及就会掉头下跌，不会长期驻留，第一波进攻经常以流星线作头就是这个原因。但是，也不能百分之百地肯定，还是有一些时候汇价在长期顶着某一价位横盘之后仍旧会跌回去，所以第二种进场策略适合那些对信号可靠性要求更高的交易者。第二种进场策略要求交易者等待高位横盘后的突破，在汇价以较大实体阳线向上突破之后介入，初始止损一

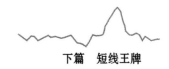
般放置在前期高点价位之下的合理位置。

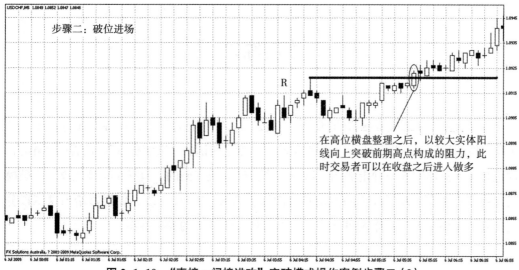

步骤二：破位进场

R

在高位横盘整理之后，以较大实体阳线向上突破前期高点构成的阻力，此时交易者可以在收盘之后进入做多

图 2-1-10 "直接＋间接进攻"突破模式操作案例步骤二（2）

# 王牌使用指南

　　"直接＋间接进攻"突破模式的使用需要注意几个问题，首先，如果你决定使用"直接＋间接进攻"突破模式，则你必须要对蜡烛线有深入的掌握，要点在于你要撇开具体的蜡烛线形态，比如什么蜡烛线 36 招等。你应该着重从影线长短以及实体大小的角度去把握蜡烛线，从这个角度去学习和运用蜡烛线的直接意图是要找出蜡烛线体现的市场力量和意图在当下的状态。其次，你还要对如何寻找水平支撑和阻力有自己一套明确的方法，最重要的支撑阻力来自于显著的邻近前期高点和低点。最后，你最好也对斐波那契回调线有所掌握和理解，这会让你对某些看起来不可理解的价格驻留和反转有所了解。在使用"直接＋间接进攻"突破模式的时候着重寻找短期内价格二度来到某一关键位置附近的行情走势，并要注意汇价两次来到关键价位附近的蜡烛线形态，第一次上升

凡有所相皆是虚妄，执着于具体的蜡烛图形态必然失去对本质的把握。

速率要快，第二次上升速率慢，但是"扛得住"反向力量。

# 纸面练习

为了让你的大脑能够充分地开动，变被动学习为主动学习，我特意在每一张王牌策略传授的最后一小节安排了"动脑环节"，这就是所谓的"纸面练习"。请看图 2-1-11，这也是美元兑瑞郎 5 分钟走势图，这是一个已经完成突破的"直接+间接进攻"突破模式，我们将两次进攻以及中间的调整依次标注为 A、B、C 三段，你能够给出这三段分别代表的市场状态吗？你先写下答案，然后再看我给出的参考答案。

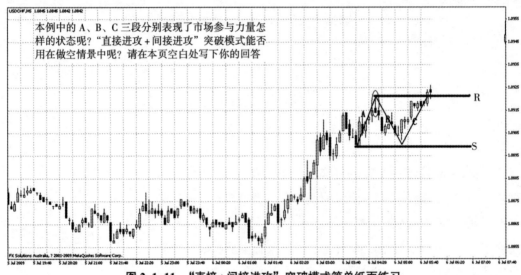

图 2-1-11 "直接+间接进攻"突破模式简单纸面练习

A 段显示了市场处于急于突破阻力 R 的状态，但是空头力量过于强大，这是多方力量没有准备的，或许多方的筹码还显得不足，而空方的实力还很强大。这时候通过汇价下跌来消化卖盘，同时吸引更多的买盘。但要吸引更多的买盘，就不能下跌幅度过大，这就是 B 段。多方通过避让空方的锐气，在下方积蓄了一定力量，然后第二次攻击上方阻力，可以从蜡烛线上看到明显的区别，这种区别反映了两次进攻中多空力量对比的变化。正如我们在前面提到的一样，"直接+间接进攻"突破模式除了可以用于上涨情形中，还可以用于下跌情形中。

# 短线王牌 "短凭长破"突破模式

兵者，诡道也。

——孙武

很多时候汇价会短期回落，这是因为在上方遭遇了特定形式的阻力，比如维加斯隧道构成的阻力。之后，汇价受到稍长期交易者支撑转而上扬，最终突破阻力，形成一次波澜壮阔的大行情。或者，汇价会短期反弹，这是由于在下方受到了特定形式的支撑，比如维加斯隧道构成的支撑。之后，汇价受到稍长期交易者打压转而下降，最终跌破支撑，形成一次行云流水般的大行情。上述第一种情况是"短凭长破"向上突破模式，而第二种情况是"短凭长破"向下突破模式。

在本模式中，我们需要的主要技术指标构件是（见图2-2-1）：第一，顾比复合均线—长期组（GMMA Long），代表稍长期交易者，可以作为"趋势交易者"代表，极端的则可以代表"投资者"；第二，顾比复合均线—短期组（GMMA Short），代表稍短期交易者，可以作为"短线投机客"代表，极端地则可以代表"投机者"；第三，维加斯隧道；第四，随机震荡指标（Stochastic Oscillator），帮助我们衡量市场的情绪，可以作为一个很好的择时择位指标，帮助我们在较好的时机和位置进场见位进场交易；第五，蜡烛图，帮助我们确认市场参与大众当下的力量对比，或者说敛散状态。

势、位、态如何在具体技术指标上得到体现？这是每个交易者都要思考的问题。

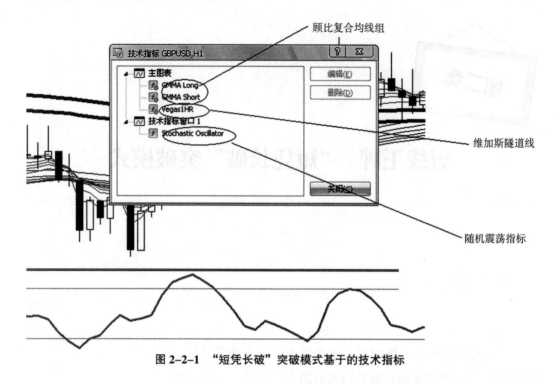

图 2-2-1 "短凭长破"突破模式基于的技术指标

在本节中，我们从四个角度来介绍"短凭长破"突破模式（Short Breaking with Long Pattern）交易机会，实例都以我经常涉及的英镑兑美元（GBP/USD）为主。当然，你也可以完全照搬到如美元兑瑞郎（USD/CHF）和美元兑日元（USD/JPY）等波动活跃的货币对之上。本书采用的交易时间以 1 小时框架为主，这比较符合我个人交易倾向和风险偏好。不过，"短凭长破"突破模式不仅可以在 1 小时图上使用，也可以移植到任何时间架构上，比如说 15 分钟和 4 小时。这并不妨碍模式本身的有效性，只是说交易机会出现的频率发生了改变，承受的风险发生了改变，这些都是你需要考虑的问题。

## 手握王牌：模型和短线操作要点

在本节，我们介绍"短凭长破"突破模式的基本模型和相应的操作要点，基本模型主要涉及这一交易优势机会的几个关键技术特征，而相应的操作要点则涉及进场和初始止损考虑，主要是基于这一交易结构获得可接受的风险回报比，至于跟进止损或者说利润兑现出场则需要参照本书其他章节的相关内容。

下面我们首先来深入全面介绍"短凭长破"突破模式的基本模型，或者说技术特征。请看图 2-2-2，这是英镑兑美元（GBP/USD）1 小时走势图，主要注意两种技术指标：第一种是顾比均线组，包括短期组和长期组；第二种是维加斯隧道。通过观察这两种技术指标的变动和相对位置关系，我们可以很快识别出当下走势中是否出现了"短凭长破"突破模式。我们这里以向上突破的"短凭长破"模式为例，向下突破模式可以类推得到，在后面的实例演示中我们会介绍向下突破模式。

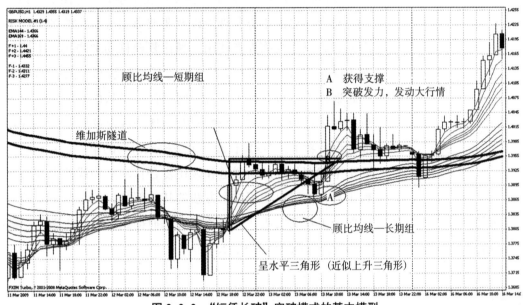

图 2-2-2 "短凭长破"突破模式的基本模型

在图 2-2-2 中，英镑兑美元从底部开始回升，这表现为顾比均线—短期组向上穿越顾比均线—长期组，之后两者向上发散。当汇价升到维加斯隧道附近时容易出现折返走势，这是因为维加斯隧道蕴含了斐波那契原理和江恩原理，某种意义上是天然的阻力支撑位置。这时发散的顾比均线—短期组回落到顾比均线—长期组附近，然后企稳，企稳一般以一根阳线出现在回落低点为标准。顾比均线—短期组代表短线投机客，而顾比均线—长期组代表趋势交易者，投机客的抛筹为趋势交易者所接收，最终止跌。在图 2-2-2 中 A 处短期组获得长期组的支撑，而这是一个见位进场做多的优良位置，交易者也可以在 B 处才进场做多，这是一个破位进场做多点的优良位置。向上突破"短凭长破"模式的关键部分状如水平三角，具体而言是上升三角形，也就是上边是水平线，下边向上倾斜，这暗合西方技术形态理论。不过这个三角形并不标准，因为其内在的高低点数目并不一定符合标准三角形的要求。

"短凭长破"突破模式的研判和操作有一些细节是我需要单独从基本模型中提出来进行细节化介绍的。第一个要点请结合图 2-2-3 来理解,"短凭长破"突破模式是一个具体的形态,这个形态的确定利用了非常特殊的两种移动平均线,这两种移动平均线之所以具有很高的研判效率,最关键的一点是它们都是被大众采用得较少的一类均线。维加斯隧道是由 169 和 144 两条均线构成的,主要用在 1 小时走势图上,其原理是暗合江恩的正方形理论以及斐波那契交易法的神奇数字理论,可以作为临界点使用。顾比复合移动平均线将市场剖解为博弈参与者来审视,除了日本的蜡烛线和美国的 TPO 市场轮廓理论(也有称为四度空间理论)是从博弈的角度诠释价格和价格指标之外,恐怕只有顾比均线能够算得上是这方面的创新者了。"短凭长破"突破模式研判的第一个要点就是要牢牢把握住维加斯隧道和顾比复合移动平均线两个辅助观

指标的实质是什么?得义可以忘形,没有必要纠结于最佳的参数。

察工具,你可以变革这个方法的其他部分,但是一定要理解这两个工具的实质,这样才能真正捕捉到"短凭长破"突破模式带来的高效交易机会。

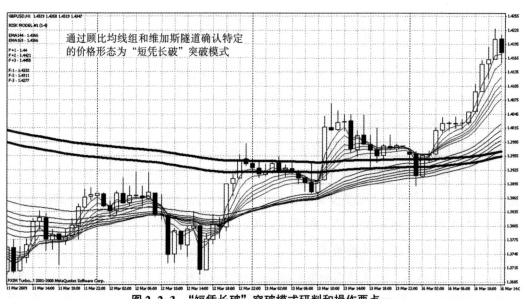

图 2-2-3 "短凭长破"突破模式研判和操作要点一

"短凭长破"突破模式研判和操作第二个要点是要通过当下的蜡烛线形态来确认进场位置，请结合图2-2-4来掌握。"短凭长破"突破模式提供了两种进场位置，第一种进场位置是见位进场，这时候需要有反转蜡烛线形态来支撑；第二种进场位置是破位进场，这时候需要有持续蜡烛线形态来支撑。

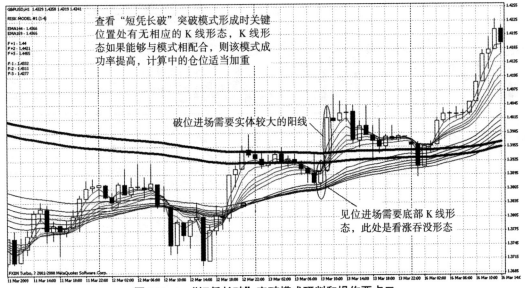

查看"短凭长破"突破模式形成时关键位置处有无相应的K线形态，K线形态如果能够与模式相配合，则该模式成功率提高，计算中的仓位适当加重

破位进场需要实体较大的阳线

见位进场需要底部K线形态，此处是看涨吞没形态

图2-2-4 "短凭长破"突破模式研判和操作要点二

"短凭长破"突破模式的第三个研判和操作要点是帮助交易者更准确地锚定进场时机，这就是在见位进场的时候最好震荡指标能够确认这个见位进场的机会，具体而言就是：看涨情形中，震荡指标位于超卖值域；看跌情形中，震荡指标位于超买区域。当然，图2-2-5给出的看涨情形，不过是你反推即可得到看跌情形的操作要点。震荡指标就统计意义而言，是统计目前价格相对于此前价格的位置，而就心理意义而言往往能够体现出市场情绪的变化。这是马丁·普林格的发现，他发现直接调查得到的市场情绪指标与价格加工得到的随机震荡指标有几乎一致的波动特征，这意味着随机震荡指标很好地模拟了市场情绪的即时变化。

日内交易应该以见位进场为主，见位进场的要点请结合图2-2-6来理解，主要是在价格落在顾比均线附近的时候要出现看涨反转蜡烛线形态，比如看涨吞没、早晨之星之类的形态，准确地说应该是"正向发散—收敛—反向发散"形态（对此的详细介绍请参考欧阳傲杰的《黄金高胜算交易》），同时对应的随机震荡指标应该处于超卖区域（看涨情形中）。如果这两个条件满足，则可以进场，将初始止损设定在顾比长期组均线之下合理位置。

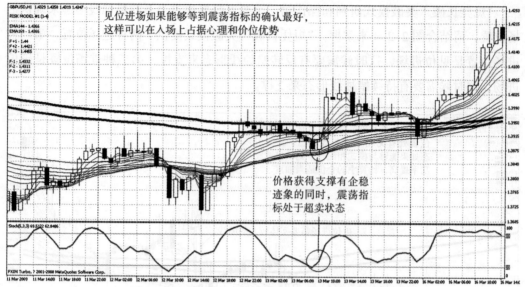

图 2-2-5　"短凭长破"突破模式研判和操作要点三

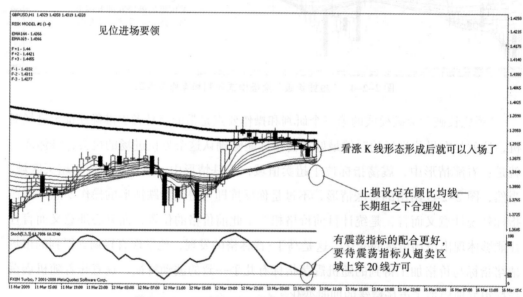

图 2-2-6　"短凭长破"突破模式研判和操作要点四

"短凭长破"突破模式的破位进场需要交易者对于市场心理面有更深入的认识，否则会被市场的反复过早洗出场去。**破位进场有三个条件：第一个条件是市场受到的心理预期和基本面驱动非常强烈**，比如刚公布了一个远远超越预期的数据等；**第二个条件是交易者在首次突破时只以较少的仓量介入；第三个条件是设定相对较宽的止损**，毕竟汇价突破之后的反复较多，如果止损太窄很容易被市场噪声击中而过早出场。破

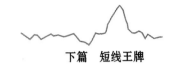

位进场要领请看图 2-2-7，有两种突破思路，第一种是价格一旦突破维加斯隧道就跟进，这是相对传统的破位进场方式，比较适合市场基本面因素超越预期引发的强劲走势。第二种破位进场思路则增加一个过滤条件，就是必须以较大实体穿越维加斯隧道才行，也就是等待收盘于隧道另一边时进场。初始止损要设定得比见位进场更宽一些，以便承担进场之后市场经常出现的震荡。

为什么新手在破位后不敢进场，往往是因为此前违背了这三个条件而吃尽了苦头。

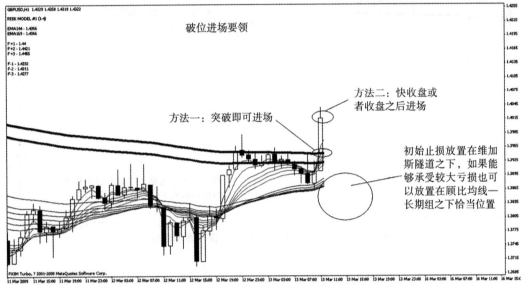

图 2-2-7　"短凭长破"突破模式研判和操作要点五

# 王牌案例

"短凭长破"突破模式在直盘货币对上经常看到，你应该下功夫去琢磨这类型的东西，这是一种胜算率和报酬率都很高的形态。之所以胜算率和报酬率高是因为这个形态是我首先发现并加以利用的，只要市场上有极少数人在利用这一形态，这个形态带来的超额利润就会一直存在。我在本节向大家简单演示利用"短凭长破"突破模式进行操作的实例，例子很简单，说明也是简要展开，只是希望读者对如何利用"短凭长破"突破模式做到心中有数。请看图2-2-8，我们首先要在主要货币对上寻找顾比均线短期组在维加斯隧道附近回档到长期组的情形。如果你寻找做多交易，则维加斯隧道位于最上方，而顾比长期均线组在最下方，短期均线组在两者之间；如果你寻找做空交易，则维加斯隧道位于最下方，顾比长期均线组位于最上方，短期均线组位于两者之间。

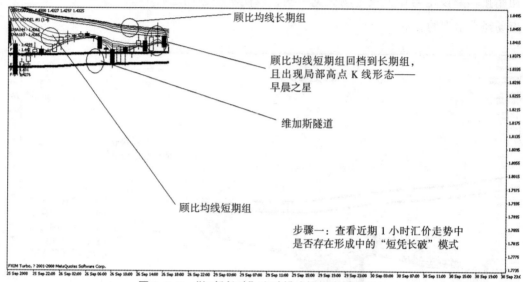

顾比均线长期组

顾比均线短期组回档到长期组，
且出现局部高点K线形态——
早晨之星

维加斯隧道

顾比均线短期组

步骤一：查看近期1小时汇价走势中
是否存在形成中的"短凭长破"模式

图2-2-8 "短凭长破"突破模式操作案例步骤一

一旦你在当下的走势图上发现了"短凭长破"突破模式，则你需要在见位进场和破位进场之间做出选择，当然你可以将分仓后同时采用两种进场方式。我先来解析见位进场，请看图2-2-9，这是接着图2-2-8所述的英镑兑美元1小时走势展开的，当你觉得当下的走势可能是"短凭长破"突破模式时，就要赶紧琢磨进场位置的问题。本例中当汇价向上回档到顾比长期均线时，出现了看跌的黄昏之星形态，同时对应的随机震荡指标处于超买区域附近（严格来讲并没有在超买区域里，但交易是一门游走于灵活和原则的事务，你必须知道什么时候可以稍微放宽条件），这种情况下你可以在黄昏之星形成之后见位进场做空英镑兑美元，同时将初始止损放置在顾比长期均线之上。

对于见位交易，绝大部分交易者都比较陌生，这是传统交易教科书几乎没有涉及的领域，所以大部分本书的读者都倾向于破位进场。当你找到"短凭长破"突破模式之后，如果你要进行破位进场交易，则你需要密切关注蜡烛线在维加斯隧道线附近的表现，请你结合图2-2-10来理解如何操作本例的破位进场。

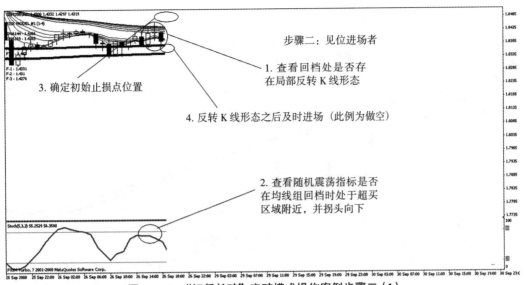

步骤二：见位进场者

1. 查看回档处是否存在局部反转K线形态

3. 确定初始止损点位置

4. 反转K线形态之后及时进场（此例为做空）

2. 查看随机震荡指标是否在均线组回档时处于超买区域附近，并拐头向下

图 2-2-9　"短凭长破"突破模式操作案例步骤二（1）

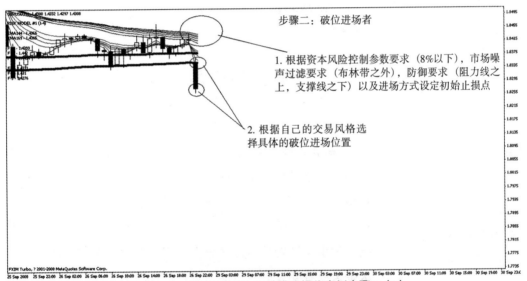

步骤二：破位进场者

1. 根据资本风险控制参数要求（8%以下），市场噪声过滤要求（布林带之外），防御要求（阻力线之上，支撑线之下）以及进场方式设定初始止损点

2. 根据自己的交易风格选择具体的破位进场位置

图 2-2-10　"短凭长破"突破模式操作案例步骤二（2）

　　出场比较简单，但是简单不代表容易。绝大部分交易者的注意力都集中在进场上，对于短线交易者而言这并没有错，但出场无论是对中长线交易者而言还是短线交易者而言都是不能忽视的。出场的策略很多，我对此的研究和运用仅限于自己的交易经验，这就是主要借助于移动平均线进行移动止损（见图 2-2-11），同时会用到日内极值时刻规律（见本书最后部分）和斐波那契目标位出场（主要是 1 倍斐波那契扩展）。如果你想对出场策略乃至进场策略有最为详细和全面的认识，可以参考《外汇短线交易的 24

堂精品课》一书最后两课。

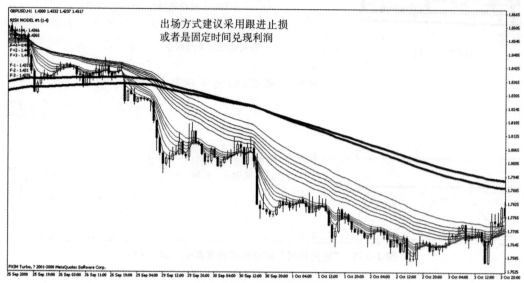

图 2-2-11　出场策略提示

# 王牌使用指南

这里面其实就是一个 N 字结构。

"短凭长破"突破模式与"直接+间接进攻"模式有一个共同点，就是两者都倾向于在第二次攻克某一关键位置。这种情况在外汇交易，甚至股票交易中非常常见，也就是说存在一个"二次成功定律"。一般而言，连续两次背离比一次背离对后市反转的预示意义更强；连续两次金叉或者死叉比一次金叉或者死叉的判市能力更强。你如果能够循着这个路径去拓展你的外汇日内交易思路，则肯定能够找到属于自己的"私密武器"。

"短凭长破"突破模式给你的另外一个借鉴意义应该是：进场的方式往往是多重的，你应该了解每种方式的特点，然后针对市况去有选择地采用特定的进场方式。"短凭长破"突破模式中，我一般采用见位进场，除非能够观察到市场心理的强劲预期才会采用破位进场。即使采用破位进场，我的仓

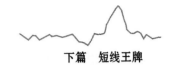

位也是相对很轻的，止损也不能设定太紧，否则很容易被市场击中，然后却开始顺向的走势，这就是看对行情没赚到钱的一种情况。

进场方式其实是仓位管理的一部分，所以进场方式与仓量之间也存在密切关系，破位进场相对见位进场仓位更轻，但这个还是要结合驱动面情况去决定绝对仓位的大小。

# 纸面练习

"短凭长破"突破模式提供了天然的见位进场点，请看图2-2-12。请你回答图中的问题：如果你采用见位进场法介入此例中的"短凭长破"突破模式，在图中标注的三处你将分别展开什么样的研判和操作呢？先用笔写下来再看我的参考解答。

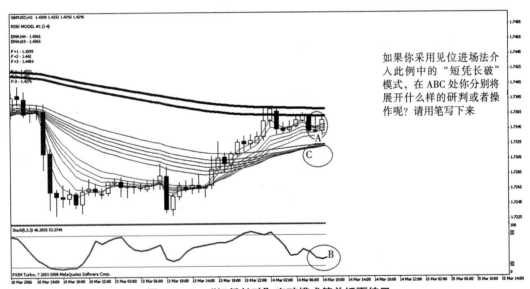

如果你采用见位进场法介入此例中的"短凭长破"模式，在ABC处你分别将展开什么样的研判或者操作呢？请用笔写下来

图2-2-12　"短凭长破"突破模式简单纸面练习

当你看到图2-2-12的模式时，你首先应该看顾比长期均线组、短期均线组和维加斯隧道的关系，其中长期均线组和短期均线组的关系特别重要，这就是图2-2-12中的C处，短期组应该跌到长期组附近，本例是靠上的位置。此时，你需

外汇狙击手——短线制胜的十五张王牌

要查看对应的蜡烛线有什么表现，这就是图中的 A 处，汇价出现了看涨的早晨之星。最后，你需要查看对应于此时价位的随机震荡指标信号线位于什么样的区域，最好是靠近超卖区域，这就是图中的 B 处。

# 短线王牌 "隧道支撑阻挡"模式

先为不可胜，以待敌之可胜。

——孙武

　　很早之前维加斯隧道就在欧美交易界小规模传播，此后有位署名为维加斯的交易者将此工具融入到自己的策略中，这才获得更大范围的传播。不过，目前知道维加斯隧道的交易者还是极少数，所以这个工具的有效性在未来十来年还是有很高保证的。所谓的维加斯隧道也就是参数为 144 和 169 的两条移动平均线，其中 144 恰好是斐波那契神奇数列中的数字，而 169 的平方根 13 也是斐波那契神奇数列中的数字，这也许是这个隧道如此有效的一个神奇原因。"隧道支撑阻挡"模式主要利用蜡烛线形态和维加斯隧道，如图 2-3-1 所示。

## 手握王牌：模型和短线操作要点

　　"隧道支撑阻挡"模式主要也有两种类型：第一种是看涨类型，如图 2-3-2 所示；第二种是看跌类型，如图 2-3-3 所示。看涨类型中，汇价从高处跌落到维加斯隧道处获得支撑，然后回升，我们要做的就是在回升开始的时候进场做多。看

　　在有效支撑点做多，在有效阻力点做空，关键是"有效"二字，如何识别有效呢？既有科学的成分，也有艺术的成分。

跌类型中，汇价从低处上扬到维加斯隧道处受到阻力，然后回跌，我们要做的就是在回跌开始的时候进场做空。

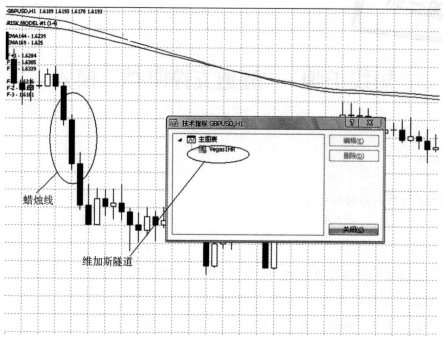

图 2-3-1　基于"隧道支撑阻挡"模式的技术指标

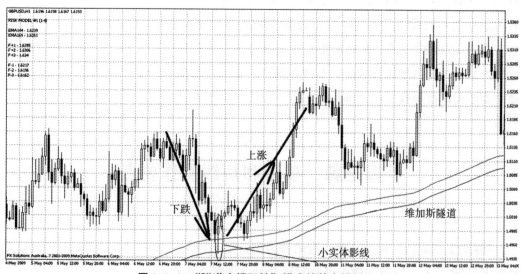

图 2-3-2　"隧道支撑阻挡"模式的基本模型（1）

图 2-3-3　"隧道支撑阻挡"模式的基本模型（2）

下面我们深入讲解一下"隧道支撑阻挡"模式中的研判和操作要点。第一个要点涉及"隧道支撑阻挡"模式中汇价达到维加斯隧道的运动幅度，请结合图 2-3-4 理解。在你确定一个模式是否有可能是"隧道支撑阻挡"做多模式的时候，你必须确定汇价经过一轮幅度较大的下跌，一般而言我是在 1 小时走势图上寻找这样的情形，汇价必须是经过幅度较大的下跌来到维加斯隧道附近的。如果汇价没有充分下跌，则很难认为维加斯隧道对汇价的下跌起到了支撑作用。如果是做空情形，则你必须等待汇价充

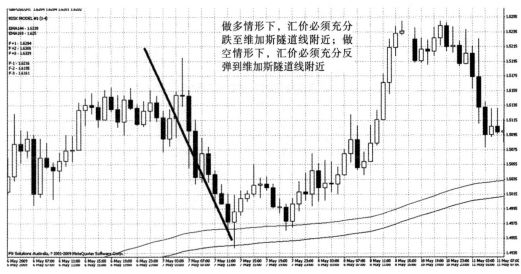

图 2-3-4　"隧道支撑阻挡"模式研判和操作要点一

在上涨趋势中，出现一次性利空，会导致脉冲式下跌，这是进场做多的机会，维加斯隧道和K线提示了进场做多点，反之情况也一样。

分反弹到维加斯隧道附近才能进一步确定所谓的阻力存在且有效。

当汇价在触及维加斯隧道之前经历了大幅运动被确认之后，接下来你要关注汇价在维加斯隧道附近的表现。这时候你需要寻找隧道附近的蜡烛线出现了反转形态。具体而言就是汇价跌到维加斯隧道附近出现了看涨反转蜡烛线形态，比如图2-3-5中的纺锤线和看涨吞没；汇价升至维加斯隧道附近出现了看跌反转蜡烛线形态，比如图2-3-5中的十字星和黄昏之星叠加形态。

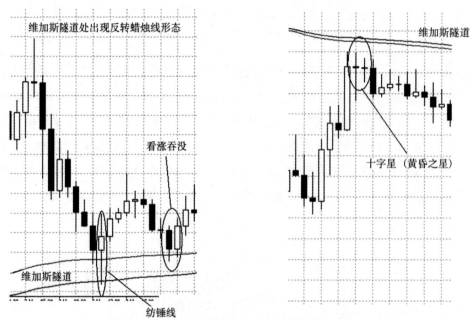

图 2-3-5　"隧道支撑阻挡"模式研判和操作要点二

当汇价触及维加斯隧道的时候，交易者还不能匆忙入市，还需要等到蜡烛线的反转形态出现，确认维加斯的支撑阻力有效，当然最为关键的确认来自蜡烛线中的启动线。在看涨情形中，在维加斯隧道处汇价出现了起涨阳线才能真正确认维加斯隧道的支撑成功，这根起涨阳线一般是蜡烛线反转形态的一部分；在看跌情形中，在维加斯隧道处汇价出现了起跌阴线才能真正确认维加斯隧道的阻力成功，这根起跌阴线一般是蜡烛线反转形态的一部分，请结合图 2-3-6 来理解上述文字。

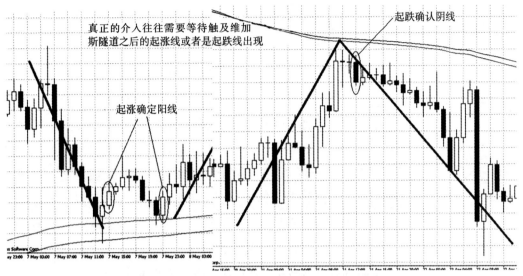

图 2-3-6 "隧道支撑阻挡"模式研判和操作要点三

"隧道支撑阻挡"模式研判和操作的第四个要点涉及进场做多的几个要素，请结合图 2-3-7 来理解。当汇价大幅下跌到维加斯隧道的时候出现了一定的止跌迹象，然后汇价以一根阳线拉离维加斯隧道，这根阳线就是起涨阳线，而此后的一根蜡烛线则是进场线。你在这根进场线形成的过程中完成进场做多的步骤，同时你还需要为自己的交易设定初始止损单，初始止损一般放置在维加斯隧道之下。你的第一利润目标应该

图 2-3-7 "隧道支撑阻挡"模式研判和操作要点四

是前期下跌的起点，当然，你最好通过观察汇价在升至这一价位的表现之后再决定是否在此位置附近出场。

"隧道支撑阻挡"模式的第五个研判和操作要点涉及进场做空的要素，请结合图 2-3-8 来理解。汇价升至维加斯隧道附近，交易者需要注意是否有滞涨状态出现，通常较小的实体或者是较长的影线代表着价格靠近了临界点。此后，汇价以一根实体较大的阴线拉离维加斯隧道，这就是起跌阴线。起跌阴线之后是进场线，交易者应该在这个进场线形成的过程中进场做空，并将初始止损设定在维加斯隧道之上合理的位置。进场后的第一利润目标是前期上涨的起点，不过最终的出场需要看蜡烛线在此目标价位附近的表现。本例中英镑兑美元跌至第一利润点位时以大阴线收盘，这预示着价格止跌的可能性较小，所以应该继续抱牢头寸。

小实体说明市场犹豫，此为收敛状态，波动率下降了。

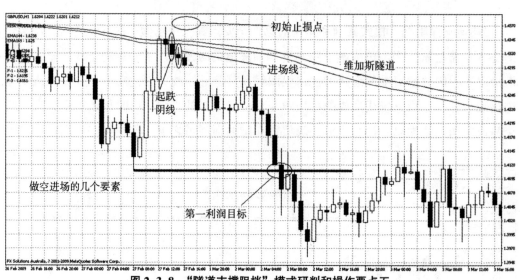

图 2-3-8 "隧道支撑阻挡"模式研判和操作要点五

# 王牌案例

没有一个完成的操作过程演示，你可能很难掌握"隧道支撑阻挡"模式的时机运用，在本节我会对这个模式的运用做一个简单的演示，你着重要学习的是背后的思想和程序。这是英镑兑美元 1 小时的交易，"隧道支撑阻挡"模式主要用在 1 小时交易框架上，当然其他日内交易时间也可以，不过，我使用得最频繁的还是英镑兑美元的 1 小时交易。第一步，在当下的行情走势中找到大幅度运动到维加斯隧道的情形，如图 2-3-9 所示，汇价快速升至隧道附近，并形成了小实体蜡烛线，这是一个典型的纺锤线，当出现这种情况的时候你就应该等待紧随而来的机会了。

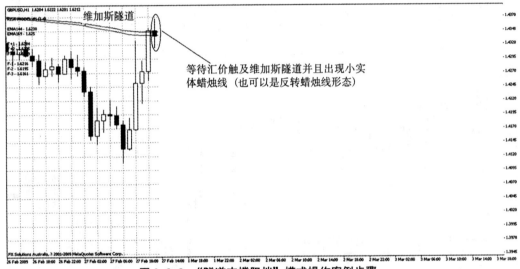

图 2-3-9 "隧道支撑阻挡"模式操作案例步骤一

经过步骤一，你已经发现了可能的机会，步骤二则是确认机会的时候，你等待汇价以一根较大阴线向下离开维加斯隧道的情形出现，这样的阴线被我定义为起跌确认阴线，如图 2-3-10 所示。当你看到这样的阴线时，你就应该迅速在这根阴线之后的一根价格线入场做空。

做多情形中的第二步骤则是这样的，请结合图 2-3-11 来理解。汇价跌至隧道线之后出现了止跌的状况，然后你则需要等待起涨阳线来确认市场开始重启上升，一旦起涨确认阳线出现，则你就可以在起涨阳线之后一根价格线入场做多。

维加斯隧道是象，市场有时候击穿它，有时候会在它那里反转，决定因素不是价格本身，而是驱动面和心理面。

图 2-3-10 "隧道支撑阻挡"模式操作案例步骤二（1）

图 2-3-11 "隧道支撑阻挡"模式操作案例步骤二（2）

# 王牌使用指南

　　"隧道支撑阻挡"模式建构在见位进场的原理之上，你可以在很多见位进场中找到这样的思路：第一步是找到一个足够有效的支撑和阻力，这往往需要一些特别的工具，比如这里的维加斯隧道，又或者是斐波那契点位，连最一般的前期高点和低点也是这

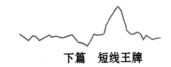

类工具的典型代表；第二步则是等待汇价跌到或者是升至这些关键的支撑或阻力附近；第三步则需要汇价自己来告诉你这些支撑或阻力是否有效，这时候你需要利用蜡烛线形态。当汇价跌至支撑，同时蜡烛线出现了看涨反转形态时，则你可以着手进场做多；当汇价升至阻力，同时蜡烛线出现了看跌反转形态时，则你可以着手进场做空。

"隧道支撑阻挡"模式体现了见位进场的精髓，当然也体现了市场的某些神奇结构，这就是斐波那契数字和斐波那契比率。市场中有极少数的指标是前瞻性的，比如斐波那契比率和数字；其他的许多技术指标，比如移动均线等都是滞后性的；当然市场也只有少数指标是同步性的，比如蜡烛线。整个"隧道支撑阻挡"模式以维加斯隧道和蜡烛线形态为主，这体现了这一交易方法的前瞻性和同步性，比起许多滞后性的方法这个模式带来的交易策略具有更高的效率，顾比均线也是一个滞后的指标，这也是其效果低于斐波那契工具的主要原因之一。

> 价格跌至支撑，如果震荡指标处于超卖则更有效；价格涨至阻力，如果震荡指标处于超买则更有效。

# 纸面练习

蜡烛线形态其实体现的是一种微观信号，所以蜡烛线一般不能单独作为同时间级别的趋势信号，比如日线图上的看跌吞没，不能作为日线图上趋势向下的信号，最多告诉你这是局部的高点。很多利用蜡烛线的人都没有透彻地认识到蜡烛线形态的局部性，他们往往倾向于将蜡烛线当作"一叶知秋"的工具。请看图 2-3-12，图中有三处汇价都触及了维加斯隧道，请你找出这三处的区别，在实际操作中这三处蜡烛线形态对于你的意义是什么？请先用一张纸写下你的答案，然后再接着看下去。

> 不谋万世者不足以谋一时，不谋全局者不足以谋一城，势重于态。

图 2-3-12 "隧道支撑阻挡"模式简单纸面练习

观察 A、B、C 三处的蜡烛线形态，结合此后的价格走势分析蜡烛线形态在王牌三操作中的意义和价值？请你写下来，然后对照我的简单解答

结合"位"和"态"来分析。

　　A 处的蜡烛线是大实体阳线，实体穿越了维加斯隧道，这是一根持续性蜡烛线，意味着维加斯的阻力没有发挥作用，这时候你就不能利用"隧道支撑阻挡"模式来反向做空。B 处是纺锤线，实体小影线长，这表明汇价跌至此处获得了支撑，这时你就可以利用"隧道支撑阻挡"模式进行操作了。当然，C 处的蜡烛线其实体更小、影线更长，说明这里的多空斗争更为激烈，这个地方的支撑应该比 B 处更加牢固，当然，如果经过后面较大实体阳线的确认则更好。

# 短线王牌 "确认隧道支撑阻力"模式

交易是博弈，而非匠艺！

——魏强斌

在第三张短线王牌中，我向大家介绍了利用维加斯隧道做见位交易的方法，本章我将向大家介绍利用维加斯隧道进行的另外一种见位交易，即基于"确认隧道支撑阻力"模式的见位交易。"确认隧道支撑阻力"模式也是利用两样主要工具，这就是上一张短线王牌用到的维加斯隧道和蜡烛线形态，如图 2-4-1 所示。本章的思路与上一章

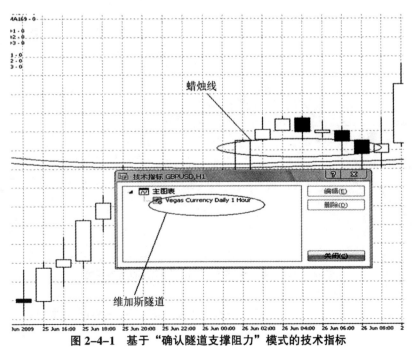

图 2-4-1　基于"确认隧道支撑阻力"模式的技术指标

在根本上是一致的，只是处理的两种不同类型的情况：上一章面临的是行情反向运行，而本章面临的情况是行情调整后继续此前的方向。

## 手握王牌：模型和短线操作要点

上攻回落然后再度上攻，这其实也是向上 N 字结构。这种结构可以被称为最为重要的形态，任何从事交易的人都必须对这种形态有所掌握。

"确认隧道支撑阻力"模式的基本模型请结合图 2-4-2 来理解。本模式分为两种情形：第一种是做多情形，如图 2-4-2 所示；第二种是做空情形，可以倒过来理解。你理解了第一种情形，第二种情形也就掌握了。请看图 2-4-2，汇价从低位上升，成功突破维加斯隧道，突破后不久汇价回落在维加斯隧道并且获得了来自该隧道的支撑，之后汇价大幅上扬，你要进场做多的位置就在第二次上扬开始的时候。

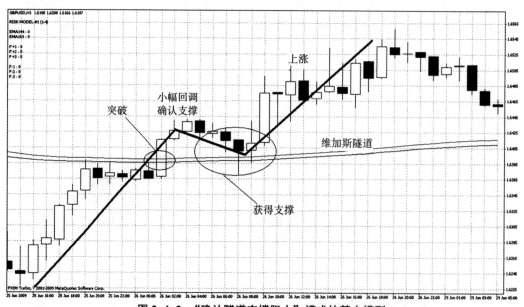

图 2-4-2 "确认隧道支撑阻力"模式的基本模型

接下来，我向大家介绍"确认隧道支撑阻力"模式的研判和操作要点。第一个要点是第一波汇价运动突破维加斯隧

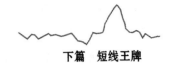

道时的要求。请结合图 2-4-3 来掌握，汇价从低位上扬时以大阳线突破维加斯隧道，然后你才可以考虑是否存在"确认隧道支撑"的进场做多机会；当汇价从高位下跌时以大阴线跌破维加斯隧道，然后你才可以考虑是否存在"确认隧道阻力"的进场做空模式。如果第一波上扬突破维加斯隧道显得很勉强，甚至在隧道中间形成拉锯战，则接下来的所谓的回撤很难靠得住，就不适合进场交易了。

图 2-4-3　"确认隧道支撑阻力"模式研判和操作要点一

　　"确认隧道支撑阻力"模式研判和操作的第二个要点涉及汇价突破后的前行幅度和调整幅度，前者不能太小，应该适度，而后者就应该小才行。比如图 2-4-4 中的上升情形中，汇价向上突破维加斯隧道之后继续上行了一段，这表明突破是有效的；如果刚在维加斯隧道冒点头就马上给打压回去了，这样的突破很难算得上是有效的。汇价上行一段之后，进行小幅度的回调，并且在汇价跌至维加斯隧道附近就获得了支撑，这就是"确认隧道支撑阻力"模式研判和操作的第二个要点。

　　推动浪和修正浪就其幅度而言，后者肯定是小于前者的，否则后者就更可能是修正浪了。波浪理论的要点在于对这两种浪进行有效区别。

图 2-4-4　"确认隧道支撑阻力"模式研判和操作要点二

维加斯隧道提供了"位置"，蜡烛线提供了"形态"，用"态"来确定"位"的有效性，这就是高明交易者的做法。

"确认隧道支撑阻力"模式研判和操作的第三个要点涉及汇价回撤触及维加斯隧道之后，确认其支撑或者是阻力有效。在上涨情形中，汇价向上突破并继续运行一段之后出现了回调，回调到维加斯隧道附近出现了一些证明支撑有效的看涨反转蜡烛线，这些是进场做多的前提条件，如图 2-4-5 所示。

图 2-4-5　"确认隧道支撑阻力"模式研判和操作要点三

一旦确认了"确认隧道支撑阻力"模式的存在，我们就可以执行进场操作了，我最常用的进场策略还是见位进场，首先介绍的也是"确认隧道支撑阻力"模式中的见位进场，请看图 2-4-6。这幅图中介绍的是上升走势中回调到维加斯隧道的见位进场做多要领，要领在图中已经写得非常清楚了。下跌走势中反弹到维加斯隧道的见位进场做空要领，可以类推得到。

**图 2-4-6 "确认隧道支撑阻力"模式研判和操作要点四**

在"确认隧道支撑阻力"模式中也可以利用破位进场策略，不过我很少这样，但是出于让本书读者开拓思路的初衷，我还是大致介绍下。请结合图 2-4-7 理解，汇价在获得维加斯隧道支撑并开始上升的时候，破位交易者并不急于介入，因为按照破位交易者的思路，这次上升可能仅是下跌过程的反弹而已，除非能够创出新高，所以破位进场做多点在突破前高的位置。

# 王牌案例

"确认隧道支撑阻力"模式应该是经常都会碰到的一种走势，你可以从中学到很多关于日内交易确认进场的思路。本节我们演示一个稍显简单的案例，希望你能够对

"确认隧道支撑阻力"模式的整个研判和操作过程有所了解。第一步是寻找汇价刚突破维加斯隧道不久的主要货币对，突破必须是较大的实体阳线才行，本例中是英镑兑美元，汇价以较大的实体阳线向上突破，如图 2-4-8 所示。

图 2-4-7 "确认隧道支撑阻力"模式研判和操作要点五

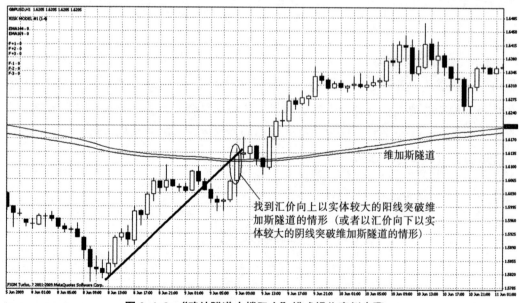

图 2-4-8 "确认隧道支撑阻力"模式操作案例步骤一

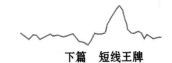

一旦你找到了以较大实体阳线向上突破维加斯隧道的情形，接下来你就需要决定具体的进场点了。第一种策略是见位进场，如图2-4-9所示，这时候你在维加斯隧道处寻找止跌回升的蜡烛线形态即可，力求在调整的末期进场。当然，你也可以在汇价上升并突破前高的时候才进场，如图2-4-10

见位进场和破位进场是最基本的两种进场方法。杰西·利弗莫尔和斯坦利·克罗都是趋势交易者，但两者偏好的进场方法存在区别，利弗莫尔偏好破位进场，而克罗偏好见位进场。这两种方法本身并无优劣之分，关键看你如何管理仓位。

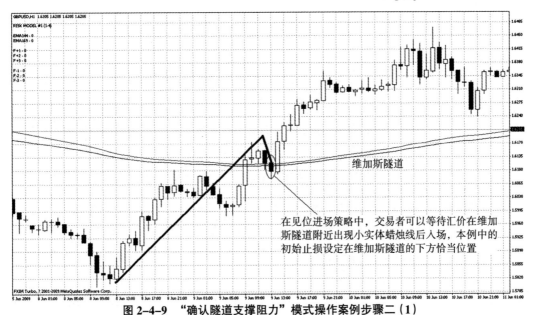

在见位进场策略中，交易者可以等待汇价在维加斯隧道附近出现小实体蜡烛线后入场，本例中的初始止损设定在维加斯隧道的下方恰当位置

**图2-4-9 "确认隧道支撑阻力"模式操作案例步骤二（1）**

在破位进场中，交易者在创出新高（新低）时进场交易，本例中则是在汇价向上突破前高时介入做多，初始止损放置在维加斯隧道之下合理位置

初始止损设定范围

维加斯隧道

**图2-4-10 "确认隧道支撑阻力"模式操作案例步骤二（2）**

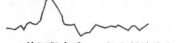

所示。两种进场之后都涉及立即设定初始止损的问题，相比而言见位进场的止损幅度相对小些，而破位进场的止损幅度则相对大些。

# 王牌使用指南

"确认隧道支撑阻力"模式可以用在许多时间框架上，比如5分钟走势图、15分钟走势图、半小时走势图、1小时走势图等。当然使用的货币对也很广，比如英镑兑美元、欧元兑美元等。这个模式透露的交易思路在我的王牌中的王牌中就有提及，属于四种进场策略中的一种。"确认隧道支撑阻力"模式要求交易者必须能够在汇价大幅运动中的调整末段入场，这可能有点让普通交易者无法适应，因为他们这个时候看见调整都倾向于认为汇价会转势，所以不会在这些位置入场，这恰好表明了绝大多数人的心理倾向不适合盈利的特点。

"确认隧道支撑阻力"模式的入场中与其他王牌一样，非常注重蜡烛线的确认作用，这恐怕是大家应该在本书中学到的比较重要的一点精髓，这也应该算得上"势、位、态"理论中属于"态"的那一部分。任何交易都必须搞清楚持仓的方向和相应的进出价位，同时还需要用具体的手段来确认方向和位置的有效性，我通常利用蜡烛线来完成最后这项确认工作。现在很多短线交易方法无效，最为根本的原因在于缺乏这样一项确认工具，比如传统的艾略特波浪交易工具。短线交易者们往往根据比率死板地进场，而根本不管这一比率是否有效，要有效就必须得到市场某种形式的确认。

# 纸面练习

我在前面的小节主要是以上升趋势的"确认隧道支撑阻力"模式为基础展开的，在这个环节中希望大家能够思考一下下降趋势的"确认隧道支撑阻力"模式，如图2-4-11所示。图中是有两处需要读者来思考的：A 处和 B 处。当你进行做空操作的时候，你需要在 A 处寻找些什么要素，在 B 处寻找什么要素呢？你先用笔写下来，然后再看我的简单解释。

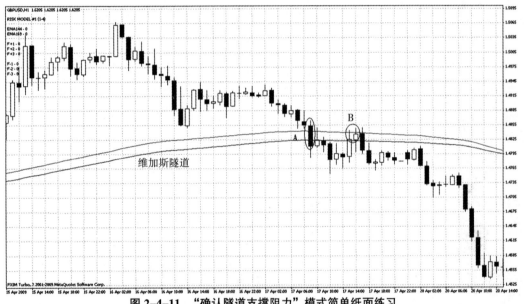

**图 2-4-11 "确认隧道支撑阻力"模式简单纸面练习**

英镑兑美元的价格从跌落之后，汇价以一根大阴线跌破维加斯隧道，这显示了空头力量的强大。在 A 处的突破要点就是较大的实体阴线，然后汇价反弹到 B 点，这时候汇价往往以小实体的形式出现在维加斯隧道附近，最好有看跌反转蜡烛线形态存在。

# 短线王牌 "修正"模式

除非你具备百分之百的市况预测能力，否则必须设定止损。

——魏强斌

极少有交易者是根据时间操作的，绝大部分交易者是根据价格来操作的，这也许是时间操作者的优势吧，毕竟越少交易者认识到时间操作法的价值和意义，则其有效性越高。"修正"模式正是这样一种基于汇价走势时间特征的特别模式，这个模式采用的主要指标是交易时段标注指标，如图 2-5-1 所示。

竞争者的盲点带来利润！

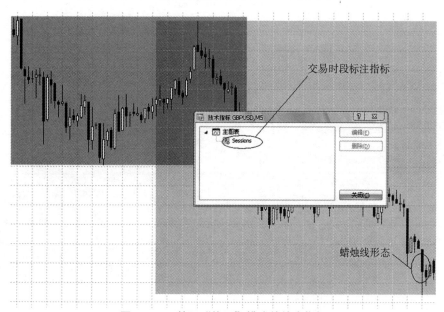

图 2-5-1 基于"修正"模式的技术指标

这个指标标注了三个主要的外汇交易时段：亚洲时段、欧洲时段和美洲时段，这三个时段的轮动具有一些特别的规律，不知道你注意到没有。本章我就向大家揭示如何利用日内的时段规律。当然，"修正"模式的研判和操作还需要用到蜡烛线形态这个工具。

## 手握王牌：模型和短线操作要点

"修正"模式的特点主要体现在市场轮换上，这个模式的基本模型如图 2-5-2 所示。在欧美市场重叠运作的这一段时间汇价往往反转，走出一波与先前纯欧洲市场走势相反的行情，这波行情一般在 40 点以上。如果你能很好地识别出欧美重叠时段的具体转折点，你就可以利用时段上的规律赚到可观的利润。当然，这个模式不是百分百可靠的，可靠性大概在 68% 以上，一旦你能够控制好风险回报比，你就可以累计产生超越市场平均水平的正利润。

这里面存在一些价格基本结构的规律，简单而言就是"推动浪/修正浪"模式。

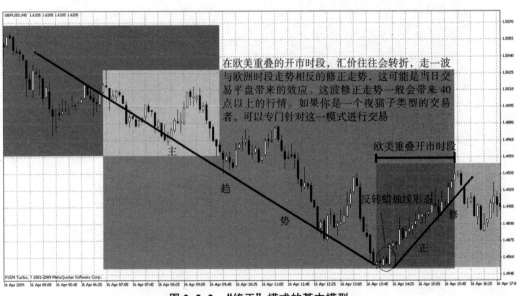

在欧美重叠的开市时段，汇价往往会转折，走一波与欧洲时段走势相反的修正走势，这可能是当日交易平盘带来的效应。这波修正走势一般会带来40点以上的行情。如果你是一个夜猫子类型的交易者，可以专门针对这一模式进行交易

欧美重叠开市时段

反转蜡烛线形态

图 2-5-2 "修正"模式的基本模型

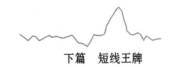

　　下面我深入剖析"修正"模式的研判和操作要点。第一
个要点是汇价在美洲开始前的欧洲时段应该有一段单边走势，
这个走势既可以是上扬的，也可以是下跌的，如图 2-5-3 所
示的这个例子是单边下跌的。

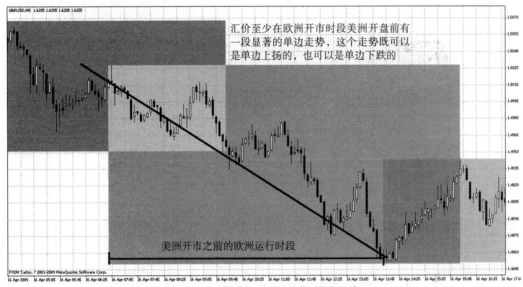

图 2-5-3 　"修正"模式研判和操作要点一

　　"修正"模式操作和研判的第二要点涉及确定反转点的问
题，这就要用到蜡烛线了。当之前走势向下的时候，你就需
要在欧美重叠时段寻找看涨反转蜡烛形态；当之前走势向上
的时候，你就需要在欧美重叠时段寻找看跌反转蜡烛形态。
在图 2-5-4 中，就是走势向下的情形，这时候你需要在欧美
重叠时段寻找如看涨吞没之类的蜡烛线形态。

　　"修正"模式的修正走势一般在幅度上有一定的稳定性，
在几个月之内这个幅度是收敛的，但是你也需要根据市场心
理和基本面的根本变化来推断最近一段时间的修正幅度，当
然最好的办法是移动统计修正走势的平均值。一般而言，英
镑兑美元的修正走势幅度在 50 点以上，当然大多围绕 50 点
这个关键水平，如图 2-5-5 所示。

蜡烛线既可以确认空间上
的支撑/阻力的有效性，也可
以确认时间上的支撑/阻力的
有效性。

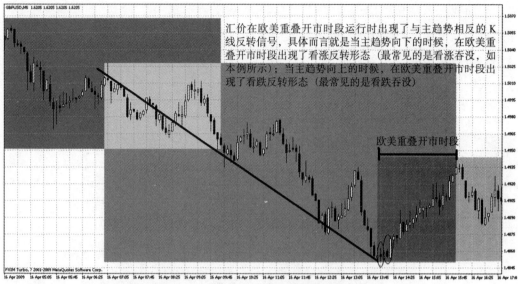

汇价在欧美重叠开市时段运行时出现了与主趋势相反的K线反转信号，具体而言就是当主趋势向下的时候，在欧美重叠开市时段出现了看涨反转形态（最常见的是看涨吞没，如本例所示）；当主趋势向上的时候，在欧美重叠开市时段出现了看跌反转形态（最常见的是看跌吞没）

欧美重叠开市时段

图 2-5-4　"修正"模式研判和操作要点二

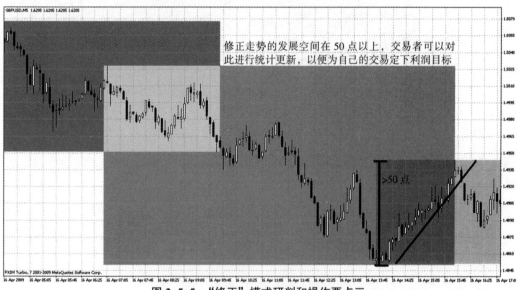

修正走势的发展空间在 50 点以上，交易者可以对此进行统计更新，以便为自己的交易定下利润目标

>50 点

图 2-5-5　"修正"模式研判和操作要点三

　　"修正"模式研判和操作的要点四和要点五则告诉你关于具体进场的问题。一般而言在欧美重叠时段出现了反转蜡烛线走势，交易者可以在反转蜡烛线形成之后的那一根蜡烛线进场，这里需要提醒一点的是"修正"模式的研判和操作是在 5 分钟图上展开的。进场之后，初始止损必须马上设定，如果是做多交易则在看涨转折点最低点之下 10 个点左右设定，如果是做空交易则在看跌转折点之上 10 个点左右设定。关于"修正"模式研判和操作的这个要点请结合图 2-5-6 和图 2-5-7 来掌握。

做多进场在向上修正的看涨反转蜡烛线形态出现时介入，最常用的看涨反转蜡烛线形态是看涨吞没和早晨之星。初始止损设定在转折蜡烛线最低点之下10点左右

看涨吞没

这根5分钟线开盘即进场

最低点下10点设定止损

**图 2-5-6　"修正"模式研判和操作要点四**

最高点上10点设定止损

黄昏之星

这里5分钟线开盘介入

做空进场在向下修正的下跌反转蜡烛线形态出现时介入，最常见的看跌反转蜡烛的形态是看跌吞没和黄昏之星。初始止损设定在转折蜡烛线的高点上10点左右

**图 2-5-7　"修正"模式研判和操作要点五**

# 王牌案例

　　"修正"模式的操作需要大家对行情走势的认识由纯价格的角度转变到价格和时间相结合的角度来考虑。在本节，我会演示一个简单的"修正"模式研判和操作实例，

希望你能够通过这个实例产生观念和策略上的反思，并进一步将时间思维融入到外汇短线操作中。

第一步，"修正"模式的研判和操作主要基于5分钟走势图展开。图2-5-8是欧元兑英镑的5分钟走势图，汇价从1.4000附近开始下跌，这时候恰好是欧亚重叠时段，在美洲开始之前，欧元兑美元都处于单边下跌的走势中，在欧美重叠时段带来之前，市场有一段明显的单边走势，这是"修正"模式出现的前提。当然，这段单边走势不必跨越整个欧洲交易时段，只需要在欧美重叠时段之前有一段单边走势即可。

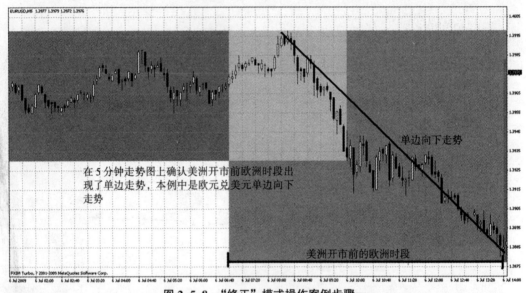

图2-5-8 "修正"模式操作案例步骤一

第二步，需要在欧美重叠时段寻找到下跌走势的反转点，这里隐含了一个前提，那就是前面的下跌走势与欧美重叠时段是连接的。在本例中，汇价跌到欧美重叠时段之后出现了特殊的早晨之星，这就标注了极有可能是修正走势起点，如图2-5-9所示。进场之后就需要立即设定初始止损，在本例中初始止损设定在早晨之星最低点之下大概10点的位置。当然，你可以根据自己的情况进行调整，这里面需要考虑到市场本身的潜在报酬率、市场的噪声波动情况、自己资金承担风险的客观能力以及自己对风险的主观承受性。

通常，"修正"模式会提供一个潜在利润幅度，你可以设定为50点，由于修正走势都在亚洲交易者休息的时候展开，所以设定一个盈利订单是很重要的，如图2-5-10所示。

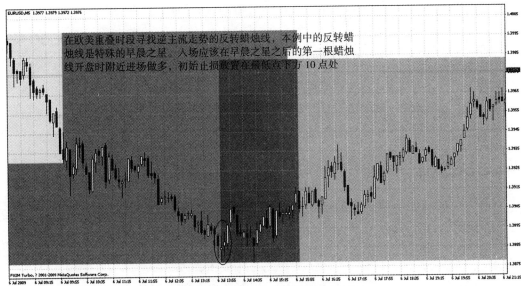

图 2-5-9 "修正"模式操作案例步骤二

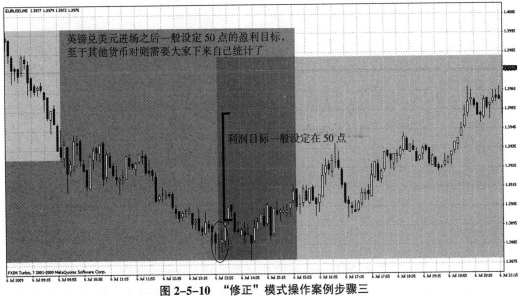

图 2-5-10 "修正"模式操作案例步骤三

# 王牌使用指南

"修正"模式的交易要求交易者必须有一种系统的观念。只有从全局去观察和操

作，你才能发现一些很少为人注意的获利机会。**交易是博弈，而非匠艺，博弈只有兼具系统论的精神才能获得最大的效果。**"修正"模式这样的结构在行情走势中应该还有很多，要找到这类模式就必须以整体观念察觉那些尚未为大众重视的领域。

利润来自意识不对称和信息不对称。

"修正"模式反映了外汇市场的一个根本特征，这就是三大市场的轮动关系，这里面既涉及资金量的问题，也涉及三方博弈的问题。通过有意识地按照三大时段去观察和理解外汇市场，你可以发现三个时段的微妙关系。这种微妙关系的一种体现可能就是"修正"模式。在操作"修正"模式的时候，如何通过时间和形态来把握具体的进场点，这是非常关键的。不少交易者可能也发现了美洲市场刚开始的一段时间行情会开始反转，但是他们却没有发现能够准确定位进场点的方法。"修正"模式运用的关键是锁定欧美重叠时段，并利用反转蜡烛线形态进一步精确化反转点。为了更快和更高效地把握行情的这种修正走势，我一般在"修正"模式的研判和操作中采用 5 分钟走势图，这个时间框架下的走势既能让我及时把握行情走势，同时也能让我过滤一些假信号。

为什么会有这样的走势？原因有很多，关键还是新数据预期与此前走势相反，或者是走势消耗力量太多，获利盘兑现导致调整。

# 纸面练习

下面我测试你对"修正"模式的掌握程度如何，请看图 2-5-11，这是欧元兑美元的 5 分钟走势图。这个例子中的亚洲时段和纯欧洲时段具有不同的汇价走势，亚洲时段水平偏向上运动，而欧洲时段则是下跌走势。那么，你如何认定主流趋势呢？亚洲和欧洲走势是要相同才能定义此后的"修正"模式呢？请你先用笔写下你的回答，然后再来看我的简单解答。

答案是：只有在欧美重叠时段之前的欧洲时段有一段临近转折信号的单边走势即可，至于其他时段的走势是否与此

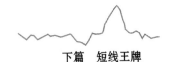

一致并不重要。我想这是很直白的回答了吧，也就是说，汇价在欧美重叠时段形成 V 字反转的左侧全部和右侧小部分即可。

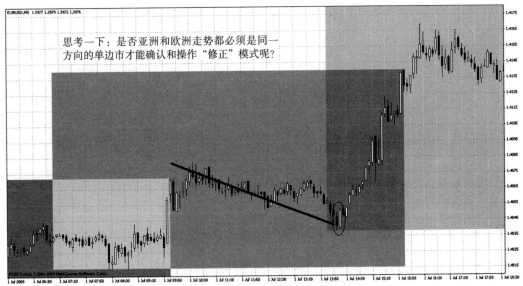

图 2-5-11　"修正"模式简单纸面练习

第六张

# 短线王牌 "中立"模式

人类倾向于"截短利润，让亏损奔腾"！

——魏强斌

很多时候斐波那契水平就像温度计的刻度一样可以度量市场的情绪，当你从这个角度去看待和利用斐波那契水平，以及斐波那契水平下的汇价走势时，你就会对汇市有更多的认识。"中立"模式就是从这样的角度来分析和研判市场的运作的。"中立"模式需要用的技术指标主要是斐波那契回调线，你可以到很多外汇分析平台中找到这样的工具，它比斐波那契扩展线在各种软件中的运用更广泛。除了斐波那契回调线工具外，你还需要一份财经数据公布日历表，以及蜡烛线工具，这些都可以从很多渠道免费获得，如图 2-6-1 所示。

> 技术点位就是温度计的刻度，而热度来自于驱动面的变化。

## 手握王牌：模型和短线操作要点

"中立"模式反映了斐波那契交易法以及江恩交易法中的一个共同要素，这就是 0.5 回撤位置的重要性。"中立"模式的基本模型请结合图 2-6-2 来理解，"中立"模式经常发生重大消息和数据公布的前夕，这个前夕一般是数据公布的当天。

图 2-6-1　"中立"模式基于的技术指标

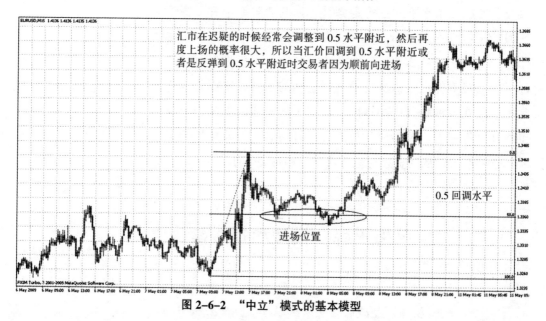

图 2-6-2　"中立"模式的基本模型

除非数据非常重大，市场关注了很久，否则一般很少在数据公布前一天甚至几天走势就处于"中立"模式了。**在重大数据公布前期，市场如果对此消息的不确定情绪占据重要位置，则市场就会回调到 0.5 水平。**当然，也可能停留在 0.382 和 0.618 水平附近，

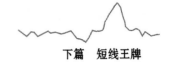
但一般都以 0.5 水平为主，这反映了市场的中立态度。虽然说这是中立态度，但是市场一般会在 0.5 附近形成调整后然后再度继续此前的走势，所以交易者可以在 0.5 调整水平处见位进场。图 2-6-2 显示的是向上过程中的 0.5 回调，你可以由此推出向下的"中立"模式。

这个模式其实综合了技术分析和市场心理，以及驱动面。

接下来我向你揭示"中立"模式的深层结构以及具体的操作和研判要点。第一个要点涉及被回调波段和此后持仓方向关系，请结合图 2-6-3 来理解。如果你此后的持仓方向为多头，则被回调的波段就必须是向上的。反过来可以这样理解，当被回调波段是向上的时候，你应该寻找见位做多的机会，当被回调波段是向下的时候，你应该寻找见位做空的机会。

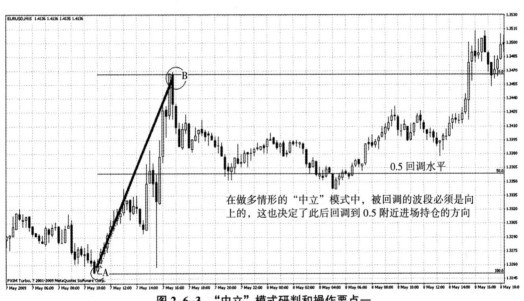

图 2-6-3　"中立"模式研判和操作要点一

由于价格并不一定会在 0.5 附近筑底或者是筑顶，这就需要有一种机制去过滤这种情形，这就是我此前经常用到蜡烛线反转形态。当汇价对上涨波段回调时，你着重去寻找 0.5 回调水平处的看涨反转蜡烛线形态，如图 2-6-4 所示；当汇价对下跌波段回调时，你着重去寻找 0.5 回调水平处的看跌反转蜡烛线形态。在图 2-6-4 的这个例子中，确认上升波段 0.5 回调有效的看涨反转蜡烛线形态是变异的早晨之星。

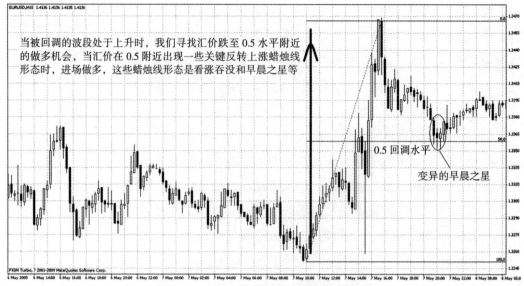

当被回调的波段处于上升时，我们寻找汇价跌至 0.5 水平附近的做多机会，当汇价在 0.5 附近出现一些关键反转上涨蜡烛线形态时，进场做多，这些蜡烛线形态是看涨吞没和早晨之星等

0.5 回调水平

变异的早晨之星

图 2-6-4  "中立"模式研判和操作要点二

也许大家对做空"中立"模式的回调不能直观去理解，我就单独重复下做空的"中立"模式研判和分析的要点。在做空情形中，被回调的波段必须是向下的，也就是说你可以将你研判和操作的行情分成三段，第一段向下，第二段向上，第三段向上，第二段对第一段进行回调，而你要交易的是第三段，如图 2-6-5 所示。汇价的第一段走势是市场对即将公布数据的预期，而反弹到 0.5 水平则表明市场对此预期感到犹豫。

在做空情形的"中立"模式中，被回调的波段必须是向下的，这也决定了此后回调到 0.5 附近进场持仓的方向

A

B

图 2-6-5  "中立"模式研判和操作要点三

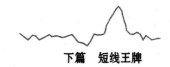

当汇价下跌后再度反弹，反弹到0.5水平的时候，你就需要观察0.5水平附近是否有看跌反转蜡烛线，图2-6-6中出现在0.5水平附近的是看跌吞没。一旦在0.5附近出现了看跌蜡烛线形态，则交易者就可以落实具体的进场了。

当被回调的波段处于下降时，我们寻找汇价升至0.5水平附近的做空机会，当汇价在0.5附近出现一些关键反转下跌蜡烛线形态时，进场做空，这些蜡烛线形态是看跌吞没和黄昏之星等

**图2-6-6　"中立"模式研判和操作要点四**

"中立"模式的运用可以在周线走势图、日线走势图、4小时走势图、1小时走势图、30分钟走势图、15分钟走势图和5分钟走势图上。当然，如果你是日内交易者的话，则应该以1小时走势图和5分钟走势图为主来运用"中立"模式，我一般采用5分钟走势图来利用"中立"模式，如图2-6-7所示。

日内交易需要更高的进出场定位能力，这点是很多人欠缺的，单纯的技术分析不能很好地解决这个问题，必须关注数据发布日程和市场情绪。

# 王牌案例

在本节我们来看一个具体的"中立"模式操作案例，这是欧元兑美元5分钟走势的交易实例。汇价在消息公布之前的一段时间中出现了下跌走势，这就是BA段走势，然后开

始了回调，我们以 BA 段为单位 1 进行斐波那契回调分割，如图 2-6-8 所示。

无论是 5 分钟时间框架，还是 15 分钟时间框架，以及
其他时间框架都能够很好地利用"中立"模式，运用
的关键在于利用蜡烛线来确认 0.5 水平的支撑阻力有效

图 2-6-7 "中立"模式研判和操作要点五

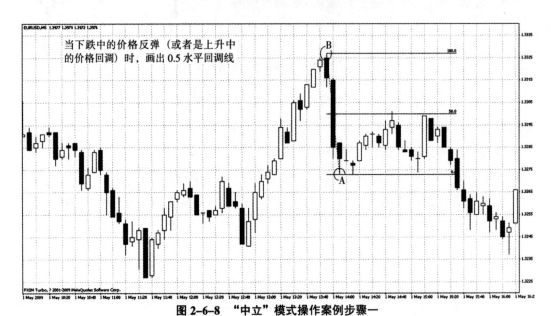

当下跌中的价格反弹（或者是上升中
的价格回调）时，画出 0.5 水平回调线

图 2-6-8 "中立"模式操作案例步骤一

一旦画出了 0.5 回调线，我们接下来需要观察汇价在此水平附近的表现了，这就是
由"由位及态"的过程，请结合图 2-6-9 来理解。汇价在 0.5 水平附近出现了看跌信
号——黄昏之星，当然此后也出现了看跌母子。不过此时交易者应该已经进场了，所
以这个信号的意义不大。况且看跌母子本身的看跌意味相当淡，经常发生错误信号。

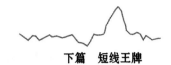

按照欧阳傲杰的理论，看跌母子只是一个提醒信号，而不是交易确认信号。在黄昏之星后一根蜡烛线进场，然后将初始止损设定在此黄昏之星最高价之上适当位置。

提醒信号来自于收敛形态，表明市场处于犹豫或者均衡；确认信号来自于发散形态。

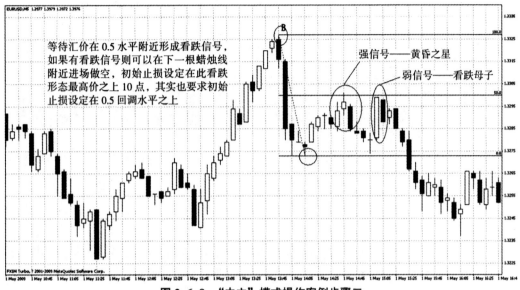

图 2-6-9　"中立"模式操作案例步骤二

日内交易面临的市场噪声更大，所以我会为自己的交易厘定一个利润目标，要知道如果只采用跟进止损来出场，则往往只拿到市场中的一小部分利润。利润目标的设定我习惯于利用前期高点或者低点，当然也喜欢用斐波那契 1 倍扩展，如图 2-6-10 所示。在"中立"模式中，我预期汇价从 0.5 出发后的行情至少有此前行情的 1 倍，也就是图中标识的 AB=A′B′。

日内交易波动相比日间波动更加无序和难以把握，因此加码并不是明确的做法，顺势减仓和同位出场更加明智。

# 王牌使用指南

"中立"模式代表了一种新的交易流派，这种流派相信市场存在一些基本的数理结构，比如江恩流派、斐波那契流派等。当时，这一流派容易将交易者导向误区，这就是"预测

图 2-6-10　"中立"模式操作案例步骤三

"交易"的误区，除非你能够将蜡烛线确认以及保护性止损引进到交易中。很多人在利用预测工具交易时，之所以会失败，根本的原因在于他们缺乏一个及时的价格手段来确认预测结果，也缺乏必要的措施来控制预测失败后的损失。艾略特理论和江恩理论，以及某些人创立的周易交易理论往往都犯了这方面的错误，它们最终给人的感觉是令人神往，但在实际操作中却令人无所适从，结果往往令人唏嘘。

"中立"模式引入了蜡烛线来确认斐波那契的预测，引入了保护性止损来处理错误的预测。在利用"中立"模式进行操作的时候如果不能很好地利用蜡烛线工具和初始止损，则你也就是一个预测家和理论派，结果可想而知。

除了蜡烛线和初始止损外，交易者在利用"中立"模式的时候还需要注意一个日内交易的要点，这就是将价格走势与市场心理，以及数据消息面结合起来观察，以一个系统来看日内外汇交易分析的这些方面，不能停留在只看技术面的老规矩和老思想中。当然，我让你看消息，**不是让你从正面看消息，也不是从反面看消息，而是从侧面看消息。**

什么是选择性反向？就是不要一味跟随大众，也不要一味跟大众对立，这就是"侧面看"的含义。

# 纸面练习

"中立"模式作为一个将预测性技术纳入现实主义领域的典范，很值得大家下去推而广之，下面我想让大家明白 0.5 回撤带，请结合图 2-6-11 理解。如果你仅仅采用 0.5 这根线作为回撤线，则你往往无法应付那么精确的市场波动，所以我建议你可以利用 0.382 到 0.618 水平构筑的一条"中立带"，用它来定义和分析"中立"模式。请回答图中的一个简单问题，我想答案不用我来给出了。

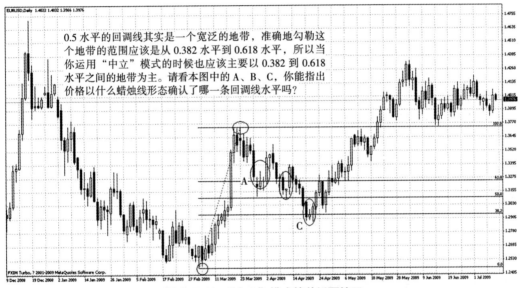

图 2-6-11 "中立"模式简单纸面练习

# 短线王牌　"投机（抛盘）—趋势（接筹）"模式

> 一个伟大的外汇交易者最明显的特征是自知和自制！
>
> ——魏强斌

当你把目光从纯粹的价格运动或者是数据变化移向市场参与群体的时候，你就抓住交易的本质了。交易就是一场博弈，既然是博弈，**就要做到知己知彼才行，你要对这个游戏的主要参与者有尽可能多的了解，这样你才能对交易的绩效实施控制。**"投机（抛盘）—趋势（接筹）"模式采用了这样的思路来研判外汇走势，你可以从中找到自己的新思路和新策略，从传统技术分析的藩篱中走出来，不要迷信传统技术分析的三大前提，这三大前提会给你的交易带来什么样的效果，想必你已经深有体会了。"投机（抛盘）—趋势（接筹）"模式主要基于顾比均线组，这个指标其实就是两组期限不同的均线，每组均线由六根均线组成，两组均线分别代表了趋势交易者和短线投机客。"投机（抛盘）—趋势（接筹）"模式除了采用顾比均线指标和蜡烛线之外，如图 2-7-1 所示，还需要数据公布日历的帮助。

戴若·顾比先生的顾比均线组是技术指标引入博弈分析的典范，这点其实是西方技术分析向博弈分析靠拢的重大进步，日本的蜡烛线在这点上很有先见之明。

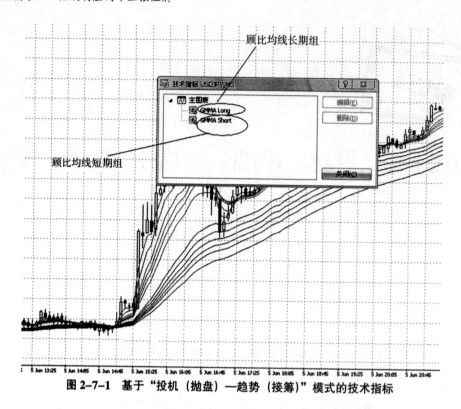

图 2-7-1　基于"投机（抛盘）—趋势（接筹）"模式的技术指标

# 手握王牌：模型和短线操作要点

　　"投机（抛盘）—趋势（接筹）"模式分为上涨情形和下跌情形两类，我这里以上涨情形为主，请结合图 2-7-2 来理解，"投机（抛盘）—趋势（接筹）"模式是消息驱动和群体行为共同作用形成的一种较为普遍的行情走势模式。在消息公布之前，交易大众一般对数据已经有一定的预期了，在图 2-7-2 中，数据发布之前行情已经在走利多预期了，这就是吸收效应，汇价提前吸收了基本面的能量。当数据真正公布之后，短线客可能见利好出货。一般情况下如果数据带来非结构性变化的一类，则上涨行情也就结束了。但是有些数据的重要程度特别高，这样短线投机客抛筹不久很快就被趋势交易者接住。这类交易者的资金数据较大，眼光也长远。他们发现数据导致整个基本面出现结构性变化之后就会毫不犹豫地进场，他们不是技术面的跟随者，而是基本面的跟随者，所以他们不是技术面的趋势跟踪派。此后汇价就会展开一个日间单边走势，这对于不少外汇交易者来讲是大机会。

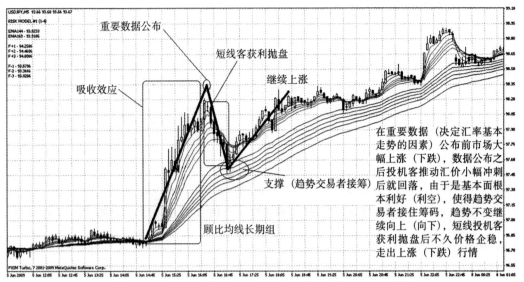

图 2-7-2 "投机（抛盘）—趋势（接筹）"模式的基本模型

　　我下面以上涨情况深入剖析"投机（抛盘）—趋势（接筹）"模式的研判和操作的要点，对下跌情况进行研判和操作基本是同样的要点，只是方向反一下而已。"投机（抛盘）—趋势（接筹）"模式研判和操作的第一要点涉及消息公布前的汇价走势特征，请结合图 2-7-3 来掌握。一般你需要对重要数据的发布时间和预期有一个精确的提前了解，这些可以从各大外汇网站的财经日历获得。重大数据一般都有来自各大新闻社的预期值，预期值反映了市场对该数据的一般观点。当汇价在数据公布之前，符合利

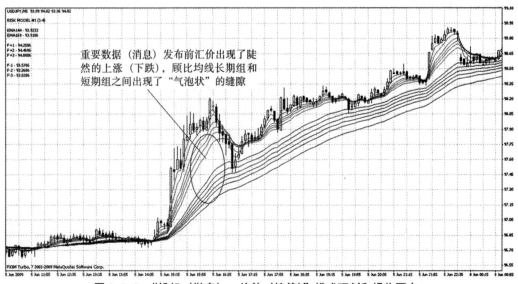

图 2-7-3 "投机（抛盘）—趋势（接筹）"模式研判和操作要点一

好的预期值，走出一波上涨行情，这时候你可以等待看是否有"投机（抛盘）—趋势（接筹）"模式出现。汇价在数据公布之前应该是上升比较快的，在顾比均线的长期组和短期组之间形成较大的空隙，我称之为"气泡"。

数据公布之后，利好兑现，汇价开始急转直跌，这时候短线投机客已经在抛售多头头寸了，这是"投机（抛盘）—趋势（接筹）"模式的第二个要点，如图 2-7-4 所示。此时，你还不能忙着进场，因为汇价下跌只表明投机客出场，并不表明趋势客出来接筹了（做多），这时候你还要进一步地观察。

图 2-7-4 "投机（抛盘）—趋势（接筹）"模式研判和操作要点二

汇价跌至顾比均线长期组附近，你要观察汇价的形态变化，顾比均线两组别之间的关系变化，看是否有获得支撑的迹象。蜡烛线的看涨反转形态可以用得上，请结合图 2-7-5 来理解我的话。

当汇价开始在顾比均线长期组附近开始回升，而顾比均线短期组也在长期组附近完成回档，则交易者可以入场做多了，请看图 2-7-6。初始止损设定在恰当的位置，请看图中的注释，另外我也经常利用 1 倍斐波那契扩展来了结全部或者使部分短线头寸，当然如果数据非常重要，则你也可以采

当然可以结合震荡指标进行观察。

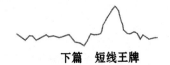

用完全的跟进止损来捕捉上千点的大行情，比如 2006 年 5 月前后伯南克暂停加息消息宣布后的那种超级大单边走势。

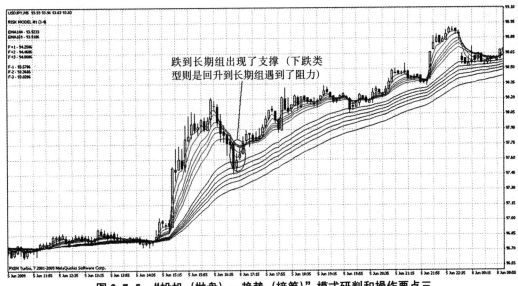

图 2-7-5 "投机（抛盘）—趋势（接筹）"模式研判和操作要点三

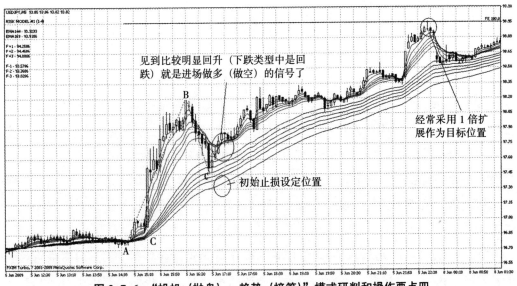

图 2-7-6 "投机（抛盘）—趋势（接筹）"模式研判和操作要点四

"投机（抛盘）—趋势（接筹）"模式研判中有一个容易与"回档"模式混淆的地方就是顾比均线靠拢然后再度发散这个过程。"投机（抛盘）—趋势（接筹）"模式中的回档是猛然拉开后的陡然回档，而"回档"模式中的回档则显得比较缓慢，这里面还涉及数据面的问题，在图 2-7-7 中，A 处和 B 处的特征可以从顾比均线短期组的运动

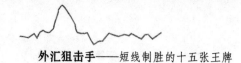

轨迹来把握。

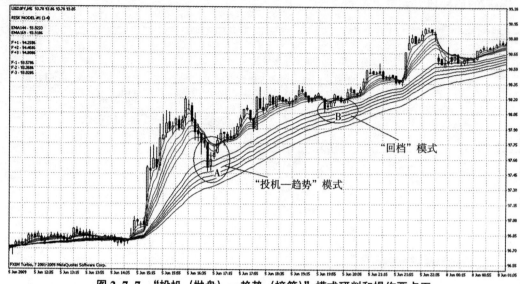

图 2-7-7 "投机（抛盘）—趋势（接筹）"模式研判和操作要点五

# 王牌案例

"投机（抛盘）—趋势（接筹）"模式的研判和操作要求交易者打破传统的基本面分析和技术面分析的界限。不少技术分析的"孔夫子"一听我这样说，就会说我没有领会技术分析的本质。我一般会这样回应："**外汇市场只有赢家和输家，没有专家！**"我没有必要去反驳这些技术分析原教旨主义者，既然他们认为技术分析包罗万象，吸纳一切，这对我百利而无一害。下面，我就简单演示一遍该模式的整个研判和操作流程。

"投机（抛盘）—趋势（接筹）"模式的操作首先要查看数据日历，看看最近比较重要数据的预期，然后看下当前的走势是否按照预期在走（预期无非就是看多和看空两种），当数据公布之后汇价是否迅速回归。请看图 2-7-8，这是美元兑瑞郎的 5 分钟交易，数据公布之前由于预期利好，所以行情开始走上升的预期行情，当数据公布之后汇价迅速跌落，但是在顾比均线长期组之上获得支撑，初步确认了这是"投机（抛盘）—趋势（接筹）"模式。

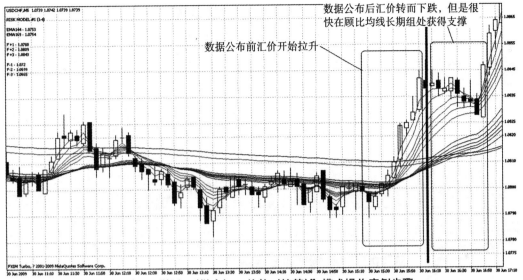

图 2-7-8 "投机（抛盘）—趋势（接筹）"模式操作案例步骤一

确认当下走势是"投机（抛盘）—趋势（接筹）"模式之后，我们需要寻找具体的进场点，进场点应该是显示汇价获得支撑的价格线之后一根价格线，请看图 2-7-9。汇价在 C 点附近以看涨吞没表明了支撑的有效，此后我们就应该在看涨吞没之后的一根价格线进场。

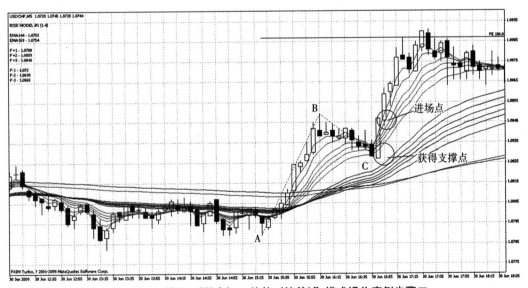

图 2-7-9 "投机（抛盘）—趋势（接筹）"模式操作案例步骤二

进场之后，必须马上设定初始止损，如图 2-7-10 所示，同时我一般还会设定一个盈利目标，一般是进行前期波段的 1 倍扩展，在本例中是以 AB 段为单位 1，以 C 点为扩展起点。

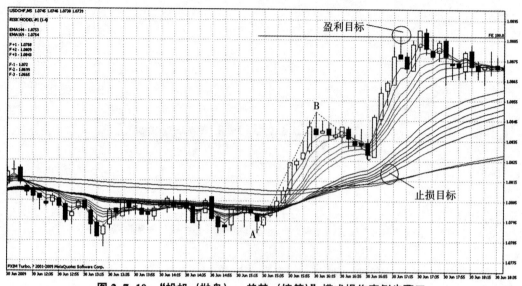

**图 2-7-10　"投机（抛盘）—趋势（接筹）"模式操作案例步骤三**

# 王牌使用指南

当你不习惯同时关注数据和汇价的时候，你会觉得"投机（抛盘）—趋势（接筹）"模式让你感到无所适从；当你长期受到传统技术分析三大前提统治的时候，你会认为这套策略是胡言乱语。要突破一种观念是不容易的，特别是要破除众人皆沉醉的观念更是不容易。

外汇市场的绝大部分波动都是基于数据预期和预期现实偏差引发的，这是不容易忽视的，很多时候价格会突变，传统的技术分析不能给出满意的解答。当然由于之前的价格走势包含了市场预期，只要当下的实际值与预期相符，则走势也具有延续性，但是当预期外的情况发生时，技术分析的有效的前提就不存在了。

"投机（抛盘）—趋势（接筹）"模式不再固守传统技术

*交易者一定要同时关注数据日程和汇价。*

156

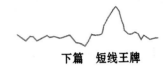

分析不合理的内核，不唯书，不唯上，只为实，我这套东西不是从以前哪本技术分析教科书那里照搬来的论调，而是我自己用钱试验出来的东西。在使用"投机（抛盘）—趋势（接筹）"模式的时候要注意两点：第一点是参照数据看走势，这个你开始还不熟练，甚至不懂，慢慢地你就会有些门道；第二点是利用蜡烛线和顾比均线确认调整结束可以介入的时机。

# 纸面练习

"投机（抛盘）—趋势（接筹）"模式一直隐含的重要观点我在前面已经有一些论述，不知道你掌握到没有。**消息公布之前，行情怎么走，消息公布后行情怎么走，行情这样走表明参与者什么样的想法**，这些都超越了简单技术分析的范畴。请看图 2-7-11，图中有个简单问题，你拿起笔来写下你的回答，如果不是很清楚，则建议你多读几遍前面的内容，这个问题的答案我就"雪藏"了吧。

*通过表象看本质，通过价格看对手盘。*

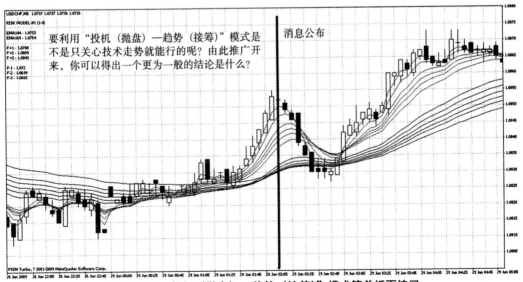

图 2-7-11 投机（抛盘）—趋势（接筹）"模式简单纸面练习

第八张

# 短线王牌 "指天忤逆"和"砸地生金"模式

一个完整的交易系统必须囊括"势、位、态"三要素！

——魏强斌

指标有很多，现在传播得比较广的指标我一般很少用，即使用我也是找那些真正符合概率论原理和市场运作特征的指标，比如布林带。后面的招式里面我还会用到MACD（指数平滑异同平均线），不过我一般只用它来进行背离分析，这是绝大部分交易者很少采纳的用法，毕竟指标金叉、死叉以及均线八法就是绝大多数人的偏好。布林带具有很强的概率论基础，虽然绝大部分技术指标都具有统计的特点，但是**只有少数几个像布林带这样的指标能够将市场的运行从概率的角度来分析**。布林带涉及均值和离差这些统计学基本概念，也涉及了市场走势中关于趋势和噪声的区分，关于布林带要谈得太多了，它的效用应该比顾比均线这样的新兴指标更大，这是肯定的。我这里也只能就自己局部经验进行展开，这就是"指天忤逆"模式和"砸地生金"模式，这两个模式其实是一个模式，需要用到的工具主要是布林带、随机震荡指标和蜡烛线反转形态，如图2-8-1所示。

## 手握王牌：模型和短线操作要点

"指天忤逆"模式是流星形态与随机震荡指标超买的结合，请结合图2-8-2来理解。"指天忤逆"模式的基本特点：布林带在"指天忤逆"出现之前应该走至少一小段

这个模式主要用于没有基本面处于休眠状态的时候。

时间的水平运动；当流星形态出现在布林带上轨的时候，对应的随机震荡指标应该处于超买区域。注意，图 2-8-2 中有一个假的"指天忤逆"模式，它缺少的要件是随机震荡指标处于超卖区域这一条。

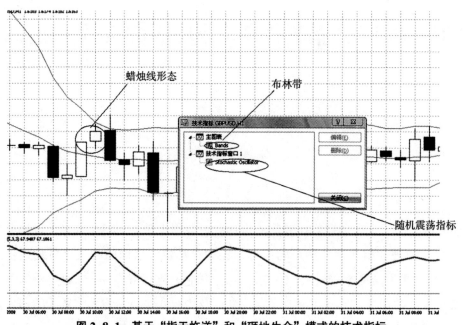

图 2-8-1 基于"指天忤逆"和"砸地生金"模式的技术指标

图 2-8-2 "指天忤逆"模式的基本模型

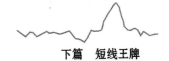

"砸地生金"模式与"指天忤逆"模式刚好相反,请结合图 2-8-3 来掌握。布林带的下轨在该模式出现之前应该走平一段时间,然后汇价触及布林带下轨,对应的蜡烛线是下影线较长,实体较小,而随机震荡指标则处于超卖区域。当"砸地生金"模式出现之后,汇价往往倾向于上升,上升的一般幅度是抵达布林带的上轨。

图 2-8-3 "砸地生金"模式的基本模型

"砸地生金"模式出现之后汇价倾向于上升,而"指天忤逆"模式出现之后汇价倾向于下跌。下面,我就对"指天忤逆"模式和"砸地生金"模式的研判和操作要点进行一些说明。"指天忤逆"模式是我比较偏好的交易机会,或许是因为我"做空的方向感更好"。"指天忤逆"模式要求布林带越是水平越好,而且出现在布林带的蜡烛线应该是上影线很长的那种,实体要求越小越好,下影线则不做什么要求。高位的上影线长代表多头的失败,上攻乏力。请看图 2-8-4,汇价冲击到 1.4690 附近就出现了这样的形态,而且布林带走平了,长上影线小实体对应着随机震荡指标的超买状态,这就是一个典型的"指天忤逆"模式被确认了。

"指天忤逆"模式的进场和出场比行情分析更为重要,因为没有行情分析是可靠的,而进场和出场则是交易者可以控制的确定性因素(至少在流动性高的市场是这样的)。"指天忤逆"模式的进场和出场操作请结合图 2-8-5 来掌握,进场应该在"指天忤逆"模式被确认后的第一根蜡烛线处,而初始止损点则应该设置在"指天忤逆"蜡烛线最高点之上 10 点左右。"指天忤逆"模式的出场点一般选在布林带的另一边,也就是布林带的下轨。

外汇狙击手——短线制胜的十五张王牌

近水平的布林带附近出现了上影线较长的小实体蜡烛线，同时该蜡烛线对应的随机震荡指标处于超买状态

**图 2-8-4 "指天忤逆"模式研判和操作要点一**

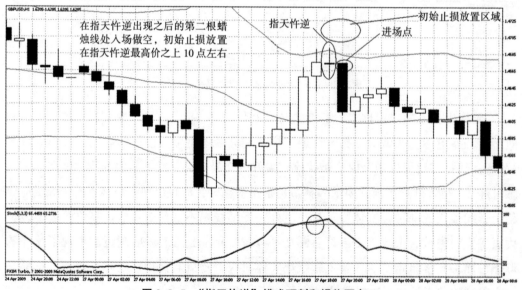

在指天忤逆出现之后的第二根蜡烛线处入场做空，初始止损放置在指天忤逆最高价之上 10 点左右

初始止损放置区域

指天忤逆

进场点

**图 2-8-5 "指天忤逆"模式研判和操作要点二**

影线的长度很关键，不管是相对实体的相对长度，还是绝对长度对于操作的成功率都有很大的影响。

　　"砸地生金"模式的进场研判也是三个要点，这里就不再赘述，请结合图 2-8-6 来深入理解。

　　"砸地生金"模式的具体进场和出场操作类似于"指天忤逆"模式，请结合图 2-8-7 来掌握。进场点在"砸地生金"被确认后的第一根价格线，而初始止损点则是在"砸地生金"

最低点之下 10 点左右设定。利润兑现点在布林带上轨，当汇价触及布林带上轨的之后，一般我就会出场或者减仓了。

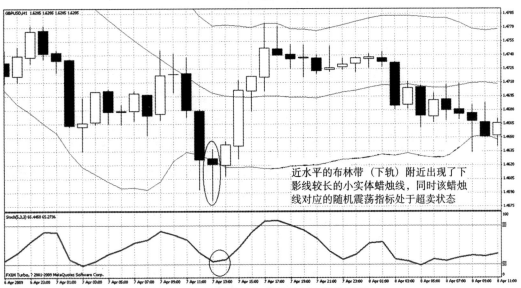

近水平的布林带（下轨）附近出现了下影线较长的小实体蜡烛线，同时该蜡烛线对应的随机震荡指标处于超卖状态

图 2-8-6 "砸地生金" 模式研判和操作要点一

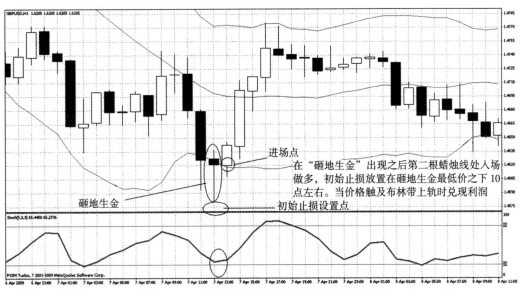

进场点
在"砸地生金"出现之后第二根蜡烛线处入场做多，初始止损放置在砸地生金最低价之下 10 点左右。当价格触及布林带上轨时兑现利润

砸地生金

初始止损设置点

图 2-8-7 "砸地生金" 模式研判和操作要点二

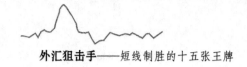

# 王牌案例

　　本节我会分别演示一下"指天忤逆"模式和"砸地生金"模式的研判和操作流程，这个演示比较简单，但是看完之后，你会对如何运用本章的技巧有更加直观和完整的掌握。请看图2-8-8，这是英镑兑美元1小时走势图。汇价在升至1.4025附近的布林带上轨时出现了上影线较长的小实体阴线，同时对应的随机震荡指标处于超买位置，基本符合"指天忤逆"模式的要件。但是，还别忙着进场，我们还需要查看"指天忤逆"出现之前的布林带是否近乎走平状态，本例中布林带的状态符合这个要求，所以"指天忤逆"模式得到确认，这就是交易的第一步。

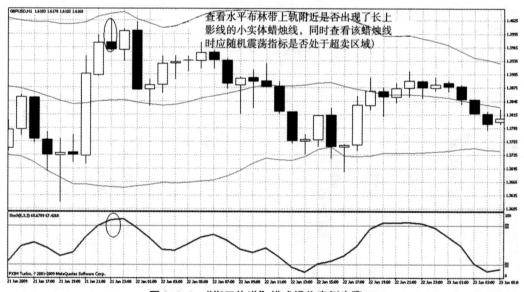

图2-8-8　"指天忤逆"模式操作案例步骤一

　　第二步则是具体的进场和初始止损点以及利润兑现点的设置，请看图2-8-9。进场点在"指天忤逆"模式被确认之后的第一根价格线，同时在这根阴线流星的最高价位之上10点左右设定初始止损，而利润兑现点就在布林带的下轨。

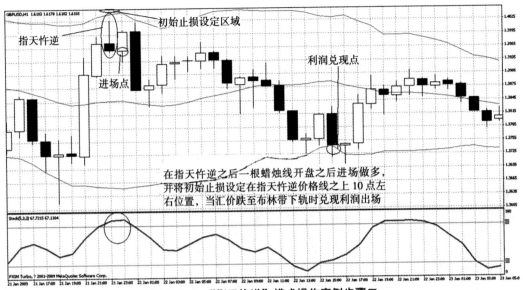

图 2-8-9　"指天忤逆"模式操作案例步骤二

"砸地生金"模式操作的第一步也是确认该模式确实在当下的汇价走势中存在，请看图 2-8-10，这也是英镑兑美元 1 小时的交易。汇价跌至近乎水平的布林带下轨之后出现了锤头，准确地说是蜻蜓十字，对应的随机震荡指标处于超买区域，三个要件已经满足，可以确认这就是"砸地生金"模式。

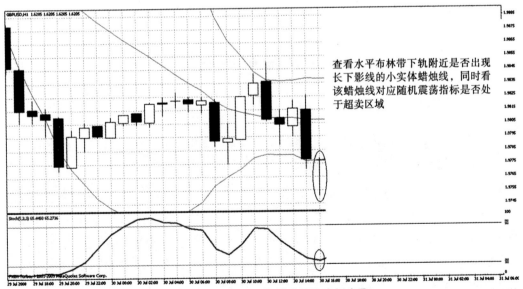

图 2-8-10　"砸地生金"模式操作案例步骤一

一旦确认了当下的走势符合"砸地生金"模式，则接下来就需要落实具体的进场和出场了，请看图 2-8-11。进场做多点在"砸地生金"价格线之后，而初始止损点则应该设定在"砸地生金"最低点之下 10 点左右，利润目标点是布林带的另外一边，也就是布林带上轨。

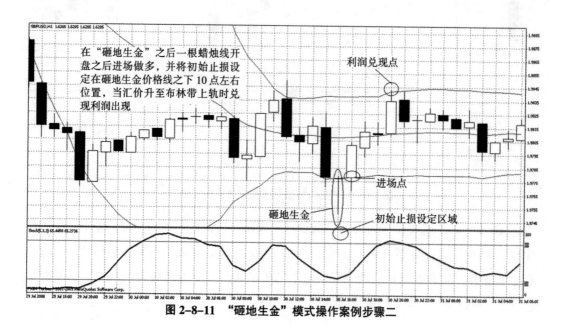

图 2-8-11 "砸地生金"模式操作案例步骤二

# 王牌使用指南

什么位置是相对高位，什么位置是相对低位，这是买低卖高者需要首先考虑的一个问题，通过布林带结合震荡指标可以很好地界定相对的高位和相对的低位，但是这样够吗？"指天忤逆"模式和"砸地生金"模式是综合运用布林带和震荡指标的典型，但光是这两样工具，我是不敢大胆从事区间交易的，还要用到蜡烛线，这是非常有效的一个确认工具，是一个及时的工具，是一个让交易者活在当下的工具。当你利用"指天忤逆"模式和"砸地生金"模式进行研判和操作的时候，一定要记得蜡烛线形态在其中的重要意义。

也许你对蜡烛线不是很了解，那么我建议你去学习一下"形态敛散分析理论"。这个理论将蜡烛线的本质和具体运用归纳在少数几个关键模式上，你完全没有必要去死

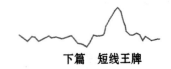

板地记忆传统蜡烛图教科书上的那几十上百种定式。

在使用"指天忤逆"模式和"砸地生金"模式的时候最好注意一下有无重大数据即将公布,市场情绪有无重大的偏向,最好是在一个市场背景偏弱的环境中运用这一套模式和相应的策略。

> 未来是震荡市还是单边市,这个技术指标只能靠马后炮,所以还是需要驱动面分析来定位。

# 纸面练习

蜡烛线的影线长短和实体大小是我在利用它们来确认方向和位置时主要注意的特征,请看图 2-8-12。这里有两个问题:上下影线都很长的小实体蜡烛线是否能够作为"砸地生金"形态,请看图中的 A 处;另外布林带走平是一个宽泛的条件,还是严格的条件?请你先写下答案,然后再看下面的参考解答。

**图 2-8-12 "指天忤逆"和"砸地生金"模式简单纸面练习**

通常而言,上影线长短不影响一根蜡烛线作为"砸地生金"模式的确认蜡烛线。在"指天忤逆"模式和"砸地生金"

行情的灵魂在于背景！

模式中，布林带绝对处于水平状态几乎是不可能的，所以只要是近乎水平状即可。**最好的办法是从市场背景下手，而不是去要求布林带的水平程度有多高。**

**第九张**

# 短线王牌 "能量价格背离"模式

走势跟踪的缺点是你的指标并不能探测到一次较大的、有利可图的移动与一次只在短期存在的、无利可图的移动之间的区别。

——魏强斌

背离有很多种形式，主要分为三个大类：第一个大类是基本面与技术面的背离，当然也包括心理面加入之后三者之间两两背离的情况；第二个大类是品种之间的背离，也包括市场之间和板块之间的背离，比如道氏理论中提到的指数背离和验证就涉及第二大类的背离；第三个大类是技术间背离，主要是价格与指标或者是价格与成交量的背离。我这里的"能量价格背离"模式主要是讲第三大类的背离类型，具体而言就是汇价与 MACD 指标的背离。"能量价格背离"模式主要用到的指标是折线图和 MACD 指标，请看图 2-9-1。

*异常背后有真相，背离背后有机会！*

## 手握王牌：模型和短线操作要点

"能量价格背离"模式分为顶背离和底背离两种，这两种背离都是标准背离，而不是隐含背离。关于隐含背离可以参照《外汇交易进阶》一书的介绍，这里就不占用篇幅了。"能量价格顶背离"模式请看图 2-9-2，汇价的第二高高于第一高，而对应的 MACD 柱线却是第二高低于第一高，这表明价格虽然在上升但是动量不足了，这样的情况下汇价下跌的概率加大了。

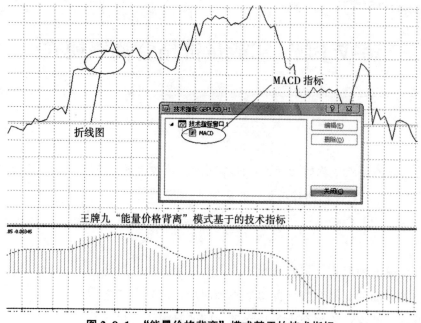

**图 2-9-1　"能量价格背离"模式基于的技术指标**

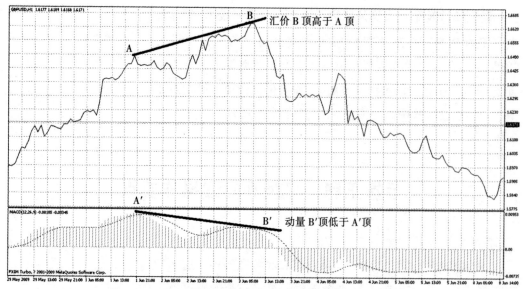

**图 2-9-2　"能量价格背离"模式的基本模型之———顶背离**

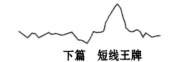

"能量价格底背离"模式请看图 2-9-3，汇价的第二低比第一低还低，但对应的 MACD 柱线谷底却是抬升的，这表明虽然在下跌，但是下跌的动量在走弱，汇价筑底上升的可能性很大。

> 背离的本质是什么？价量背离的本质是什么？价量背离的本质其实是旧驱动力量的衰竭，如果基本面不出新意，那么价格就要调整或者反转了。

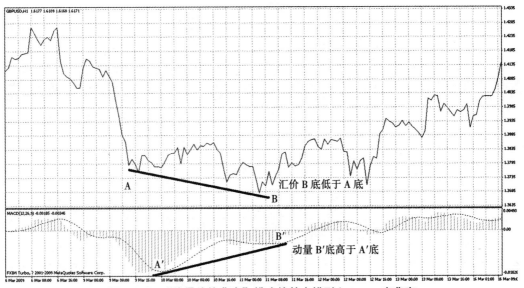

图 2-9-3　"能量价格背离"模式的基本模型之二——底背离

由于动量价格背离只为少数交易者所关注，所以背离交易技术的有效性要比金叉和死叉有效得多，当然背离技术比交叉技术更难量化。下面我将介绍"能量价格背离"模式研判和操作的若干要点。请看图 2-9-4，汇价先形成了 A 点峰值，对应的 MACD 柱线峰值是 A'，然后汇价稍微回调之后创出了新高 B，对应的 MACD 柱线峰值是 B'，B 高于 A，但是 B'却低于 A'，这就是一个典型的价量顶背离。那么，具体的入场时机在哪里？一般我会等待顶背离形成之后 MACD 柱线变为负值的前后介入做空，也就是图 2-9-4 中的 C 点。

非隐含顶背离有两种基本的形式，它们是标准顶背离和水平顶背离，水平顶背离与标准顶背离的一个地方不同，那就是价格的两个峰顶基本是一样高的，请结合图 2-9-5 来掌握，图中的 AB 是标准顶背离，而 BC 则是水平顶背离。水平背离其实就是一般的双顶与 MACD 指标形态的叠加。所以，当你掌握了水平顶背离的要旨之后，你就比一般仅依靠价格上的双顶形态就进场的交易者强上好几倍。

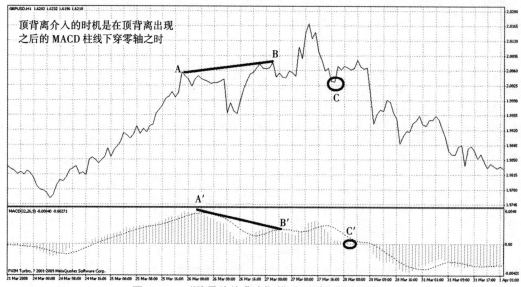

图 2-9-4 "能量价格背离"模式研判和操作要点一

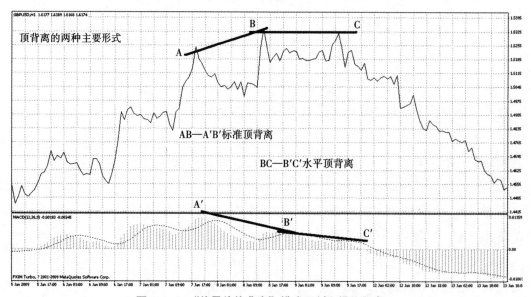

图 2-9-5 "能量价格背离"模式研判和操作要点二

底背离介入做多的时机是在背离发生之后 MACD 柱线上穿零轴的时候，请结合图 2-9-6 来掌握，这个例子中是在 C 点介入做多。

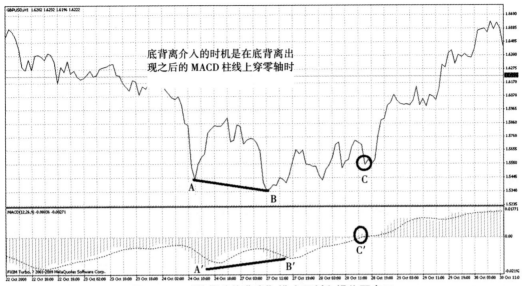

图 2-9-6 "能量价格背离"模式研判和操作要点三

当然，不光是非隐含顶背离有两种基本形式，非隐含底背离也具有这两种形式，它们分别是标准底背离和水平底背离。水平底背离是一般双底形态和 MACD 指标特别形态的叠加，请看图 2-9-7。水平背离和标准背离的交易策略基本是一样的，你记住这点就足够了。

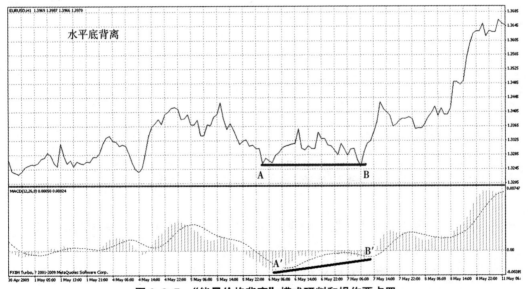

图 2-9-7 "能量价格背离"模式研判和操作要点四

# 王牌案例

　　"能量价格背离"模式的交易机会很多，你可以在 1 小时交易图上运用它，我一直是这样去操作的，当然你也可以在 4 小时交易图、15 分钟交易图上去运用它，这个取决于你的偏好和市场的特点。本小节我简单演示一下"能量价格背离"模式在欧元兑美元 1 小时交易中的运用。请先看图 2-9-8，汇价在 A 点创出一个峰值，对应的 MACD 柱线也创出一个峰值 A′，之后汇价创出 B 点的更高峰值，而对应的 MACD 柱线也创出一个峰值 B′，但是 B′却显著低于 A′。这明显就是一个顶背离，确认背离是交易背离的第一步，在六大直盘货币 1 小时走势图上你会看到很多这样的背离机会。

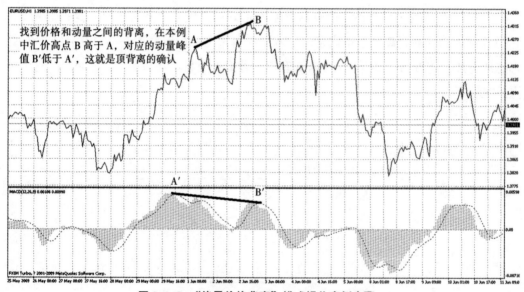

**图 2-9-8　"能量价格背离"模式操作案例步骤一**

　　一旦确认了顶背离走势，接下来我们就要谋划和着手进场了，请看图 2-9-9。顶背离形成之后我们等待 MACD 柱线下穿零轴的时候介入做空。

　　进场做空之后，必须对利润幅度有一个估计，这是日内交易区别于中长线交易的一个重要特点，毕竟外汇日内走势非常震荡反复，如果仅依靠移动止损，可能很多浮动利润最后都还给市场了。在"能量价格背离"模式中，我也经常采用斐波那契 1 倍

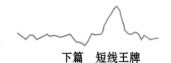

扩展（或者是 1.618 倍扩展）作为工具来设定利润目标，请结合图 2-9-10 来掌握。

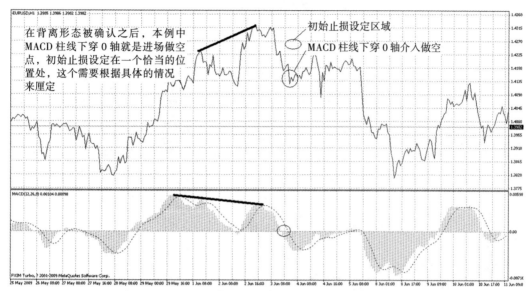

在背离形态被确认之后，本例中 MACD 柱线下穿 0 轴就是进场做空点，初始止损设定在一个恰当的位置处，这个需要根据具体的情况来厘定

初始止损设定区域

MACD 柱线下穿 0 轴介入做空

图 2-9-9　"能量价格背离"模式操作案例步骤二

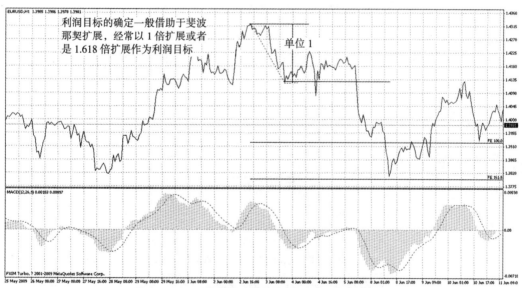

利润目标的确定一般借助于斐波那契扩展，经常以 1 倍扩展或者是 1.618 倍扩展作为利润目标

单位 1

图 2-9-10　"能量价格背离"模式操作案例步骤三

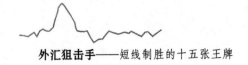

# 王牌使用指南

"能量价格背离"模式可以用在很多时间框架上，相对于格兰保的均线八法，以及震荡指标的超卖超买、动量指标的金叉死叉，背离是交易者最少关注的指标用法。这一用法的特点是同时考虑了指标的两个局部和价格的两个局部，将四个局部综合起来考虑，这就是我比较推崇的整体研判精神。我比较反对追求"一叶而知秋"的想法，这种想法之所以有这么大的市场，最重要的原因还在于人的贪婪是建立在懒惰基础上的，或者说以最小成本获得最大收益的天性反而害了交易者本身。

在使用"能量价格背离"模式的时候一定要兼顾指标和价格两个方面，偏废任何一者都是不行的。背离交易中暗含了一个思想，这就是为技术指标画趋势线，对技术指标进行形态分析，这也是大部分交易者比较忽略的地方。如果你能从这个角度出发去开垦新的领域，则你对"能量价格背离"模式的使用就已经达到了登峰造极的地步了。

*盲点即利润！*

# 纸面练习

背离模式的使用存在诸多误区，我这里仅举出两个，请看图 2-9-11 中的相应文字。背离被狭义定义为技术指标与价格的背离，这是第一个误区。我在本章开头的时候就介绍了背离的三大类型，你可以在众人忽视的其他两大类型中努力发掘出"私密武器"。关于背离的第二个误区是介入点的问题，我提倡的介入点是 MACD 柱线穿越零轴，你能否找到其他的介入点呢？这个没有所谓的一致答案，也就是一个开放性的问题，你可以慢慢琢磨这个问题，最好是在交易的实践中逐步解答这个问题，而不仅仅是用纸和笔来解答。

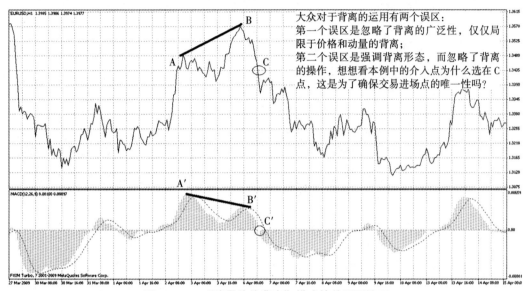

大众对于背离的运用有两个误区：
第一个误区是忽略了背离的广泛性，仅仅局限于价格和动量的背离；
第二个误区是强调背离形态，而忽略了背离的操作，想想看本例中的介入点为什么选在C点，这是为了确保交易进场点的唯一性吗？

图 2-9-11　"能量价格背离"模式简单纸面练习

第十张

# 短线王牌 "日线渐短过度" 模式

消息和基本面分析不是同一回事。基本面分析可以预测价格方向，而消息则是跟随价格方向。

——魏强斌

外汇日内交易者不随时查看日线并不是什么新鲜的事情，许多日内交易者基本上没有同时查看几个时间级别走势的习惯。这使得他们的分析能力受到极大的限制，毕竟输入的信息有限，则分析得到的结论也就非常有限了。"日线渐短过度"模式力图告诉你改变这一现状的途径，让你明白要想抓住日内交易的大行情必须注意日线的特别形态。"日线渐短过度"模式基于的技术指标如图 2-10-1 所示，主要包括随机震荡指标和蜡烛线收敛形态。

跨时间级别、跨市场、跨品种、跨价格和量能、跨基本面和技术面等"跨法"是一个人迹罕至的领域，利润很丰富，大家要努力去挖掘。

## 手握王牌：模型和短线操作要点

"日线渐短过度"模式不像我此前介绍的模式，这个模式完全基于日线走势图。通常而言，当冲外汇交易者都比较忽视日线走势，这正是他们绝大多数人无法持续获利的关键原因之一。"日线渐短过度"模式比较适合交易者厘清日内交易的方向，当然交易者也可以直接运用这一模式进行获利操作。"日线渐短过度"模式的基本模型请结合图2-10-2理解。当日线走势图上汇价出现小实体蜡烛线的时候，对应的随机震荡指标处于超买或者超卖状态，这就是"日线渐短过度"模式。

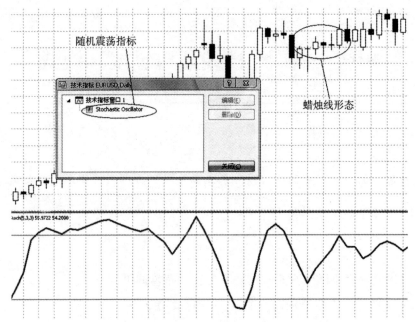

图 2-10-1　基于"日线渐短过度"模式的技术指标

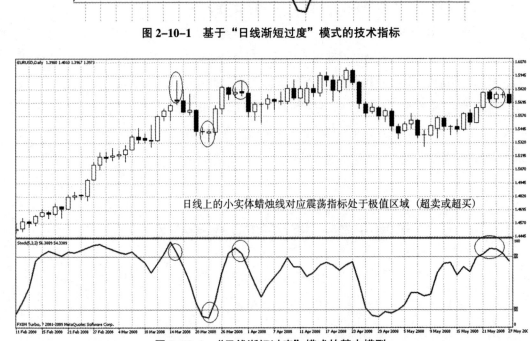

图 2-10-2　"日线渐短过度"模式的基本模型

"日线渐短过度"模式的一些研判和操作要点我下面一一为你展开，请先看图

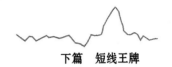

2-10-3。如果是看跌日线渐短模式，则在"日线渐短过度"蜡烛线出现之前，汇价必须处于上升状态，横盘状态和下降状态中的蜡烛线不能当作看跌日线渐短模式看待。

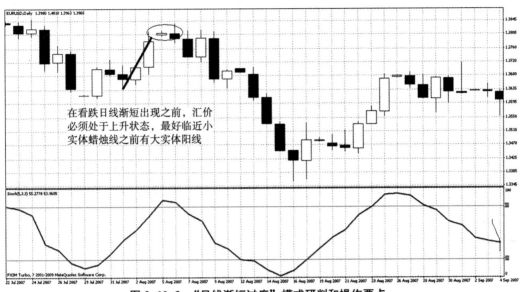

在看跌日线渐短出现之前，汇价必须处于上升状态，最好临近小实体蜡烛线之前有大实体阳线

图 2-10-3 "日线渐短过度"模式研判和操作要点一

除了看涨"日线渐短过度"蜡烛线必须位于上升波段之外，还要求该模式应该出现在大实体阳线之后，对应的随机震荡指标必须处于超买区域，如图 2-10-4 所示。

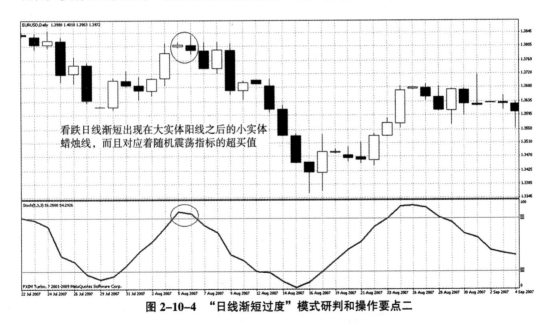

看跌日线渐短出现在大实体阳线之后的小实体蜡烛线，而且对应着随机震荡指标的超买值

图 2-10-4 "日线渐短过度"模式研判和操作要点二

对于看涨日线渐短模式而言，其出现之前汇价则必须处于下降状态，最后临近小

实体蜡烛线之前要有大实体阴线，请看图2-10-5。

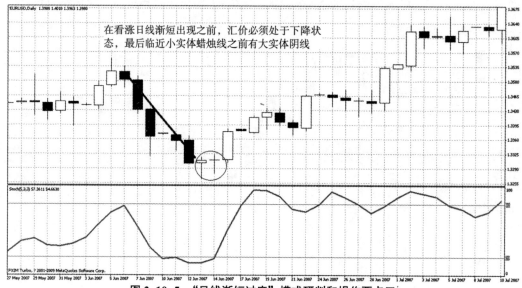

**图2-10-5 "日线渐短过度"模式研判和操作要点三**

看涨日线渐短的蜡烛线应该是小实体蜡烛线，对应的随机震荡指标也应该处于超买区域，如图2-10-6所示。

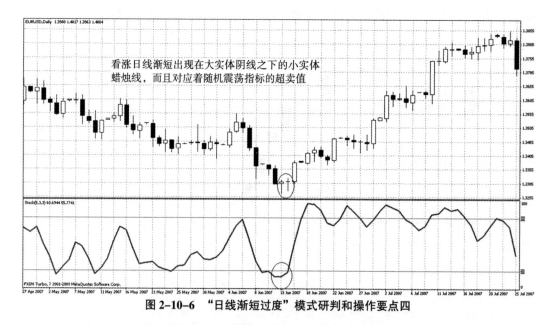

**图2-10-6 "日线渐短过度"模式研判和操作要点四**

日线渐短模式在非常强劲的单边走势初期可能成为错误信号，所以交易者必须在基于"日线渐短过度"模式进行操作的时候为自己设定恰当的初始止损，请看图2-10-7。

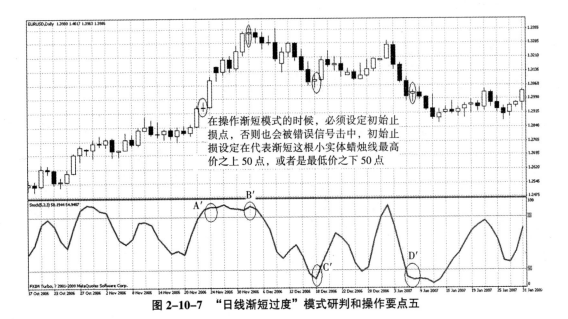

在操作渐短模式的时候，必须设定初始止损点，否则也会被错误信号击中，初始止损设定在代表渐短这根小实体蜡烛线最高价之上 50 点，或者是最低价之下 50 点

图 2-10-7　"日线渐短过度"模式研判和操作要点五

# 王牌案例

下面，我们来看一个简单的"日线渐短过度"模式操作案例。这是欧元兑美元的实例，这里我是直接对该模式进行操作的，而不仅仅是将其作为日内交易的基础，也就是说，我将日线图作为进出场的依据，而不是作为方向分析的工具。操作"日线渐短过度"模式的第一步是寻找汇价显著上升或者下降后的小实体蜡烛线。在本例中，汇价连续两日显著上升之后出现了小实体蜡烛线，小实体蜡烛线之前则有大阳线，如图 2-10-8 所示。

找到价格走势和形态特征上符合"日线渐短过度"模式的蜡烛线之后，接着查看对应随机震荡指标的状态，该指标对应小实体蜡烛线这段处于超买状态，请看图 2-10-9，这就完成了"日线渐短过度"模式操作的第二步了。

这个模式的本质通过蜡烛图和震荡指标来发现市场情绪的高潮拐点。

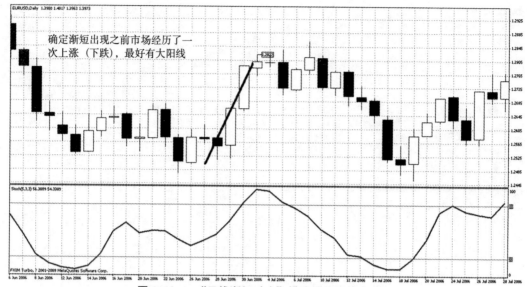

图 2-10-8　"日线渐短过度"模式操作案例步骤一

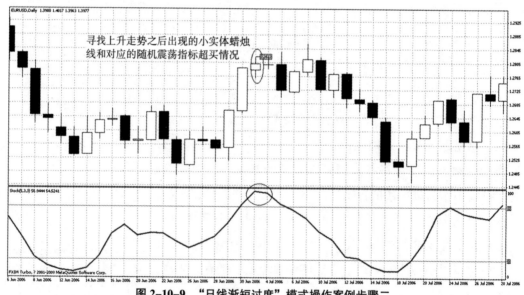

图 2-10-9　"日线渐短过度"模式操作案例步骤二

　　最后，我在"日线渐短过度"模式之后的第一根蜡烛线处进场做空，并将初始止损设定在该模式最高价之上 50 点左右。"日线渐短过度"模式的出场采用较为特别的跟进止损，也就是当随机震荡指标进入极值区域的时候，开始以前日的最高价（或者是最低价）设定跟进止损，如图 2-10-10 所示。

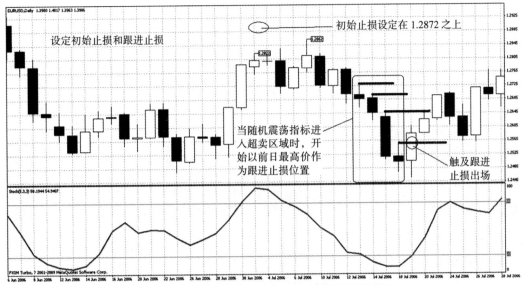

图 2-10-10　"日线渐短过度"模式操作案例步骤三

# 王牌使用指南

　　"日线渐短过度"模式的使用主要是结合蜡烛线和随机震荡指标，这种用法不是我发明的，但是知道的人并不多，所以这种方法的效果在较长一段时期内还是有保证的。为什么这个模式称为"渐短"呢？其实就是说蜡烛线的实体随着行情发展到头变短了，实体变短表明市场变犹豫了。当市场犹豫的时候，基本面和市场心理的结构性变化，对行情再度恢复到区间的可能性是非常大的，这时候去操作逆向交易的风险报酬比是极佳的。

*震荡指标各种数值背后的参与者群体心理是什么？蜡烛线各种形态背后的参与者群体心理是什么？从这样的角度去看待价格走势才算读懂了市场。*

　　当你在较大时间结构上看震荡指标的时候，这时的震荡指标作为逆向指标比在较小时间结构上的效果好，所以我很少在日内走势结构中采用随机震荡指标作为逆向指标，而是将其作为一个顺向进场的辅助指标。"日线渐短过度"模式操作的时候需要注意这个问题，当你将眼界从 5 分钟走势图、15 分钟走势图、30 分钟走势图和 1 小时走势图上移到日线

图的时候，你就获得了超越大众的信息量。

# 纸面练习

在"日线渐短过度"模式的研判和操作过程中，需要把握好蜡烛线形态和随机震荡指标位置的关系，初学者在这方面比较容易犯一些低级错误。请看图 2-10-11，这是欧元兑美元的走势图，图中有三根蜡烛线，请问你为什么只有 C 点的这根蜡烛线构成了日线渐短交易信号？另外，当你在 C 点进场之后，在跟进止损单的设定上，除了我在前面提到的方法还有没有其他方法？这两个问题你多思考下，特别是第二个问题。如果你对这个不是很清楚，可以翻看本章前面的问题。第二个问题我也没有必要给出答案，因为这是一个个人化的问题，需要的不是你的答案，而是你的思考。

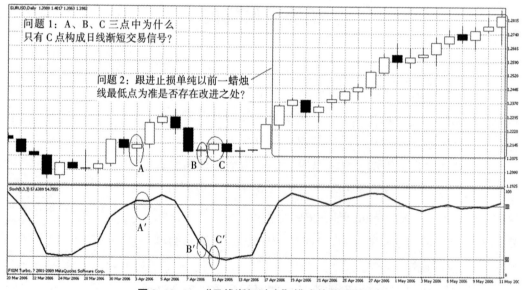

图 2-10-11 "日线渐短过度"模式简单纸面练习

现在我来解答第一个问题，A 点看似勉强符合"日线渐短过度"模式的进场条件，但是 A 点之前的汇价上升很不显著。B 点处的随机震荡指标不达标。当然，你可以对随机震荡指标的条件放宽一点，但根据我的经验最好还是不要这样做，因为日线图上的随机震荡指标值差一点，汇价的位置就差了很多了。

# 第十一张

## 短线王牌 "三日横盘反转"模式

利润来自绝大多数人忽视的步骤、环节和因素，这就是盲点。

——魏强斌

"三日横盘反转"模式跟"日线渐短过度"模式类似，但是前者主要是根据小时图走势来断定的。当汇价走了一波单边行情之后，汇价开始在高位（或者是低位）横盘三天，这个三天不一定是完整的三天。"三日横盘反转"模式用到的主要工具如图 2-11-1 所示，主要是时间间隔线，以便于观察是

准确地说是横盘整理涉及了三个相邻的交易日，这种情况下日线走势可能是类似于黄昏之星的反转组合，或者是其他星体组合。

图 2-11-1 基于"三日横盘反转"模式的技术指标

否出现了"三日横盘反转"模式。

# 手握王牌：模型和短线操作要点

下面，我将介绍"三日横盘反转"模式的基本模型和研判操作要点。"三日横盘反转"模式分为顶部看跌反转和底部看涨反转两种模式，先介绍顶部类型，请结合图 2-11-2 来理解。日线上至少要有三日以上的上涨，然后汇价在小时图上出现了跨越三个交易日的区间横盘，横盘的幅度越小越好，之后汇价下跌的可能性非常大。

*日线上的震荡指标如何处于超买状态则更好。*

图 2-11-2 "三日横盘反转"模式的基本模型——顶部类型

"三日横盘反转"模式底部类型则如图 2-11-3 所示，汇价在日线图上应该至少有三日以上的显著下跌，然后汇价开始横盘三日，此后汇价上涨的可能性较大，**最好能够配合基本面进行观察，如果找不出更坏的市场预期，则可以大胆进入做多的行列。**

*观察日线上价格处于横盘整理时的基本面情况是非常有用的，这个需要经验的累积才能有所成就。*

持续三日以上的下跌

日线走势

图 2-11-3 "三日横盘反转"模式的基本模型——底部类型

"三日横盘反转"模式的研判和操作要点将更进一步剖析其实际运用方面的要点。请看图 2-11-4 和图 2-11-5，这是"三日横盘反转"模式底部类型的操作要点陈述。先来看图 2-11-4，当汇价连续下跌三日之后横盘的时间跨越了三个交易日，则可以被认定为"三日横盘反转"模式底部类型，然后你需要根据图 2-11-5 提示的要点进场和设定跟进止损。

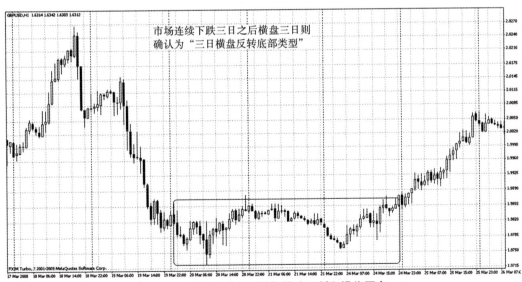

市场连续下跌三日之后横盘三日则
确认为"三日横盘反转底部类型"

图 2-11-4 "三日横盘反转"模式研判和操作要点一

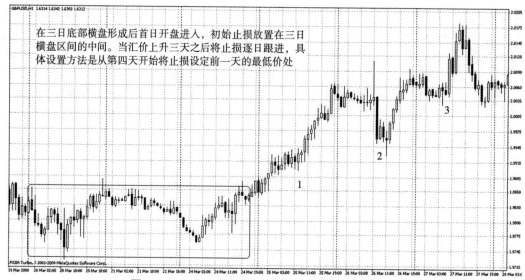

**图 2-11-5　"三日横盘反转"模式研判和操作要点二**

　　"三日横盘反转"模式顶部类型的确认要点为市场连续上升了三日之后横盘跨越了三个交易日，横盘的价格区间越窄越好，请看图 2-11-6。

**图 2-11-6　"三日横盘反转"模式研判和操作要点三**

　　跟进止损其实是一个非常有效的保护方法，追求完美的人会排斥这种方法，但这却是最稳健的方法。

　　"三日横盘反转"模式顶部类型被确认之后，则应该按照如图 2-11-7 所示的步骤入场做空，并在汇价下降三天之后开始设定逐日跟进止损。

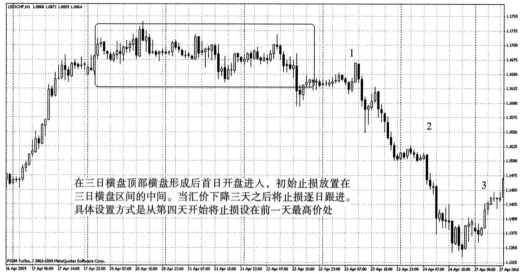

在三日横盘顶部横盘形成后首日开盘进入，初始止损放置在
三日横盘区间的中间。当汇价下降三天之后将止损逐日跟进。
具体设置方式是从第四天开始将止损设在前一天最高价处

图 2-11-7 "三日横盘反转" 模式研判和操作要点四

# 王牌案例

在本节，我演示了一个简单的 "三日横盘反转" 模式操作流程，接下来你自己基本可以照葫芦画瓢。请看图 2-11-8，这是美元兑加元的 1 小时交易，汇价从高位连续

下跌超过三日之后横盘也达到
了三日，确认为三日底部横盘

图 2-11-8 "三日横盘反转" 模式操作案例步骤一

横盘说明市场处于犹豫期或者休整期，如果日线上处于超卖状态，而基本面也不能更坏了，那么做多的机会就来了。

下跌超过了三日，而且横盘也跨越了三日，这完全符合"三日横盘反转"模式底部类型的定义。

如何进场呢？具体进场点是第三个被横盘全部或者部分占据的交易日之后的第一个交易日开盘进场，进场做多的同时需要设定止损点，请结合图2-11-9来掌握，进场之后还需要关注跟进止损点的问题。

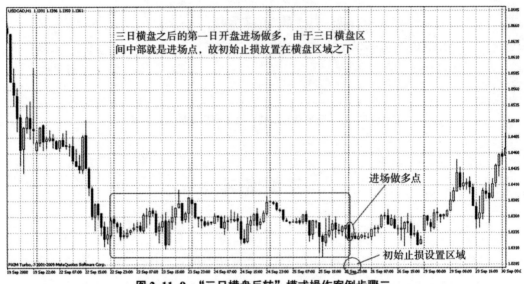

图2-11-9 "三日横盘反转"模式操作案例步骤二

当你在横盘三日之后的第一个交易日进场之后，初始止损是最先要求设置的，此后，当行情发展了三日之后，则需要从第四日开始在前一日的最低价处设定跟进止损，具体如图2-11-10所示。

# 王牌使用指南

"三日横盘反转"模式的使用存在很多小窍门，这些可能是大家在首次使用的时候不太能够掌握的。**最大的一个窍门是关注三日横盘时的市场背景**，具体而言就是基本面情况和

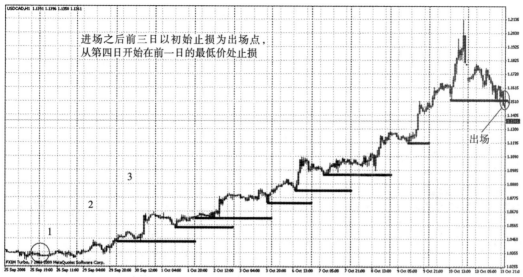

图 2-11-10 "三日横盘反转"模式操作案例步骤三

参与大众的情绪。这些怎么去关注呢？本书的开头部分已经有较为详细的介绍。如果你觉得太耗费时间和精力的话，可以用一个更为简单的方法：查看固定几个汇评覆盖面较广的网站，比如环球外汇网、汇达财经、Dailyfx（最好是英文网站，因为其中文网站的信息量太少了）、外汇宝、和讯外汇、新浪外汇、网易外汇等。

很多习惯做日内交易的外汇短线客能够承受重仓带来的亏损，却对轻仓大幅度亏损无法承受，所以他们对"三日横盘反转"模式在开始采用的时候必然有一定程度的恐惧感。这是绝大多数交易者的共同点，**只要拿到那一份丰厚利润的体验，自然就可以慢慢增加自己对策略的信心。**这是必然要迈出来的一个步骤，希望大家能够了解。

*体验带来改变，直观才能影响人。*

# 纸面练习

"三日横盘反转"模式的三日横盘并不要求每个交易日整

天都在横盘，一般情况下是两头的交易日部分横盘，中间的交易日全天横盘。请看图 2-11-11，这是美元兑加元的 1 小时横盘，这里的横盘震荡非常凶。如果你操作这样的"三日横盘反转"模式，则你的初始止损必定要比一般的"三日横盘反转"模式更宽松一些，那么这对仓位有什么影响呢？请先写下你自己的思考，然后再看我的解答。

图 2-11-11 "三日横盘反转"模式简单纸面练习

凯利公式带给我们一种思维，这种思维就是仓位轻重多寡取决于胜算率和风险报酬率。在非机械交易系统中，对于胜算率和风险报酬率的估计基本上是靠经验的积累。

当市场噪声波动较大的时候，就需要交易者在放宽止损的同时减轻仓量。为什么要这样呢？可以简单地从凯利公式的原理出发来解释：仓位是由胜算率和风险报酬率决定的，假定胜算率不变，则当止损扩大的时候（预期利润不变），风险报酬率就下降了（风险报酬率可以由潜在盈利除以潜在亏损等到），当风险报酬率下降的时候，仓位也就要求相应地下降了。

# 短线王牌 "回档"模式

当绝大多数交易者将注意力资源集中于某一方面时,这个方面带来的超额利润就不存在了。

——魏强斌

"回档"模式是非常常见的行情模式,绝大多数外汇交易者都可以运用这一模式来赚钱,这个模式的特点是注重在次高或者是次低入场,这或许与不少顺势操作策略的思路是一致的。我这个模式其实是从欧阳傲杰那里偷学来的,他主要用在黄金短线交易上,而我则用在货币上,我的约束条件要比他的少,自然效率也就更高,只要做好资金管理,这样操作的资金周转率更高。"回档"模式主要采用的技术指标是顾比均线组,其实你也可以自己搞一个类似的指标,简化成每组三根即可,我这是偷懒而已,所以实行指标"拿来主义",除了顾比均线组外,"回档"模式的研判和操作还要用到顾比均线组,如图 2-12-1 所示。

## 手握王牌:模型和短线操作要点

"回档"模式分为多头回档和空头回档两种具体类型,多头回档就是价格回落,但是幅度不深,之后逐步结束调整继续上扬。请看图 2-12-2,注意其中顾比均线长期组和顾比均线短期组的关系。空头回档就是价格反弹,但是幅度不高,之后逐步结束调整继续下跌,请看图 2-12-3,注意顾比短期均线向顾比长期均线的收敛再发散过程。

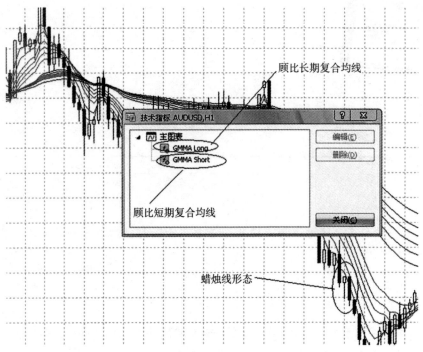

图 2-12-1　"回档"模式基于的技术指标

图 2-12-2　"回档"模式的基本模型——多头回档

**图 2-12-3　"回档"模式的基本模型——空头回档**

"回档"模式的研判和操作存在一些关键细节，下面我一一为大家分析其中的要点。在多头回档模式中，回档之前走势的均线和均线组要呈现充分的多头排列状态，回档发生初期不要急于介入，应该等待调整末期的到来，就多头回档而言，回档之后出现的第一根实体大小尚可的阳线就是进场做多的信号。请结合图 2-12-4 来理解上述这段话。

调整末期怎么判断？这个往往要看蜡烛线。当然，基本面新题材出现也是一个较好的判断工具。

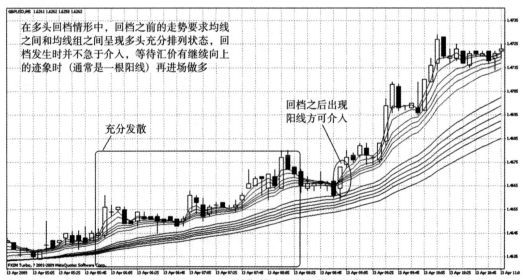

**图 2-12-4　"回档"模式研判和操作要点一**

当你根据多头回档模式进场之后，你需要马上着手的第二件事情就是设定初始止损点。为什么要设定初始止损点？这个想必我也没有必要来回答你了，因为这本书的读者层次是有足够交易实践经验的群体。请结合图 2-12-5 来掌握多头回档进场之后的初始止损设定，通常我倾向于采用 1 倍斐波那契扩展作为利润目标。为什么采用 1 倍，而不是其他比率，这纯粹就是我的经验所得，不管你按照什么形态、什么理论去推利润目标，1 倍是一个频繁出现的尺度。同样，在实际操作中，1 倍扩展也是经常出现的走势模式。

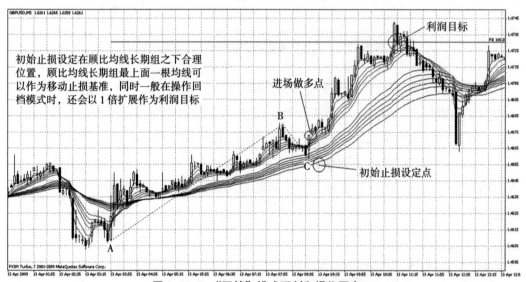

初始止损设定在顾比均线长期组之下合理位置，顾比均线长期组最上面一根均线可以作为移动止损基准，同时一般在操作回档模式时，还会以 1 倍扩展作为利润目标

**图 2-12-5　"回档"模式研判和操作要点二**

在空头"回档"模式中，回档之前的走势应该有一个显著向下的过程，此前走势的均线和均线组之间都充分地发散了，呈现出空头排列。介入做空的时机不是回档时，这个是我跟欧阳傲杰的区别。他更倾向于紧贴支撑阻力线操作，所以往往会在调整初期就介入，这时候汇价正在调整，所以容易被止损，但他的方法的一个好处是止损幅度可以设定得很小。我的方法则是等待汇价回档快要结束的时候才介入，所以止损幅度一般要大些，更为重要的是成功率也提高了，因为我是在调整末期入场的。关于空头回档模式中的进场，请

调整初期进场和调整末期进场显示了不同的风险偏好。

结合图 2-12-6 来理解。

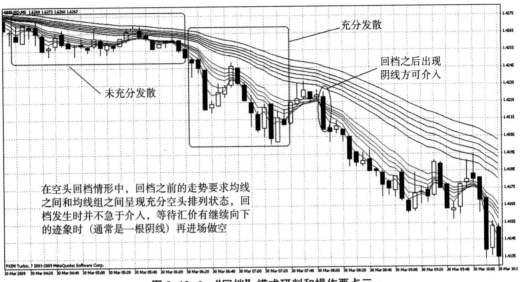

图 2-12-6 "回档"模式研判和操作要点三

介入空头回档之后,需要立即设定初始止损,这是短线交易的基本素质,也是不少外汇交易者整个交易生涯都没有定型的习惯,请结合图 2-12-7 来掌握空头回档中的两类出场点设定。

图 2-12-7 "回档"模式研判和操作要点四

# 王牌案例

"回档"模式在走势行情中经常看到，但要找到真正的"回档"模式还是需要在"调整末期"确认这个细节去努力。如果你看到价格回档就进去交易，在日内交易中往往会碰到走势的反转，而不是调整，所以在本小节的简单案例演示中，我着重从确认"调整末期"的角度去介绍整个操作流程。

这个例子是欧元兑澳元 1 小时走势图，请看图 2-12-8。第一步是在回档之前的汇价已经有了显著的上扬，而且回档之前的均线已经充分发散，呈现多头排列了（见方框内的均线排列）。

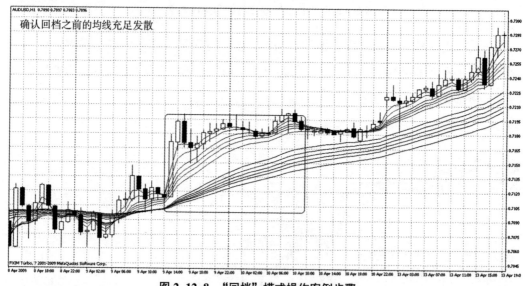

图 2-12-8 "回档"模式操作案例步骤一

第二步则是力求找到"调整末期"才进场，回档到极值的时候，往往会出现小实体蜡烛线。当然这个并不绝对，然后汇价会以较大实体的阳线拉升，这往往表明调整已经结束了，至少这波调整已结束了。有时候会出现空中 W 底，就是两波调整在一波回档中集中出现。当拉升阳线出现的时候，就可以进场了，请看图 2-12-9，初始止损放置在顾比均线长期组附近，这个可以灵活掌握，不必拘泥。

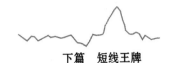

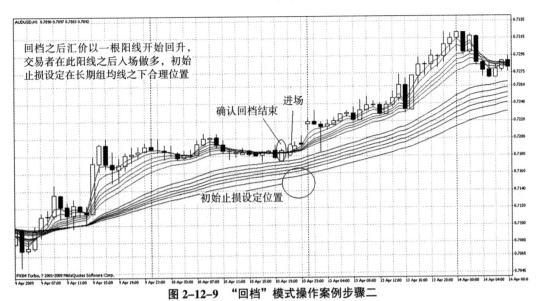

图 2-12-9　"回档"模式操作案例步骤二

第三步是盈利出场，请结合图 2-12-10 理解。很明显，本例中最终近乎完美地以 1 倍扩展出场，你可以下去通过查看历史行情来判断 1 倍出场的效率。

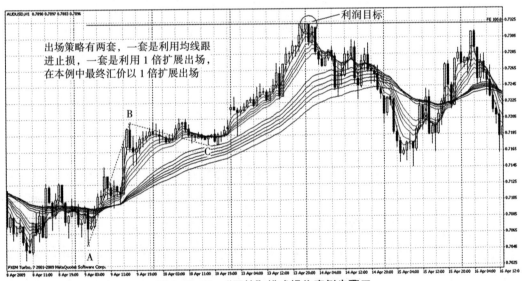

图 2-12-10　"回档"模式操作案例步骤三

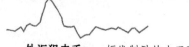

# 王牌使用指南

次高点和次低点在所谓的 N 字顶底结构中是非常重要的一个点位。

"回档"模式的使用贯穿着"次优"的操作理念，不追求在最高点卖空，不追求在最低点做多，而是力图在次高点卖空，力图在次低点做多。在利用"回档"模式进行操作的时候，一定要牢记这一交易理念。"回档"模式的实际运用最好能够结合市场心理，这个可以通过浏览及时更新的汇市评论来把握，也可以借用随机震荡指标来拿捏，你可以利用超卖信号来确认多头回档进场时机，也可以利用超买信号来确认空头回档进场时机。

震荡指标其实是一个市场情绪的温度计。

杰西·利弗莫尔的进场和出场基本上是围绕着次低点和次高点进行的，只不过他以突破作为进场时机而已。

"回档"模式的用武之地很广阔，希望大家能够多动脑筋、多动手，这样才能真正理解这个模式的深刻内涵，可以说杰西·利弗莫尔的操作框架也基本上基于类似的哲学思想。

# 纸面练习

趋势之所以成为趋势，那肯定是因为其持续性，但是趋势还有稀缺性，后面这点是整个趋势交易的命门，如何解决这一问题，本书前面已经不断提及，也可以参考《顺势而为》一书。

"回档"模式中最忌讳的就是在一个没有成型的趋势中介入回档，请看图 2-12-11，这是澳元兑美元的 1 小时走势图，趋势成型与否可以从顾比均线之前的发散程度来判断，特别是顾比均线长期组。该图配有一个问题，想必你应该从我上述的话里面知道答案了。介入那些强劲的趋势，不存在太晚的问题，如果真的是趋势不会很快就结束的，这就是由趋势持续性决定的。

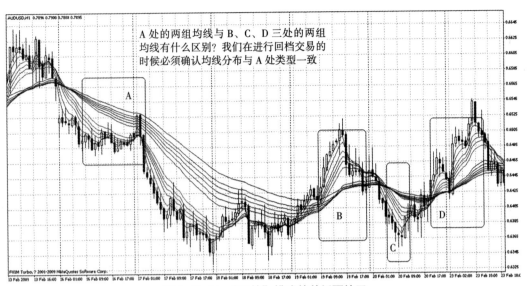

图 2-12-11 "回档"模式简单纸面练习

# 短线王牌 "噪声"模式

风险报酬率和胜算率在一定区域内是反比变化的！

——魏强斌

如果你是纯技术交易者，在外汇市场就会处于较大的劣势，反过来说就是如果你能兼顾市场心理和价格走势，则你可以在外汇市场中获得较大的优势。"噪声"模式将告诉你技术趋势和市场心理的一种典型关系，这个模式主要基于的技术指标如图2-13-1所示，包括顾比均线组和蜡烛线形态工具，以及数据日历和即时新闻工具等。

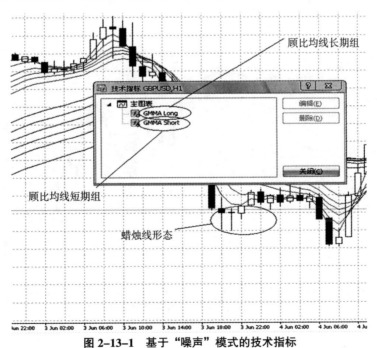

图 2-13-1 基于"噪声"模式的技术指标

# 手握王牌：模型和短线操作要点

噪声就是脉冲式的行情，往往由于趋势相反的次要事件或者数据引发。

　　"噪声"模式的特点是某些数据或者消息的公布引起价格的突然变化，价格突然偏离趋势，然后又迅速恢复趋势，这段突兀的走势，就是市场噪声。"噪声"模式分为两种情况，第一种是下跌趋势类型，第二种是上涨趋势类型，两者互为镜像，所以我这里就只介绍前者，请结合图 2-13-2 掌握。汇价从高位下跌，显著下跌后均线组充分发散，呈现空头排列。突然，由于数据和消息的原因（或许这个消息当时甚至你还没有从新闻中看到，但这并不是最重要的）价格突然向上陡然上升，升到顾比均线长期组附近的时候出现了小实体蜡烛线，一般至少有一根，接着汇价大幅度下跌，回到此前的趋势中，顾比均线的空头排列没有被破坏，这就是"噪声"模式的下跌趋势类型。

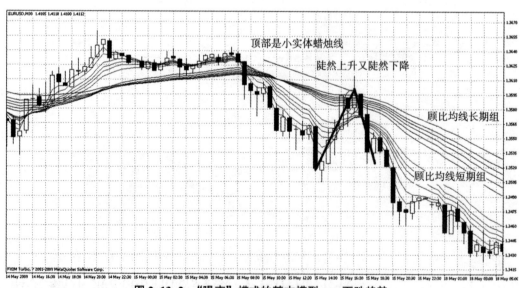

图 2-13-2 "噪声"模式的基本模型——下跌趋势

下面我介绍一些"噪声"模式研判和操作的重要细节。前面大家已经学习过了"回档"模式,这里需要对它和"噪声"模式进行区分,"噪声"模式的幅度远远大于"回档"模式。"回档"模式通常是由技术原因导致的,这个可以用纯技术手段分析得出,而**"噪声"模式则需要结合消息面来理解才行得通**。另外,"噪声"模式和"投机—趋势"模式也存在明显的区别,虽然两者都是由意外的消息面因素引起的,但是"噪声"模式是顾比均线的过度靠拢变为正常发散,而"投机—趋势"模式则是过度发散变为正常靠拢。请结合图2-13-3来理解上述这段话。

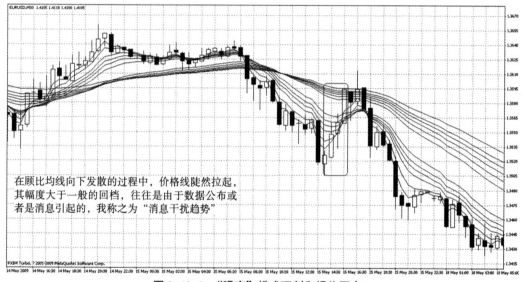

图2-13-3 "噪声"模式研判和操作要点一

"噪声"模式的第二研判和操作要点是噪声波段的末端有1~3个小实体线,这表明这个意外的逆趋势消息的驱动力衰竭了,这一般预示着趋势会恢复。我偶尔会在这个时候轻仓介入,当然这就超越了"噪声"模式的范畴了。理解"噪声"模式的第二要点请结合图2-13-4。

"噪声"模式的第三个研判要点是等待汇价恢复到既有的走势中,具体而言是回到消息干扰前的价位,如图2-14-5所示,这种态势表明"利多"也不能扭转趋势,当然可以继续

一则消息的影响程度有多大,决定了一则消息是改变趋势,还是干扰趋势。

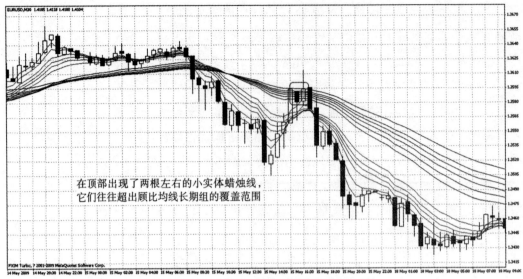

图 2-13-4 "噪声"模式研判和操作要点二

在顶部出现了两根左右的小实体蜡烛线，它们往往超出顾比均线长期组的覆盖范围

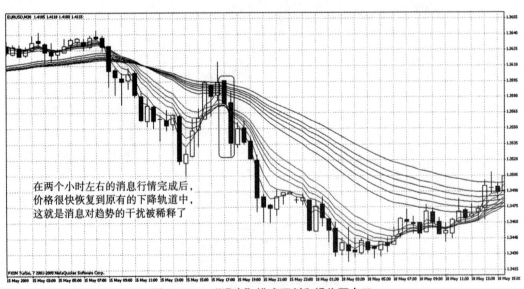

图 2-13-5 "噪声"模式研判和操作要点三

在两个小时左右的消息行情完成后，价格很快恢复到原有的下降轨道中，这就是消息对趋势的干扰被稀释了

做空了。

当汇价将消息稀释，重新回到突变之前的位置时，你就要准备扣动扳机了。如果汇价创出新低（下跌类型），此时你就要立即进场做空了，如图 2-13-6 所示。

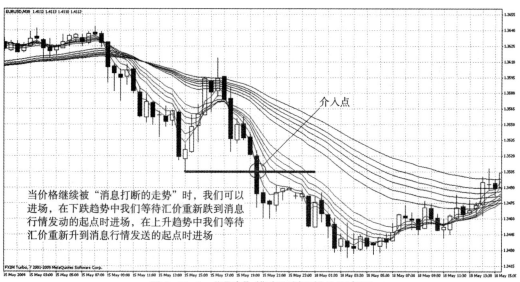

图 2-13-6 "噪声"模式研判和操作要点四

# 王牌案例

"噪声"模式的操作很难规避艺术的一面，而且这个模式的操作对交易者的心理素质要求极高，如果你想超越"噪声"模式，在价格回到此前的位置之前就进入，这更需要勇气和控制风险的娴熟技巧。本小节我们介绍"噪声"模式的操作流程。这个实例是欧元兑美元，一般而言我在 15 分钟图到 1 小时图上操作"噪声"模式，有时候你需要灵活地在这几种时间框架中选择。请看图 2-13-7，汇价从高位显著下跌，形成了趋势，然后汇价突然上冲，但很快崩溃，回到趋势中，这符合了"噪声"模式的基本特征。

然后，当汇价向下跌破前期消息扰动造成的低点时，我进场做空，初始止损点设定在突破点之上合理的范围之内，这个你可以根据我在本书上半部分教授的内容来决定。本例的进场请结合图 2-13-8 理解。

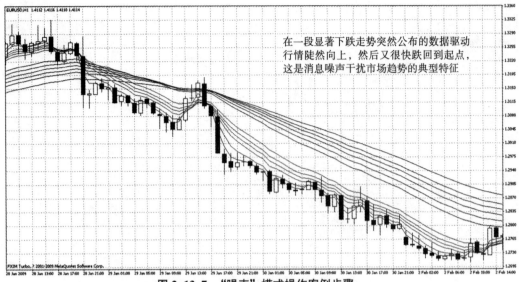

图 2-13-7　"噪声"模式操作案例步骤一

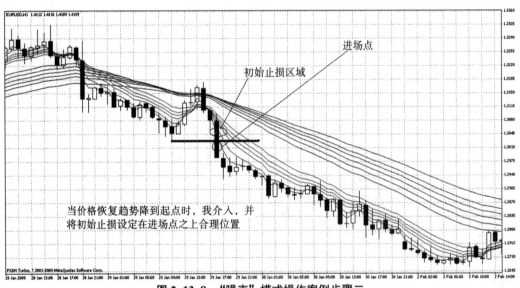

图 2-13-8　"噪声"模式操作案例步骤二

　　进场之后就涉及出场，出场对于任何类型的交易者而言都是非常重要的。"噪声"模式下的趋势应该算得上是比较强劲的趋势，对于这类行情的操作以跟进止损出场为主，这样才符合"截短亏损，让利润奔腾"的原则，请看图 2-13-9。一般而言，顾比均线长期组是一个比较好的跟进止损工具，就看你怎么去发挥了。

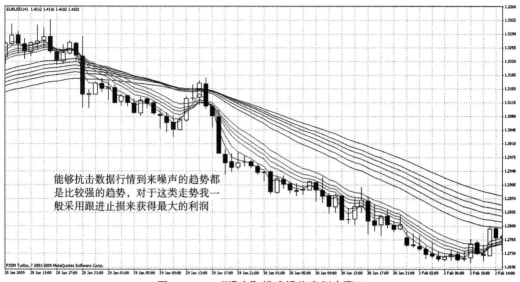

能够抗击数据行情到来噪声的趋势都
是比较强的趋势，对于这类走势我一
般采用跟进止损来获得最大的利润

**图 2-13-9 "噪声"模式操作案例步骤三**

# 王牌使用指南

　　"噪声"模式的使用主要是注意介入时机问题，过早的话很容易被新趋势的回调给击中，除非汇价重新到位，否则很难断定趋势是否还在维持，这是大家在使用的时候需要注意的第一个问题。

　　第二个使用中涉及的问题是尽量不在"噪声"模式中使用止盈，当一个趋势能够打败强大的干扰者，足以说明其强劲，这样的机会很少有。如果你要想赚取丰厚的利润就应该想办法让利润奔腾，这时候就要注重跟进止损的设定了。所以，想要操作好"噪声"模式，就必须下功夫研究跟进止损的各种设置方法。

趋势具有持续性，那么就
应该采用跟进止损出场法为
主，也就是所谓的后位出场。

# 纸面练习

前面提到过激进的介入策略，这就是在干扰行情衰竭的时候就介入，这时候不用上述的"噪声"模式操作流程，而是用蜡烛线，请看图 2-13-10。流星线和锤头线一般是识别 4 小时和 1 小时图上急转行情的好帮手，但是这两个工具也经常误导交易者，比如图 2-13-10 中的 B、E、F 等，这些蜡烛线反转信号失效是因为没有经过其后一根蜡烛线的识别。是什么识别方法呢？如果是流星线，除了之前的走势是上升之外，其后的蜡烛线还必须是阴线；如果是锤头线，除了之前的走势是下降之外，其后的蜡烛线还必须是阳线。为什么要这样？你自己思考吧，让读者动动脑子也是对读者的厚待啊！

实体较小的 K 线只是提醒信号，其后的较大实体才是确认信号。

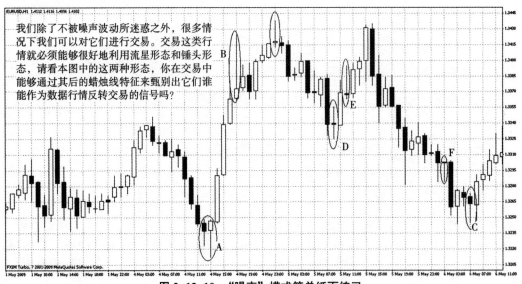

图 2-13-10　"噪声"模式简单纸面练习

# 短线王牌 "隧道压制"模式

绝大多数的交易者都想着从行为入手，殊不知他们的信念和态度决定了他们永远不可能成为真正的胜者！

——魏强斌

"隧道压制"模式是非常重要的一种日内走势，这种走势往往是行情骤然转折的基础。学会从支撑和阻力的角度来看待行情的发展是技术分析最重要的环节，但是用技术分析来预测方向简直是缘木求鱼的做法。但是，绝大多数外汇交易者正是靠着技术分析在预测市场的方向。"隧道压制"模式基于的技术指标是顾比均线和维加斯隧道等，如图 2-14-1 所示。

技术分析的圣杯是预判单边和震荡，但是技术分析本身却无法做到这一点。

## 手握王牌：模型和短线操作要点

"隧道压制"模式最初是以一种非常可靠的看跌形态吸引了我，请看图 2-14-2，这是"隧道压制"模式的模型，当然也存在看涨类型，但是看跌类型更容易识别出来。汇价显著上升，力图突破维加斯隧道，但是受到压制，很快失败，汇价继续向下运动。这个模式中蜡烛线形态也非常重要，需要蜡烛线形态来确认维加斯隧道的阻力。

失败的突破比成功的突破更有意义。

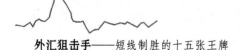
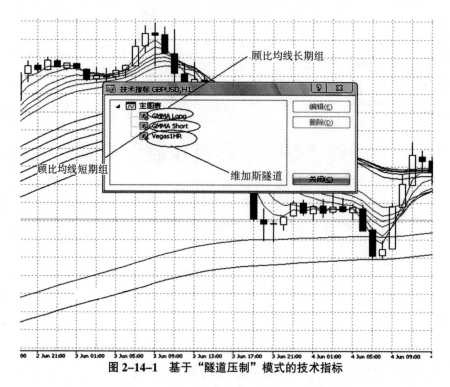

图 2-14-1　基于"隧道压制"模式的技术指标

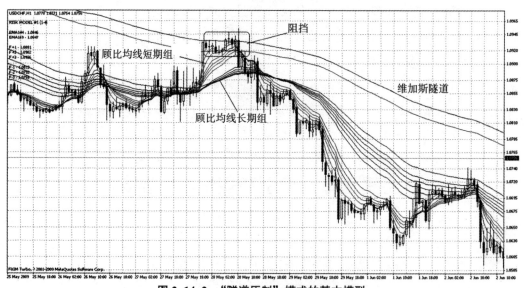

图 2-14-2　"隧道压制"模式的基本模型

　　"隧道压制"模式研判和操作的第一个要点是注意汇价冲向隧道后在隧道附近的蜡烛线形态，具体而言是小实体蜡烛线居多，请看图 2-14-3。小实体蜡烛线是收敛状态，表明市场处于犹豫之中，如果此后汇价拉出实体较大的阴线，则是市场转而向下的特征。

图 2-14-3 "隧道压制"模式研判和操作要点一

"隧道压制"模式成功的另外一个标志是顾比均线长期组呈现收敛状态,如图 2-14-4 所示,这表明趋势交易者根本没有意向来承接投机客的抛筹。

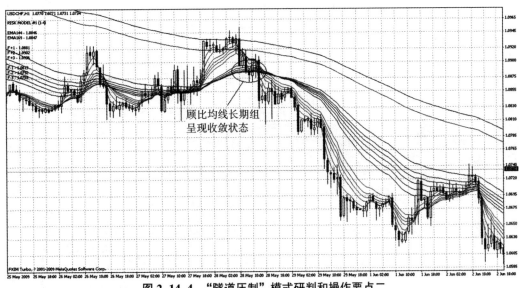

图 2-14-4 "隧道压制"模式研判和操作要点二

"隧道压制"模式的第三个特点是蜡烛线完全击穿顾比均线长期组,如图 2-14-5 所示。炒股的人好多都听说过"断头铡刀",也就是大阴线将好几根均线截断的形态,有点类似于"隧道压制"模式的这个特点。

图 2-14-5 "隧道压制"模式研判和操作要点三

过滤市场噪声的方法有很多，比如结合布林带设定止损，通过确认信号来过滤提醒信号、增加时间层级等。

当你经过三个要点确认当下的形态是"隧道压制"模式之后，就要着手进场事宜，请看图 2-14-6。具体的进场一般选择跌破前期低点的时候，而且要跌破必须是实体跌破，而不是影线，这是为了过滤市场的噪声。

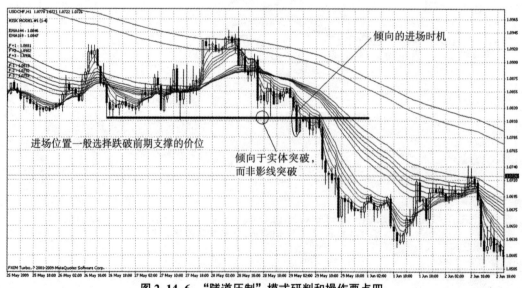

图 2-14-6 "隧道压制"模式研判和操作要点四

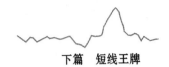

　　当你基于"隧道压制"模式进场之后，就必须考虑出场问题。初始止损比较好设定，这个设定在前期低点之上合理范围即可，而利润兑现则应该采用跟进止损，跟进止损的基准是顾比均线长期组，请看图2-14-7。

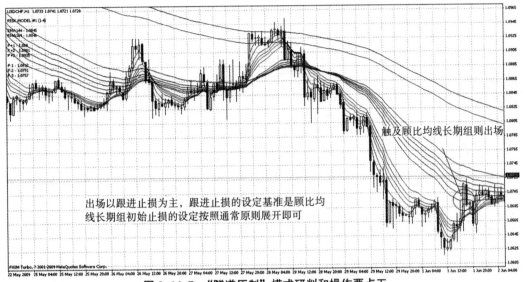

**图 2-14-7　"隧道压制"模式研判和操作要点五**

# 王牌案例

　　"隧道压制"模式的操作按部就班即可，这与前面介绍的绝大部分模式一样，下面我演示一个简单的实例，这是美元兑日元5分钟交易，如图2-14-8所示。汇价上冲，冲到维加斯隧道附近出现了小实体蜡烛线，表明市场向上的动量不足。不久汇价出现了看跌吞没蜡烛线，进一步确认了向上动量的不足。随后汇价下跌，顾比均线长期组呈现收敛状态。"断头铡刀"也出现了，基本确认了"隧道压制"模式。

　　接着，我要落实进场问题，当汇价以阴线实体跌破前期低点，在收盘后进场，初始止损设定在前期低点之上合理位置，如图2-14-9所示。

　　"断头铡刀"的出现表明众多的趋势交易者已经处于亏损状态。

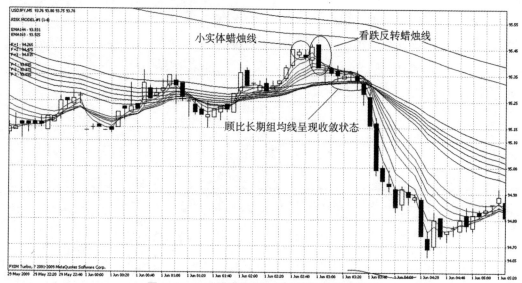

**图 2-14-8 "隧道压制"模式操作案例步骤一**

**图 2-14-9 "隧道压制"模式操作案例步骤二**

当汇价如预期一样发展时，利用顾比均线长期组进行跟进止损，最终在汇价触及顾比均线长期组的时候出场，如图 2-14-10 所示。

图 2-14-10 "隧道压制"模式操作案例步骤三

# 王牌使用指南

"隧道压制"模式的使用要注意三个问题：第一个问题是
这个模式可以运用的时间框架基本上没有时间限制，关键能
够符合该模式的相关要求；第二个问题是一旦要等待蜡烛线
确认动量衰竭，同时下跌（下跌类型）成型了，才考虑介入
问题；第三个问题是不能随意更改维加斯隧道的两个参数，
如果你可以找到更好的隧道值，比如利用 120 期均线构成隧
道也并不是不可以，但是就交易效果来看，还是维加斯隧道
最优。

"隧道压制"模式介于见位交易和破位交易之间，说是见
位交易，主要是因为在汇价受到阻力或者支撑之后才反向介
入；说是破位交易，主要是因为在汇价跌破前期低点或者突
破前期高点之后才介入，这就是交易衍生策略逐渐复杂化的
一个表现。即使如此，如果你想要真正掌握所有这些要点，
还是要从最基本的进场策略和出场策略去考虑。

有效的进场方法有四种，
分别是见位进场、破位进场、
顶位进场和败位进场。前面三
种基本上大家都已经知道，所
谓的败位进场其实就是"空头
陷阱后做多，多头陷阱后做
空"，也就是假突破后进场。

# 纸面练习

　　"隧道压制"模式有看跌类型，这是"隧道压制"模式最主要的形式，除此之外还有看涨类型，请看图 2-14-11，仔细思考图中的问题。对于 A、B、C 三处的形态走势，究竟何者符合"隧道压制"模式的定义，你如果拿捏不准，则应该去翻看前面的内容，答案就不用贴出来了。

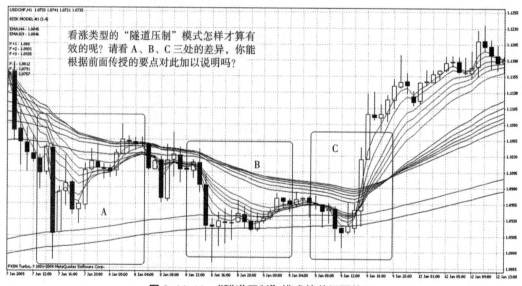

**图 2-14-11 "隧道压制"模式简单纸面练习**

第十五张

# 短线王牌　"轴心点—蜡烛线—震荡指标"模式

　　趋势是技术交易的对象，是持续的，同时也是稀缺的。趋势源于强劲的驱动因素和心理因素，只有把握这两者才能把握稀缺的趋势。

——魏强斌

　　"轴心点—蜡烛线—震荡指标"模式，严格来讲应该算是一种交易系统，但我还是作为自己珍藏的一张王牌和盘托出。这个策略的使用并不是今天才有的，但是直到最近几年才变得相对完善。"轴心点—蜡烛线—震荡指标"模式基于的主要技术指标有蜡烛线形态、轴心点指标和随机震荡指标，如图 2-15-1 所示。后面会提到轴心点指标也许应该为整数框架指标所替换，因为从实践的角度来看，后者的效果会更好一些。

## 手握王牌：模型和短线操作要点

　　"轴心点—蜡烛线—震荡指标"模式也分为做多模式和做空模式，做多模式的基本模型请结合图 2-15-2 来理解。"轴心点—蜡烛线—震荡指标"做多模式有三个要件，分别是只代表阻力和支撑的轴心点指标，代表市场局部力量和意愿的蜡烛线，以及代表市场情绪的震荡指标。三个要件分别满足一个条件才能具备"轴心点—蜡烛线—震荡指标"做多模式的条件。在做多模式中，蜡烛线必须以看涨反转形态出现在轴心线之上，严格说是附近，不能离得太远，同时对应的随机震荡指标处于超卖状态。

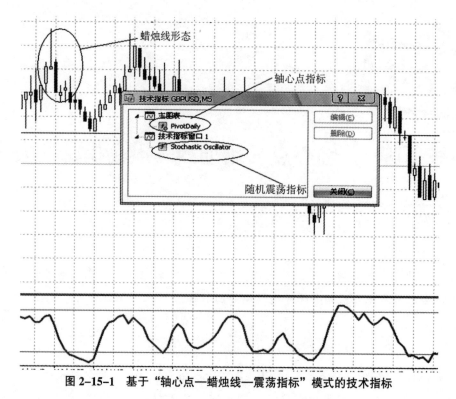

图 2-15-1　基于"轴心点—蜡烛线—震荡指标"模式的技术指标

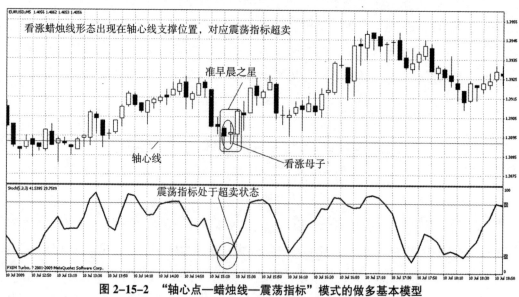

图 2-15-2　"轴心点—蜡烛线—震荡指标"模式的做多基本模型

　　"轴心点—蜡烛线—震荡指标"做空模式的基本模型如图 2-15-3 所示，看跌反转蜡烛线要求出现在轴心线之下，严格说是附近，同时对应的随机震荡指标位于超买状态。

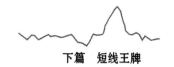

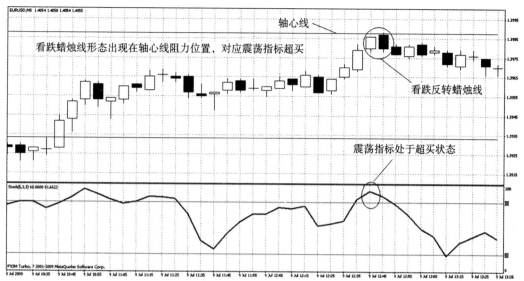

图 2-15-3 "轴心点—蜡烛线—震荡指标"模式的做空基本模型

"轴心点—蜡烛线—震荡指标"做多模式的初始止损是一个比较关键的问题，这里面存在统计规律，同时也要考虑日内交易的潜在利润概率分布。初始止损一般设定在轴心线提供的阻力水平之下，肯定不能超过 30 点，最好控制在 15 点左右，如图 2-15-4 所示。

对统计规律指标，自己要不断更新，这个跟大环境有密切关系，次贷危机之后的外汇市场波动特征就有显著的差异。

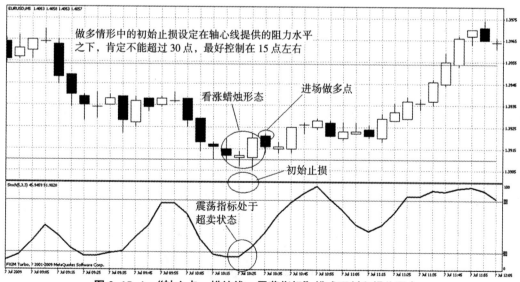

图 2-15-4 "轴心点—蜡烛线—震荡指标"模式研判和操作要点一

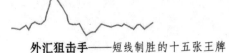

　　"轴心点—蜡烛线—震荡指标"做空模式的初始止损一般设定在轴心线之上，肯定不能超过 30 点，最好控制在 15 点左右，如图 2-15-5 所示。

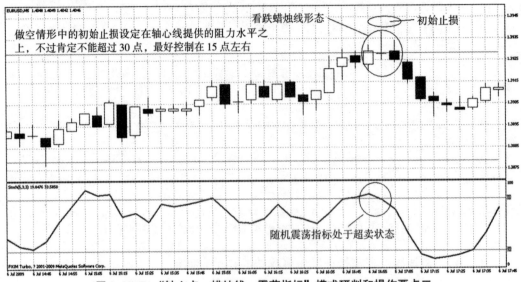

**图 2-15-5　"轴心点—蜡烛线—震荡指标"模式研判和操作要点二**

　　"轴心点—蜡烛线—震荡指标"模式的出场有两种方式：第一种是跟进出场；第二种是反向进场信号出场。如图 2-15-6 所示。

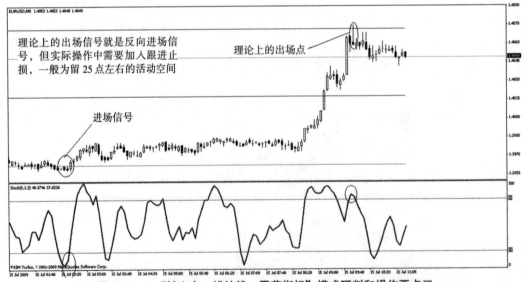

**图 2-15-6　"轴心点—蜡烛线—震荡指标"模式研判和操作要点三**

　　虽然"轴心点"是公认的日内高效支撑和阻力指标，但实际操作中你会发现整数框架指标比"轴心点"指标更为有效。所谓整数框架指标，其指的是位数为 00 和 50 的价位经常构成阻力和支撑，它比"轴心点"指标更为有效，如图 2-15-7 所示。

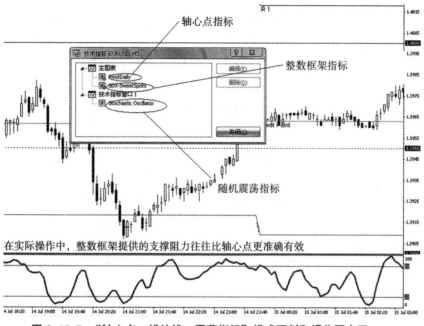

图 2-15-7　"轴心点—蜡烛线—震荡指标"模式研判和操作要点四

# 王牌案例

　　本节我将演示一个利用"轴心点—蜡烛线—震荡指标"模式进行欧元兑美元 5 分钟交易的操作过程，采用的是整数框架指标代替轴心点指标，请看图 2-15-8。第一步是查看阻力附近是否存在看跌反转蜡烛线，这里存在一个变异的黄昏之星，同时对应的随机震荡指标也处于超买状态。

　　当你确认"轴心点—蜡烛线—震荡指标"模式之后，你可以在看跌反转形态之后的第一根价格线开盘附近进场做空，然后将初始止损设定在黄昏之星最高价之上合理位置，不要超过了 30 点规定，如图 2-15-9 所示。

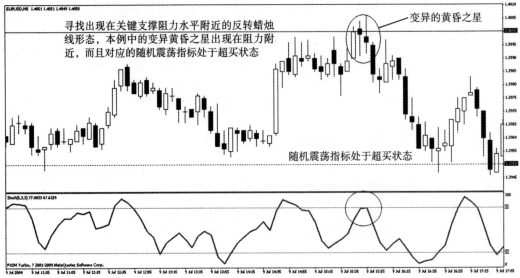

图 2-15-8 "轴心点—蜡烛线—震荡指标"模式操作案例步骤一

图 2-15-9 "轴心点—蜡烛线—震荡指标"模式操作案例步骤二

　　进场之后，汇价跌至下面一根整数框架线，同时出现了纺锤线，预示出场信号发出了，如图 2-15-10 所示。

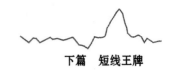

**图 2-15-10** "轴心点—蜡烛线—震荡指标"模式操作案例步骤三

# 王牌使用指南

　　"轴心点—蜡烛线—震荡指标"模式里面主要体现了"位"和"态"两个要素，对于趋势的考虑相对不足。也就是说，如果你在实际运用中如果能够考虑到市场趋势，则你就将"势、位、态"三要素考虑齐全了，自然交易效率也就提高了。

　　"轴心点—蜡烛线—震荡指标"模式用到了随机震荡指标，这个指标在十五张王牌中出现了好几次，其实主要作用是锁定进场最佳时机，这对于短线交易而言是非常重要的一环。

*择时的关键在于市场情绪的把握，而震荡指标可以帮助我们把握短期内的市场情绪变化。*

# 纸面练习

　　我用整数框架指标替换了传统的轴心点指标，这种替换

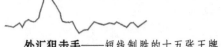

可以广泛采用吗？请看图 2-15-11 中的问题，结合这幅图思考一下，答案没有必要给出来了，因为答案已经在我此前的替换操作中了。

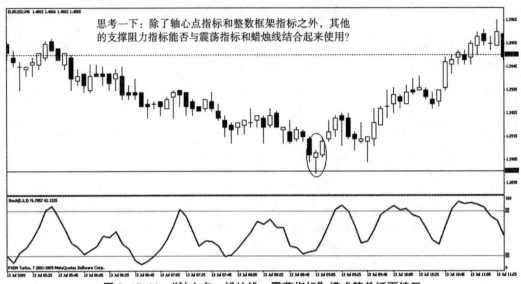

图 2-15-11 "轴心点—蜡烛线—震荡指标"模式简单纸面练习

斐波那契点位、前期高点和低点等都可以替代轴心点指标，与蜡烛线和随机震荡指标结合起来捕捉交易机会，这个就留待本书的读者自己去发挥了。

至此，十五张王牌全部介绍完毕，该由厚读薄了，如何万法归宗呢？一位 ID 为"独孤冒险家"的学生是这样总结的："短线制胜的 15 张王牌，说的是同一件事情。好比盲人摸象，15 个人摸到 15 个不同的地方，他们说的都不同，但是都对。刚开始看，我努力地去记住每个人不同的描述，头晕眼花。后来发现，他们互相调换来解释，也是一样的。本质在 K 线，在均线、价格。一个看明白了，其他的类推一下，大大是同，细节小小有异。我学习了这么久，慢慢地发现，所有的指标都指向同一件事情。指标只是个指标而已，只是一个箭头、一个方向而已。把指标当成被指标。难就是执迷了。"我想这段话其实就是在让大家"见诸相非相"，让大家真正地从市场和理论中觉悟，却又少不了此前那个沉浸的过程。

# 短线王牌　寻找最佳出场点的另类方法

*基本分析的要点在于趋势甄别，技术分析的要点在于仓位管理。不能创造暴利，在于缺少了其中一者，不能盈利是因为两者都缺。*

*——魏强斌*

出场比进场更为重要，这句话并不为过，前面讲了这么多，对于出场总是放在较为次要的位置来讲的，其实出场无非有三种：前位出场、同位出场和后位出场，这些在《外汇交易的24堂精品课》中有专门的介绍，我这里就不重复了。我这里主要介绍自己总结的两种较为特殊的辅助出场法，注意，是辅助出场，也就是说不能单独以此出场，但是可以极大地提高其他出场策略的绩效。

## 日内极值时刻统计法

你直接找所谓的最高点和最低点一般不容易做到，因为这样做的人太多了，所以这类方法的效力已经大不如从前了，但你想过从时间上找最高点、最低点没有，这就是本节我要与大家分享的一个秘密。

通过价格本身来确定价格的极值点越来越难做到，只能另想办法。一种办法是从成交量入手。外汇交易有平台成交量，没有整个市场的成交量，如图2-16-1所示。该图是英镑兑美元1分钟走势的平台成交量，这是一个局部的成交量，一般具有样本代表意义，发现其中的规律没有？这就是极值点对应着成交量的脉冲峰值。

图 2-16-1　外汇平台成交量

　　我们在这里不介绍通过成交量确定极值点的方法，而从时间规律入手来解决这一问题。请看表 2-16-1，这是在 2006 年统计的某段时间内日内极值时刻出现频率，注意到哪两个时段分布的极值点最多吗？单单是这个知识就可以让你的交易出场点更加及时，你可以注意这两个峰值时刻的 5 分钟蜡烛线变化，看有没有反转形态出现在两个峰值时刻。如果有的话，则你最好立即出场。

表 2-16-1　日内极值时刻统计范例

| 日内极值时刻统计（英镑兑美元） | | |
| --- | --- | --- |
| 格林威治时间 | 区域划分 | 次数 |
| 1 | 略 | 0 |
| 2 | | 1 |
| 3 | | 0 |
| 4 | | 2 |
| 5 | | 1 |
| 6 | | 1 |
| 7 | | 0 |
| 8 | | 10 |
| 9 | | 16 |
| 10 | 极值密集时段一<br>相当于北京时间 17 点左右 | 16 |
| 11 | | 14 |

续表

| 日内极值时刻统计（英镑兑美元） | | |
|---|---|---|
| 格林威治时间 | 区域划分 | 次数 |
| 12 | | 10 |
| 13 | | 10 |
| 14 | | 26 |
| 15 | 极值密集时段二<br>相当于北京时间 22 点左右 | 37 |
| 16 | | 64 |
| 17 | | 13 |
| 18 | | 13 |
| 19 | | 9 |
| 20 | | 12 |
| 21 | | 7 |
| 22 | | 6 |
| 23 | | 3 |
| 24 | | 0 |

　　下面任取两例日内极值的实例，请看图 2-16-2 和图 2-16-3，看看具体的极值点形态（大多具有很长的影线）和出现时刻特征。

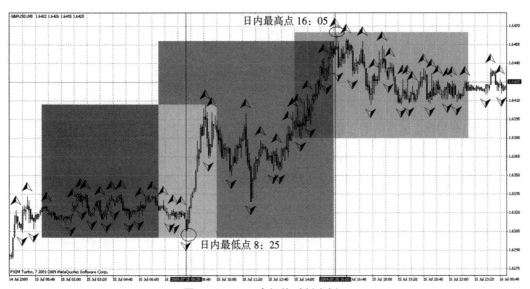

图 2-16-2　日内极值时刻实例一

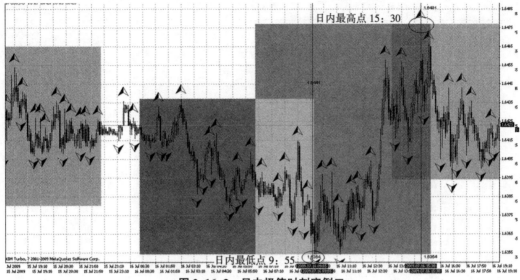

图 2-16-3　日内极值时刻实例二

# 日均波幅统计法

当一天的波动达到日均波幅时，它进一步发展的潜力就下降了，前提是波幅的标准差很小。当然，根据我们的统计一段时期内日均波幅的标准差确实很小。日均波幅出场法很简单，就是当日波幅达到日均波幅的时候就出场，请看图 2-16-4。副图中是一个日均波幅出场的辅助指标，加权日均波幅被假定为今天波幅的最可能值。ROOM UP 显示了在当前价位上汇价继续上升的空间，这个空间是由加权日均波幅减去目前价位到最低价位的幅度得到的。ROOM DOWN 显示了在当前价位上汇价继续下降的空间，这个空间是由加权日均波幅减去目前价位到最高价位的幅度得到的。当 ROOM UP 为 0 时，根据波幅出场法，你的多头就不能继续持有了，或者你需要减仓，或者是跟进止损；当 ROOM DOWM 为 0 时，根据波幅出场法，你的空头就不能继续持有了，或者你需要减仓，或者是跟进止损。

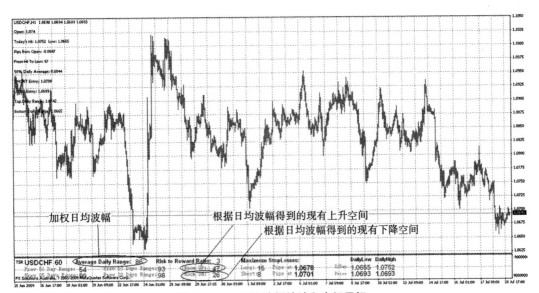

图 2-16-4　日均波幅统计和出场目标

# 进一步学习和指标代码

1. 《外汇交易圣经（第4版）》（魏强斌）本书很多内容都是国内同类书籍没有的，比如交易理念、交易手法、基本分析和技术分析有效的前提、交易时间规律、货币走势的季节性、外汇与股票指数的关系、数据行情的交易方法、收益曲线用于外汇交易、技术分析的重新构造、势位态三要素分析法、真假突破的辨析、金融市场间的差异、螺旋历法、加特力理论、英镑择时交易法、交易心理控制等。其实我们觉得本书最为精彩的部分还是"波幅分析和交易方法"，这里我们将告诉你主要货币对的走势规律，从中你可以估计到具体的当日波幅和走势，由此展开交易。我们不会将那些股票市场上的蜡烛图硬套到外汇市场上，我们进行着交易思路和手法上的革命，传统的股票交易方法不能照搬。作为跨国的私人基金，我们希望与你携手于全球最大的对战平台，沿着生命的刀锋滑行，为明日喝彩！

2. 《外汇交易进阶（第4版）》（魏强斌）本书所要介绍的内容就是用来帮助你从一个初学者成为一个成功的外汇交易大师的系列进阶课程。在本书中，你将会学到关于外汇交易的知识、技巧、策略以及系统。整个课程安排力图涵盖真实外汇交易的所有方面：你将学习如何确认良好的交易机会，如何进行择时交易，以及什么时候兑现你的利润或者结束已经不再正确的交易。

3. 《黄金高胜算交易（第3版）》（欧阳傲杰）本书介绍了两套交易技术。第一套交易技术是从短期入手，满足杠杆黄金交易者的需要，主要是针对交易保证金黄金，或者交易纸黄金，或者交易期货黄金。这套技术的关键在于通过价格的趋势和水平把握进出的节奏，通过找到具有良好风险报酬比的交易结构获得短期交易的成功，价格具有记忆，这是这套系统有效运作的前提。第二套交易技术是从长期入手，满足投资实物黄金的需要，主要是针对最具投资价值的投资性金条。这套技术将决定黄金的众多因素层次化，使得重点突出，便于分析多个因素对黄金的最终合力。

**4.《斐波那契高级交易法（第2版）》（魏强斌）** 本书向读者提供了一种斐波那契高级交易法——"推动调整波浪交易法"。这种方法合理化了斐波那契点位交易法，可以有效除去模棱两可的情况，基本做到在任何情况下都可以据此做出单一的决策。该方法具有三大特点：第一，不仅符合"截短亏损"的原则，同时也提供了"让利润奔腾"的策略；第二，提供了过滤大多数虚假斐波那契触发信号的方法；第三，先定趋势，再定进场位置和时机，同时保留了应对市场趋势变化的灵活性。

**5.《趋势交易大师》（戴若·顾比）** 趋势交易展示给读者如何应用分析工具来找到有效的交易机会。这些工具可以应用到所有股票的交易当中，不管是以基本面分析准则找出的股票，还是从股票杂志或是数据库扫描技术中找出的股票。以此为出发点，顾比展示了交易机会是如何辨识的，风险是如何管理的，交易是如何成功退出的。书中含有顾比本人交易的实例。

**6.《外汇短线交易的24堂精品课（第2版）》（魏强斌）** 我们将在本书向你传授涉及外汇市场的各种策略、技巧和观点，这些东西可以帮助你在外汇交易中获利。在本书中你将看到非常多的行情图表、指标的特别用法、数据和新闻等基本面信息的用法，以及各种交易策略。书中呈现的部分交易策略是我们历经多年实践得以发掘并最终付诸亲身交易运用之中，而另外的一些交易策略则来自于我们认识的某位非常成功的外汇职业交易者。

本书采用的技术指标全部基于 MT4.0 软件，关于该软件使用说明和软件指标载入的方法请登录 www.520fx.com 查询。

下面我们给出本书主要指标的 MT4.0 代码，在 MT5.0 上稍加修改也能使用。

（1）顾比均线长期组指标代码

```
#property indicator_chart_window
#property indicator_buffers 6
#property indicator_color1 Blue
#property indicator_color2 Blue
#property indicator_color3 Blue
#property indicator_color4 Blue
#property indicator_color5 Blue
#property indicator_color6 Blue
```

```
//-----buffers
double ExtMapBuffer1[];
double ExtMapBuffer2[];
double ExtMapBuffer3[];
double ExtMapBuffer4[];
double ExtMapBuffer5[];
double ExtMapBuffer6[];


//+------------------------------------------------------------------+
//| Custom indicator initialization function                         |
//+------------------------------------------------------------------+
int init ()
  {
//---- indicators
  SetIndexStyle (0, DRAW_LINE);
  SetIndexBuffer (0, ExtMapBuffer1);
  SetIndexStyle (1, DRAW_LINE);
  SetIndexBuffer (1, ExtMapBuffer2);
  SetIndexStyle (2, DRAW_LINE);
  SetIndexBuffer (2, ExtMapBuffer3);
  SetIndexStyle (3, DRAW_LINE);
  SetIndexBuffer (3, ExtMapBuffer4);
  SetIndexStyle (4, DRAW_LINE);
  SetIndexBuffer (4, ExtMapBuffer5);
  SetIndexStyle (5, DRAW_LINE);
  SetIndexBuffer (5, ExtMapBuffer6);
//----
  return (0);
  }

int deinit ()
```

```
      {
    return (0) ;
      }

  int start ()
      {
    int i, j, limit, counted_bars=IndicatorCounted () ;

    if (counted_bars<0) return (-1) ;
    if (counted_bars>0) counted_bars-- ;
    limit=Bars-counted_bars;

    for (i=0; i<limit; i++)  {
      ExtMapBuffer1[i]=iMA (NULL, 0, 30, 0, MODE_EMA, PRICE_CLOSE, i) ;
      ExtMapBuffer2[i]=iMA (NULL, 0, 35, 0, MODE_EMA, PRICE_CLOSE, i) ;
      ExtMapBuffer3[i]=iMA (NULL, 0, 40, 0, MODE_EMA, PRICE_CLOSE, i) ;
      ExtMapBuffer4[i]=iMA (NULL, 0, 45, 0, MODE_EMA, PRICE_CLOSE, i) ;
      ExtMapBuffer5[i]=iMA (NULL, 0, 50, 0, MODE_EMA, PRICE_CLOSE, i) ;
      ExtMapBuffer6[i]=iMA (NULL, 0, 60, 0, MODE_EMA, PRICE_CLOSE, i) ;
      }

    return (0) ;
      }
//+------------------------------------------------------------------+
```

（2）顾比均线短期组指标代码

```
#property indicator_chart_window
#property indicator_buffers 6
#property indicator_color1 ForestGreen
#property indicator_color2 ForestGreen
#property indicator_color3 ForestGreen
#property indicator_color4 ForestGreen
```

```
#property indicator_color5 ForestGreen
#property indicator_color6 ForestGreen

//---- buffers
double ExtMapBuffer1[ ];
double ExtMapBuffer2[ ];
double ExtMapBuffer3[ ];
double ExtMapBuffer4[ ];
double ExtMapBuffer5[ ];
double ExtMapBuffer6[ ];


//+------------------------------------------------------------------+
//| Custom indicator initialization function                        |
//+------------------------------------------------------------------+
int init ()
  {
//---- indicators
  SetIndexStyle (0, DRAW_LINE);
  SetIndexBuffer (0, ExtMapBuffer1);
  SetIndexStyle (1, DRAW_LINE);
  SetIndexBuffer (1, ExtMapBuffer2);
  SetIndexStyle (2, DRAW_LINE);
  SetIndexBuffer (2, ExtMapBuffer3);
  SetIndexStyle (3, DRAW_LINE);
  SetIndexBuffer (3, ExtMapBuffer4);
  SetIndexStyle (4, DRAW_LINE);
  SetIndexBuffer (4, ExtMapBuffer5);
  SetIndexStyle (5, DRAW_LINE);
  SetIndexBuffer (5, ExtMapBuffer6);
//----
  return (0);
```

```
    }

int deinit ()
  {
  return (0);
  }

int start ()
  {
  int i, j, limit, counted_bars=IndicatorCounted ();

  if (counted_bars<0) return (-1);
  if (counted_bars>0) counted_bars--;
  limit=Bars-counted_bars;

  for (i=0; i<limit; i++) {
    ExtMapBuffer1[i]=iMA (NULL, 0, 3, 0, MODE_EMA, PRICE_CLOSE, i);
    ExtMapBuffer2[i]=iMA (NULL, 0, 5, 0, MODE_EMA, PRICE_CLOSE, i);
    ExtMapBuffer3[i]=iMA (NULL, 0, 8, 0, MODE_EMA, PRICE_CLOSE, i);
    ExtMapBuffer4[i]=iMA (NULL, 0, 10, 0, MODE_EMA, PRICE_CLOSE, i);
    ExtMapBuffer5[i]=iMA (NULL, 0, 12, 0, MODE_EMA, PRICE_CLOSE, i);
    ExtMapBuffer6[i]=iMA (NULL, 0, 15, 0, MODE_EMA, PRICE_CLOSE, i);
  }

  return (0);
  }
//+------------------------------------------------------------------+
```

（3）维加斯隧道指标代码

```
#property indicator_chart_window
#property indicator_buffers 8
#property indicator_color1 Green
```

```
#property indicator_color2 Blue
#property indicator_color3 Red
#property indicator_color4 Red
#property indicator_color5 Red
#property indicator_color6 Red
#property indicator_color7 Red
#property indicator_color8 Red
//---- input parameters
extern bool      Alerts=true;
extern int       RiskModel=1;
extern int       MA1=144;
extern int       MA2=169;
//---- buffers
double ExtMapBuffer1[];
double ExtMapBuffer2[];
double ExtMapBuffer3[];
double ExtMapBuffer4[];
double ExtMapBuffer5[];
double ExtMapBuffer6[];
double ExtMapBuffer7[];
double ExtMapBuffer8[];
//+------------------------------------------------------------------+
//| Custom indicator initialization function                        |
//+------------------------------------------------------------------+
int init ()
  {
//---- indicators
  SetIndexStyle (0, DRAW_LINE);
  SetIndexBuffer (0, ExtMapBuffer1);
  SetIndexStyle (1, DRAW_LINE);
  SetIndexBuffer (1, ExtMapBuffer2);
```

```
    SetIndexStyle (2, DRAW_LINE);
    SetIndexBuffer (2, ExtMapBuffer3);
    SetIndexStyle (3, DRAW_LINE);
    SetIndexBuffer (3, ExtMapBuffer4);
    SetIndexStyle (4, DRAW_LINE);
    SetIndexBuffer (4, ExtMapBuffer5);
    SetIndexStyle (5, DRAW_LINE);
    SetIndexBuffer (5, ExtMapBuffer6);
    SetIndexStyle (6, DRAW_LINE);
    SetIndexBuffer (6, ExtMapBuffer7);
    SetIndexStyle (7, DRAW_LINE);
    SetIndexBuffer (7, ExtMapBuffer8);
//----
    return (0);
    }
//+------------------------------------------------------------------+
//| Custor indicator deinitialization function                       |
//+------------------------------------------------------------------+
int deinit ()
    {
//----

//----
    return (0);
    }
//+------------------------------------------------------------------+
//| Custom indicator iteration function                              |
//+------------------------------------------------------------------+
int start ()
    {
    int limit;
```

```
    int    counted_bars=IndicatorCounted ();
//---- check for possible errors
  if (counted_bars<0) return (-1);
//---- last counted bar will be recounted
  if (counted_bars>0) counted_bars--;
  limit=Bars-counted_bars;
//---- main loop
    for (int i=0; i<limit; i++)
      {
      //---- ma_shift set to 0 because SetIndexShift called abowe
      ExtMapBuffer1[i]=iMA (NULL, 0, 144, 0, MODE_EMA, PRICE_CLOSE, i);
      ExtMapBuffer2[i]=iMA (NULL, 0, 169, 0, MODE_EMA, PRICE_CLOSE, i);


      //Model #1 89, 144, 233
      if (RiskModel==1)
       {
        ExtMapBuffer3[i]=ExtMapBuffer2[i]+55*Point;
        ExtMapBuffer4[i]=ExtMapBuffer2[i]+89*Point;
        ExtMapBuffer5[i]=ExtMapBuffer2[i]+144*Point;


        ExtMapBuffer6[i]=ExtMapBuffer2[i]-55*Point;
        ExtMapBuffer7[i]=ExtMapBuffer2[i]-89*Point;
        ExtMapBuffer8[i]=ExtMapBuffer2[i]-144*Point;
       }


      //Model #2 233, 377
      if (RiskModel==2)
       {
        ExtMapBuffer3[i]=ExtMapBuffer2[i]+233*Point;
        ExtMapBuffer4[i]=ExtMapBuffer2[i]+377*Point;
```

```
    ExtMapBuffer6[i]=ExtMapBuffer2[i]-233*Point;
    ExtMapBuffer7[i]=ExtMapBuffer2[i]-377*Point;
  }


  //Model #3 233, 377, 610
  if (RiskModel==3)
   {
    ExtMapBuffer3[i]=ExtMapBuffer2[i]+233*Point;
    ExtMapBuffer4[i]=ExtMapBuffer2[i]+377*Point;
    ExtMapBuffer5[i]=ExtMapBuffer2[i]+610*Point;


    ExtMapBuffer6[i]=ExtMapBuffer2[i]-233*Point;
    ExtMapBuffer7[i]=ExtMapBuffer2[i]-377*Point;
    ExtMapBuffer8[i]=ExtMapBuffer2[i]-610*Point;
  }


  //Model #4 377, 610, 987
  if (RiskModel==4)
   {
    ExtMapBuffer3[i]=ExtMapBuffer2[i]+377*Point;
    ExtMapBuffer4[i]=ExtMapBuffer2[i]+610*Point;
    ExtMapBuffer5[i]=ExtMapBuffer2[i]+987*Point;


    ExtMapBuffer6[i]=ExtMapBuffer2[i]-377*Point;
    ExtMapBuffer7[i]=ExtMapBuffer2[i]-610*Point;
    ExtMapBuffer8[i]=ExtMapBuffer2[i]-987*Point;
  }


  Comment ("\nRISK MODEL #", RiskModel, "(1-4)\n\nEMA144 - ", ExtMapBuffer1
[limit], "\nEMA169-", ExtMapBuffer2 [limit],
    "\n\nF+1-", ExtMapBuffer3[limit], "\nF+2 - ", ExtMapBuffer4[limit],
```

```
      "\nF+3-", ExtMapBuffer5[limit], "\n\nF-1 - ", ExtMapBuffer6[limit],
      "\nF-2-", ExtMapBuffer7[limit], "\nF-3 - ", ExtMapBuffer8[limit]);
   }


   //+------------------------------------------------------------------+
   //-                  ALERTS   PlaySound ("alert.wav");          -
   //+------------------------------------------------------------------+
   if (Alerts)
    {
      if (Close[i]==ExtMapBuffer1[i] || Close[i]==ExtMapBuffer2[i])
       {
         PlaySound ("alert.wav");
       }
      if (Close [i]==ExtMapBuffer3 [i] || Close [i]==ExtMapBuffer4 [i] || Close [i]==
ExtMapBuffer5[i])
        {
         PlaySound ("alert.wav");
        }
      if (Close [i]==ExtMapBuffer6 [i] || Close [i]==ExtMapBuffer7 [i] || Close [i]==
ExtMapBuffer8[i])
        {
         PlaySound ("alert.wav");
        }
     }

   //----done

//----

//----
   return (0);
```

```
    }
//+------------------------------------------------------------------+
```

（4）Tradinghour 指标代码

```
#property indicator_separate_window
#property indicator_buffers 2
#property indicator_color1 Blue
#property indicator_color2 Red
//+------------------------------------------------------------------+
//| Custom indicator initialization function                         |
//+------------------------------------------------------------------+

extern int currencyTimeZone = –5;
extern string market = "USA";
int serverTimeZone = +1;
int marketOpensAt = 8;
int marketClosesAt = 16;

double open[ ];
double close[ ];

int init ()
  {
//---- indicators
//----
   IndicatorBuffers (2);
   SetIndexStyle (0, DRAW_HISTOGRAM);
   SetIndexBuffer (0, open);
   SetIndexLabel (0, "Blue");
   SetIndexStyle (1, DRAW_HISTOGRAM);
   SetIndexBuffer (1, close);
   SetIndexLabel (1, "Red");
```

```
//----
   IndicatorShortName ("Trading Hours:" +market);
   return (0);
   }
//+------------------------------------------------------------------+
//| Custor indicator deinitialization function                       |
//+------------------------------------------------------------------+
int deinit ()
   {
//---- TODO: add your code here


//----
   return (0);
   }
//+------------------------------------------------------------------+
//| Custom indicator iteration function                              |
//+------------------------------------------------------------------+
int start ()
   {
   int limit;
   int ExtCountedBars=IndicatorCounted ();
   if (ExtCountedBars<0) return (-1);
   if (ExtCountedBars>0) ExtCountedBars--;
   limit=Bars-ExtCountedBars;

   for (int x=limit; x>=0; x--) {
      int gmt = MathMod (24+TimeHour (Time [x]) -serverTimeZone, 24);
      int hour = MathMod (24+currencyTimeZone+gmt, 24);

      if ((hour >= marketOpensAt) && (hour <= marketClosesAt)) {
```

```
    if (hour==0) hour=24;
      open[x]=hour;
      close[x]=0;
    } else {
      if (hour==0) hour=24;
      open[x]=0;
      close[x]= -hour;
    }
  }


    return (0);
  }
//+------------------------------------------------------------------+
```

（5）Sessions 指标代码

```
#property indicator_chart_window


//------- ----------------------------
extern int NumberOfDays = 2;
extern string AsiaBegin   = "01:00";
extern string AsiaEnd     = "10:00";
extern color  AsiaColor   = Goldenrod;
extern string EurBegin    = "07:00";
extern string EurEnd      = "16:00";
extern color  EurColor    = Tan;
extern string USABegin    = "14:00";
extern string USAEnd      = "23:00";
extern color  USAColor    = Pink;
extern bool   ShowPrice   = True;
extern color  clFont      = Blue;
extern int    SizeFont    = 8;
extern int    OffSet      = 10;
```

```
//+------------------------------------------------------------------+
//| Custom indicator initialization function                         |
//+------------------------------------------------------------------+
void init () {
  DeleteObjects ();
  for (int i=0; i<NumberOfDays; i++) {
    CreateObjects ("AS" +i, AsiaColor);
    CreateObjects ("EU" +i, EurColor);
    CreateObjects ("US" +i, USAColor);
  }
  Comment ("");
}


//+------------------------------------------------------------------+
//| Custor indicator deinitialization function                       |
//+------------------------------------------------------------------+
void deinit () {
  DeleteObjects ();
  Comment ("");
}

void CreateObjects (string no, color cl) {
  ObjectCreate (no, OBJ_RECTANGLE, 0, 0, 0, 0, 0);
  ObjectSet (no, OBJPROP_STYLE, STYLE_SOLID);
  ObjectSet (no, OBJPROP_COLOR, cl);
  ObjectSet (no, OBJPROP_BACK, True);
}

void DeleteObjects () {
  for (int i=0; i<NumberOfDays; i++) {
```

```
        ObjectDelete ("AS" +i);
        ObjectDelete ("EU" +i);
        ObjectDelete ("US" +i);
    }
    ObjectDelete ("ASup");
    ObjectDelete ("ASdn");
    ObjectDelete ("EUup");
    ObjectDelete ("EUdn");
    ObjectDelete ("USup");
    ObjectDelete ("USdn");
}


//+------------------------------------------------------------------+
//| Custom indicator iteration function                              |
//+------------------------------------------------------------------+
void start () {
    datetime dt=CurTime ();

    for (int i=0; i<NumberOfDays; i++) {
        if (ShowPrice && i==0) {
            DrawPrices (dt,"AS", AsiaBegin, AsiaEnd);
            DrawPrices (dt,"EU", EurBegin, EurEnd);
            DrawPrices (dt,"US", USABegin, USAEnd);
        }
        DrawObjects (dt,"AS" +i, AsiaBegin, AsiaEnd);
        DrawObjects (dt,"EU" +i, EurBegin, EurEnd);
        DrawObjects (dt,"US" +i, USABegin, USAEnd);
        dt=decDateTradeDay (dt);
        while (TimeDayOfWeek (dt) >5) dt=decDateTradeDay (dt);
    }
}
```

```
void DrawObjects (datetime dt, string no, string tb, string te)  {
  datetime t1, t2;
  double  p1, p2;
  int     b1, b2;

  t1=StrToTime (TimeToStr (dt, TIME_DATE) +"  " +tb);
  t2=StrToTime (TimeToStr (dt, TIME_DATE) +"  " +te);
  b1=iBarShift (NULL, 0, t1);
  b2=iBarShift (NULL, 0, t2);
  p1=High [Highest (NULL, 0, MODE_HIGH, b1-b2, b2)];
  p2=Low  [Lowest (NULL, 0, MODE_LOW , b1-b2, b2)];
  ObjectSet (no, OBJPROP_TIME1 , t1);
  ObjectSet (no, OBJPROP_PRICE1, p1);
  ObjectSet (no, OBJPROP_TIME2 , t2);
  ObjectSet (no, OBJPROP_PRICE2, p2);
}


void DrawPrices (datetime dt, string no, string tb, string te)   {
  datetime t1, t2;
  double  p1, p2;
  int     b1, b2;

  t1=StrToTime (TimeToStr (dt, TIME_DATE) +"  " +tb);
  t2=StrToTime (TimeToStr (dt, TIME_DATE) +"  " +te);
  b1=iBarShift (NULL, 0, t1);
  b2=iBarShift (NULL, 0, t2);
  p1=High [Highest (NULL, 0, MODE_HIGH, b1-b2, b2)];
  p2=Low  [Lowest (NULL, 0, MODE_LOW , b1-b2, b2)];

  if (ObjectFind (no+"up") <0) ObjectCreate (no+"up", OBJ_TEXT, 0, 0, 0);
```

```
ObjectSet (no+"up", OBJPROP_TIME1   , t2);
ObjectSet (no+"up", OBJPROP_PRICE1  , p1+OffSet*Point);
ObjectSet (no+"up", OBJPROP_COLOR   , clFont);
ObjectSet (no+"up", OBJPROP_FONTSIZE, SizeFont);
ObjectSetText (no+"up", DoubleToStr (p1+Ask-Bid, Digits));

if (ObjectFind (no+"dn") <0) ObjectCreate (no+"dn", OBJ_TEXT, 0, 0, 0);
ObjectSet (no+"dn", OBJPROP_TIME1, t2);
ObjectSet (no+"dn", OBJPROP_PRICE1, p2);
ObjectSet (no+"dn", OBJPROP_COLOR, clFont);
ObjectSet (no+"dn", OBJPROP_FONTSIZE, SizeFont);
ObjectSetText (no+"dn", DoubleToStr (p2, Digits));
}


datetime decDateTradeDay (datetime dt)  {
  int ty=TimeYear (dt);
  int tm=TimeMonth (dt);
  int td=TimeDay (dt);
  int th=TimeHour (dt);
  int ti=TimeMinute (dt);


  td--;
  if (td==0)  {
   tm--;
   if (tm==0)  {
    ty--;
    tm=12;
   }
   if (tm==1 || tm==3 || tm==5 || tm==7 || tm==8 || tm==10 || tm==12) td=31;
   if (tm==2) if (MathMod (ty, 4) ==0) td=29; else td=28;
   if (tm==4 || tm==6 || tm==9 || tm==11) td=30;
```

```
}
    return (StrToTime (ty+"." +tm+"." +td+" " +th+":" +ti));
}
//+------------------------------------------------------------------+
```

　　(6)(T_S_R)-Daily Range Display#2 指标代码

```
#property indicator_chart_window
#property indicator_buffers 1
#property indicator_color1 Coral
#property indicator_width1 2


//---- indicator buffers

#define Daily "Daily"
#define Daily1 "Daily1"
#define Daily2 "Daily2"


extern color DailyColor =Maroon; //C '99, 39, 11'
extern color DailyColor1 =DarkGreen; //C '0, 49, 09'
extern color DailyColor2= C '0, 44, 09';


double TodayOpenBuffer[ ];
extern int TimeZoneOfData= 0;


//---- input parameters
int shift=0, i2=0, WorkTime=0, Periods=0, CurPeriod=0, nTime=0;
//+------------------------------------------------------------------+
//| Custom indicator initialization function                         |
//+------------------------------------------------------------------+
int init ()
{
    SetIndexStyle (0, DRAW_LINE, STYLE_SOLID);
```

```
        SetIndexBuffer (0, TodayOpenBuffer);
        SetIndexLabel (0, "Open");
        SetIndexEmptyValue (0, 0.0);
      return (0);
  }
//+--------------------------------------------------------------+
//| Custom indicator deinitialization function                   |
//+--------------------------------------------------------------+
int deinit ()
    {
//----
      ObjectsDeleteAll ();
//----
      return (0);
    }
//+--------------------------------------------------------------+
//| Custom indicator iteration function                          |
//+--------------------------------------------------------------+


int start ()
    {
    int lastbar;
      int counted_bars= IndicatorCounted ();

      if (counted_bars>0) counted_bars--;
      lastbar = Bars-counted_bars;
      DailyOpen (0, lastbar);
CreateHL ();
}


void CreateObj (string objName, double start, double end, color clr)
```

```
{
ObjectCreate (objName, OBJ_RECTANGLE, 0, iTime (NULL, 1440, 0), start,
Time[0], end);
ObjectSet (objName, OBJPROP_COLOR, clr);
ObjectCreate (objName, OBJ_RECTANGLE, 0, iTime (NULL, 1440, 0), 0, Time
[0], 0);
ObjectSet (objName, OBJPROP_COLOR, clr);
}
void DeleteObjects ()
{
ObjectDelete (Daily);
ObjectDelete (DailyColor);
ObjectDelete (Daily1);
ObjectDelete (DailyColor1);
ObjectDelete (Daily2);
ObjectDelete (DailyColor2);

}
void CreateHL ()
{
DeleteObjects ();
double HI2 = iHigh (NULL, 1440, 0);
double LOW2 = iLow (NULL, 1440, 0);
double HI3 = iHigh (NULL, 1440, 1);
double LOW3 = iLow (NULL, 1440, 1);
double HI4 = iHigh (NULL, 1440, 0);
double LOW4 = iLow (NULL, 1440, 0);
double HI5 = iHigh (NULL, 1440, 2);
double LOW5 = iLow (NULL, 1440, 2);
double HI6 = iHigh (NULL, 1440, 3);
double LOW6 = iLow (NULL, 1440, 3);
```

```
double HI7 = iHigh (NULL, 1440, 4);
double LOW7 = iLow (NULL, 1440, 4);
double HI8 = iHigh (NULL, 1440, 5);
double LOW8 = iLow (NULL, 1440, 5);
double HI9 = iHigh (NULL, 1440, 6);
double LOW9 = iLow (NULL, 1440, 6);
double HI10 = iHigh (NULL, 1440, 7);
double LOW10 = iLow (NULL, 1440, 7);
double HI11 = iHigh (NULL, 1440, 8);
double LOW11 = iLow (NULL, 1440, 8);
double HI12 = iHigh (NULL, 1440, 9);
double LOW12 = iLow (NULL, 1440, 9);
double HI13 = iHigh (NULL, 1440, 10);
double LOW13 = iLow (NULL, 1440, 10);
double HI14 = iHigh (NULL, 1440, 11);
double LOW14 = iLow (NULL, 1440, 11);
double HI15 = iHigh (NULL, 1440, 12);
double LOW15 = iLow (NULL, 1440, 12);
double HI16 = iHigh (NULL, 1440, 13);
double LOW16 = iLow (NULL, 1440, 13);
double HI17 = iHigh (NULL, 1440, 14);
double LOW17 = iLow (NULL, 1440, 14);
double HI18 = iHigh (NULL, 1440, 15);
double LOW18 = iLow (NULL, 1440, 15);
double HI19 = iHigh (NULL, 1440, 16);
double LOW19 = iLow (NULL, 1440, 16);
double HI20 = iHigh (NULL, 1440, 17);
double LOW20 = iLow (NULL, 1440, 17);
double HI21 = iHigh (NULL, 1440, 18);
double LOW21 = iLow (NULL, 1440, 18);
double HI22 = iHigh (NULL, 1440, 19);
```

```
double LOW22 = iLow（NULL，1440，19）；
double HI23 = iHigh（NULL，1440，20）；
double LOW23 = iLow（NULL，1440，20）；


double OPEN = iOpen（NULL，1440，0）；
double CLOSE = iClose（NULL，1440，0）；


double ONE =（HI3–LOW3）/2；


double FIVE =（（HI3–LOW3）+（HI5–LOW5）+（HI6–LOW6）+（HI7–LOW7）+
（HI8–LOW8））/10；


double TEN =（（HI3–LOW3）+（HI5–LOW5）+（HI6–LOW6）+（HI7–LOW7）+
（HI8–LOW8）+（HI9–LOW9）+（HI10–LOW10）+（HI11–LOW11）+（HI12–LOW12）+
（HI13–LOW13））/20；


double TWENTY =（（HI3–LOW3）+（HI5–LOW5）+（HI6–LOW6）+（HI7–LOW7）+
（HI8–LOW8）+（HI9–LOW9）+（HI10–LOW10）+（HI11–LOW11）+（HI12–LOW12）+
（HI13–LOW13）+（HI14–LOW14）+（HI15–LOW15）+（HI16–LOW16）+（HI17–
LOW17）+（HI18–LOW18）+（HI19–LOW19）+（HI20–LOW20）+（HI21–LOW21）+
（HI22–LOW22）+（HI23–LOW23））/40；


double AV =（ONE +FIVE +TEN +TWENTY）/4；// New SettingAV =（FIVE +TEN +
TWENTY）/3；


double HIDaily = iHigh（NULL，1440，0）–（AV）；
double LOWDaily = iLow（NULL，1440，0）+（AV）；
double HIDaily1 = iHigh（NULL，1440，0）；
double LOWDaily1 = iLow（NULL，1440，0）；
double HIDaily2 = iHigh（NULL，1440，0）–（AV）*2；
double LOWDaily2 = iLow（NULL，1440，0）+（AV）*2；
```

```
//Short Average
 if (ObjectFind ("HIDaily1") ! = 0)
{
ObjectCreate ("HIDaily1", OBJ_TEXT, 0, Time [0], HIDaily);
ObjectSetText ("HIDaily1","SHORT Entry", 9,"Verdana", Yellow);
}
else
{
ObjectMove ("HIDaily1", 0, Time [0], HIDaily);
}


//High Average
 if (ObjectFind ("HIDaily2") ! = 0)
{
ObjectCreate ("HIDaily2", OBJ_TEXT, 0, Time [0], LOWDaily);
ObjectSetText ("HIDaily2","LONG Entry", 9,"Verdana", Yellow);
}
else
{
ObjectMove ("HIDaily2", 0, Time [0], LOWDaily);
}


//Today's High
 if (ObjectFind ("HIDaily3") ! = 0)
{
ObjectCreate (" HIDaily3", OBJ_TEXT, 0, Time [0], HI4);
ObjectSetText ("HIDaily3","High ", 9,"Verdana", YellowGreen);
}
else
{
```

```
ObjectMove ("HIDaily3", 0, Time [0], HI4);

}


//Todays Low
 if (ObjectFind ("HIDaily4")! = 0)

{

ObjectCreate ("HIDaily4", OBJ_TEXT, 0, Time [0], LOW4);

ObjectSetText ("HIDaily4","Low", 9,"Verdana", YellowGreen);

}

else

{

ObjectMove ("HIDaily4", 0, Time[0], LOW4);

}


//Open
 if (ObjectFind ("HIDaily5")! = 0)

{

ObjectCreate ("HIDaily5", OBJ_TEXT, 0, Time[0], OPEN);

ObjectSetText ("HIDaily5","Open ", 9,"Verdana", SandyBrown);

}

else

{

ObjectMove ("HIDaily5", 0, Time [0], OPEN);

}


//Bottom of Daily Range
 if (ObjectFind ("HIDaily6")! = 0)

{

ObjectCreate ("HIDaily6", OBJ_TEXT, 0, Time[8], HIDaily2);

ObjectSetText ("HIDaily6","Bottom Daily Range", 9,"Verdana", SandyBrown);

}
```

```
else
{
ObjectMove ("HIDaily6", 0, Time[8], HIDaily2);
}
//TOP of Daily Range
 if (ObjectFind ("HIDaily7")! = 0)
{
ObjectCreate ("HIDaily7", OBJ_TEXT, 0, Time[7], LOWDaily2);
ObjectSetText ("HIDaily7","Top Daily Range", 9,"Verdana", SandyBrown);
}
else
{
ObjectMove ("HIDaily7", 0, Time[7], LOWDaily2);
}


    {
if ((WorkTime! = Time[0]) || (Periods ! = Period ())) {
CreateObj (Daily, HIDaily, LOWDaily, DailyColor);
CreateObj (Daily1, HIDaily1, LOWDaily1, DailyColor1);
CreateObj (Daily2, HIDaily2, LOWDaily2, DailyColor2);}


}


Comment ("\n","Open:", OPEN,"\n"," \n","Today's Hi:", HI2,"Low:", LOW2,"
\n","\n","Pips from Open:", (CLOSE-OPEN),"\n","\n", "From Hi To Low:", (HI2-
LOW2) /Point,"\n", "\n", "50% Daily Average;", AV,"\n", "\n", "SHORT Entry; ",
(HIDaily), "\n", "\n", "LONG Entry;", (LOWDaily), "\n", "\n", "Top Daily Range; ",
(LOWDaily2),"\n","\n","Bottom Daily Range;", (HIDaily2));

  return (0);
 }
```

```
//+------------------------------------------------------------------+

int DailyOpen (int offset, int lastbar)
{
    int shift;
    int tzdiffsec= TimeZoneOfData*3600;
    double barsper30= 1.0*PERIOD_M30/Period ();
    bool ShowDailyOpenLevel= True;
    // lastbar+= barsperday+2; // make sure we catch the daily open
    lastbar= MathMin (Bars-20*barsper30-1, lastbar);

        for (shift=lastbar; shift>=offset; shift--)  {
        TodayOpenBuffer [shift] = 0;
        if (ShowDailyOpenLevel)  {
        if (TimeDayOfWeek (Time [shift] -tzdiffsec) ! = TimeDayOfWeek (Time [shift+1]
-tzdiffsec))  { // day change
            TodayOpenBuffer [shift] = Open [shift];
            TodayOpenBuffer [ shift +1] = 0;                                    //
avoid stairs in the line
        }
        else {
            TodayOpenBuffer [shift] = TodayOpenBuffer [shift+1];
        }
        }
    }
    return (0);
```

    （7）（T_S_R）-Daily Range Calculator 指标代码

```
#property indicator_separate_window
//---- input parameters
extern double  Risk_to_Reward_ratio = 3.0;
int nDigits;
```

```
//+------------------------------------------------------------------+
//| Custom indicator initialization function                        |
//+------------------------------------------------------------------+
int init ()
{
IndicatorShortName ("TSR") ;
    if (Symbol () =="GBPJPY" || Symbol () =="EURJPY" || Symbol () =="USDJPY" ||
Symbol () =="GOLD" || Symbol () =="USDMXN") nDigits = 2;
    if (Symbol () =="GBPUSD" || Symbol () =="EURUSD" || Symbol () == "NZDUSD"
|| Symbol () =="USDCHF" ||
    Symbol () =="USDCAD" || Symbol () ==" AUDUSD" || Symbol () =="EURUSD" ||
Symbol () == "EURCHF" || Symbol () ==" EURGBP"
    || Symbol () =="EURCAD" || Symbol () ==" EURAUD" || Symbol () == "AUDNZD")
nDigits = 4;

    return (0) ;
}
//+------------------------------------------------------------------+
//| Custom indicator deinitialization function                      |
//+------------------------------------------------------------------+
int deinit ()
    {
//----

//----

    return (0) ;
    }
//+------------------------------------------------------------------+
//| Custom indicator iteration function                             |
//+------------------------------------------------------------------+
int start ()
```

```
{
//----
int R1=0，R5=0，R10=0，R20=0，RAvg=0；
int RoomUp=0，RoomDown=0，StopLoss_Long=0，StopLoss_Short=0；
double  SL_Long=0，SL_Short=0；
double  low0=0，high0=0；
string  Text=""；
int i=0；


R1 = （iHigh（NULL，PERIOD_D1，1）–iLow（NULL，PERIOD_D1，1））/Point；
for（i=1；i<=5；i++）
    R5  =  R5 + （iHigh（NULL，PERIOD_D1，i）–iLow（NULL，PERIOD_D1，
i））/Point；
for（i=1；i<=10；i++）
    R10  =  R10 + （iHigh（NULL，PERIOD_D1，i）–iLow（NULL，PERIOD_D1，
i））/Point；
for（i=1；i<=20；i++）
    R20  =  R20 + （iHigh（NULL，PERIOD_D1，i）–iLow（NULL，PERIOD_D1，
i））/Point；


R5 = R5/5；
R10 = R10/10；
R20 = R20/20；
RAvg = （R1+R5+R10+R20）/4；


low0 = iLow（NULL，PERIOD_D1，0）；
high0 = iHigh（NULL，PERIOD_D1，0）；
RoomUp  = RAvg – （Bid – low0）/Point；
RoomDown = RAvg – （high0 – Bid）/Point；
StopLoss_Long = RoomUp/Risk_to_Reward_ratio；
SL_Long      = Bid – StopLoss_Long*Point；
```

```
StopLoss_Short = RoomDown/Risk_to_Reward_ratio;
SL_Short     = Bid + StopLoss_Short*Point;


Text =  " Average Day  Range:" + RAvg + " \n"  +
       " Prev 01  Day  Range:" + R1  + " \n" +
       " Prev 05  Days Range:" + R5  + " \n" +
       " Prev 10  Days Range:" + R10 + " \n" +
       " Prev 20  Days Range:" + R20 + " \n";
Text =   Text +
       " Room Up:     " + RoomUp        + " \n" +
       " Room Down:" + RoomDown         + " \n" +
       " Maximum StopLosses :"  + " \n" +
       " Long:" + StopLoss_Long + " Pips at" + DoubleToStr (SL_Long, nDigits) +"
\n" +
       " Short:" + StopLoss_Short + " Pips at" + DoubleToStr (SL_Short, nDigits) +"
\n";


//Comment (Text);


string P=Period ();


    ObjectCreate ("TSR", OBJ_LABEL, WindowFind ("TSR"), 0, 0);
    ObjectSetText ( "TSR" , StringSubstr ( Symbol ( ) , 0) , 12, "Arial Bold" ,
CadetBlue);
    ObjectSet ("TSR", OBJPROP_CORNER, 0);
    ObjectSet ("TSR", OBJPROP_XDISTANCE, 25);
    ObjectSet ("TSR", OBJPROP_YDISTANCE, 2);
    ObjectCreate ("TSR1", OBJ_LABEL, WindowFind ("TSR"), 0, 0);
    ObjectSetText ("TSR1", StringSubstr (P, 0), 12,"Arial Bold", CadetBlue);
    ObjectSet ("TSR1", OBJPROP_CORNER, 0);
    ObjectSet ("TSR1", OBJPROP_XDISTANCE, 100);
```

```
ObjectSet ("TSR1", OBJPROP_YDISTANCE, 2);


ObjectCreate ("TSR2", OBJ_LABEL, WindowFind ("TSR"), 0, 0);
ObjectSetText ("TSR2"," Average Daily Range:", 10,"Arial Bold", CadetBlue);
ObjectSet ("TSR2", OBJPROP_CORNER, 0);
ObjectSet ("TSR2", OBJPROP_XDISTANCE, 150);
ObjectSet ("TSR2", OBJPROP_YDISTANCE, 2);
ObjectCreate ("TSR3", OBJ_LABEL, WindowFind ("TSR"), 0, 0);
ObjectSetText ("TSR3", DoubleToStr (RAvg , 0), 12,"Arial Bold", Orange);
ObjectSet ("TSR3", OBJPROP_CORNER, 0);
ObjectSet ("TSR3", OBJPROP_XDISTANCE, 300);
ObjectSet ("TSR3", OBJPROP_YDISTANCE, 2);


ObjectCreate ("TSR4", OBJ_LABEL, WindowFind ("TSR"), 0, 0);
ObjectSetText ("TSR4","Prev 01 Day Range:", 10,"Arial ", LightSteelBlue);
ObjectSet ("TSR4", OBJPROP_CORNER, 0);
ObjectSet ("TSR4", OBJPROP_XDISTANCE, 25);
ObjectSet ("TSR4", OBJPROP_YDISTANCE, 20);
ObjectCreate ("TSR5", OBJ_LABEL, WindowFind ("TSR"), 0, 0);
ObjectSetText ("TSR5", DoubleToStr (R1, 0), 12,"Arial Bold", Orange);
ObjectSet ("TSR5", OBJPROP_CORNER, 0);
ObjectSet ("TSR5", OBJPROP_XDISTANCE, 160);
ObjectSet ("TSR5", OBJPROP_YDISTANCE, 20);


ObjectCreate ("TSR6", OBJ_LABEL, WindowFind ("TSR"), 0, 0);
ObjectSetText ("TSR6"," Prev 05 Days Range:", 10,"Arial", LightSteelBlue);
ObjectSet ("TSR6", OBJPROP_CORNER, 0);
ObjectSet ("TSR6", OBJPROP_XDISTANCE, 25);
ObjectSet ("TSR6", OBJPROP_YDISTANCE, 35);
ObjectCreate ("TSR7", OBJ_LABEL, WindowFind ("TSR"), 0, 0);
ObjectSetText ("TSR7", DoubleToStr (R5, 0), 12,"Arial Bold", Orange);
```

```
ObjectSet ("TSR7", OBJPROP_CORNER, 0);
ObjectSet ("TSR7", OBJPROP_XDISTANCE, 160);
ObjectSet ("TSR7", OBJPROP_YDISTANCE, 35);


ObjectCreate ("TSR8", OBJ_LABEL, WindowFind ("TSR"), 0, 0);
ObjectSetText ("TSR8","Prev 10 Days Range:", 10,"Arial ", LightSteelBlue);
ObjectSet ("TSR8", OBJPROP_CORNER, 0);
ObjectSet ("TSR8", OBJPROP_XDISTANCE, 220);
ObjectSet ("TSR8", OBJPROP_YDISTANCE, 20);
ObjectCreate ("TSR9", OBJ_LABEL, WindowFind ("TSR"), 0, 0);
ObjectSetText ("TSR9", DoubleToStr (R10, 0), 12,"Arial Bold", Orange);
ObjectSet ("TSR9", OBJPROP_CORNER, 0);
ObjectSet ("TSR9", OBJPROP_XDISTANCE, 355);
ObjectSet ("TSR9", OBJPROP_YDISTANCE, 20);


ObjectCreate ("TSR10", OBJ_LABEL, WindowFind ("TSR"), 0, 0);
ObjectSetText ("TSR10","Prev 20 Days Range:", 10,"Arial", LightSteelBlue);
ObjectSet ("TSR10", OBJPROP_CORNER, 0);
ObjectSet ("TSR10", OBJPROP_XDISTANCE, 220);
ObjectSet ("TSR10", OBJPROP_YDISTANCE, 35);
ObjectCreate ("TSR11", OBJ_LABEL, WindowFind ("TSR"), 0, 0);
ObjectSetText ("TSR11", DoubleToStr (R20, 0), 12,"Arial Bold", Orange);
ObjectSet ("TSR11", OBJPROP_CORNER, 0);
ObjectSet ("TSR11", OBJPROP_XDISTANCE, 355);
ObjectSet ("TSR11", OBJPROP_YDISTANCE, 35);


ObjectCreate ("TSR12", OBJ_LABEL, WindowFind ("TSR"), 0, 0);
ObjectSetText ("TSR12","Room UP:", 10,"Arial", LightSteelBlue);
ObjectSet ("TSR12", OBJPROP_CORNER, 0);
ObjectSet ("TSR12", OBJPROP_XDISTANCE, 420);
ObjectSet ("TSR12", OBJPROP_YDISTANCE, 20);
```

```
ObjectCreate ("TSR13", OBJ_LABEL, WindowFind ("TSR"), 0, 0);
ObjectSetText ("TSR13", DoubleToStr (RoomUp, 0), 12,"Arial Bold", Orange);
ObjectSet ("TSR13", OBJPROP_CORNER, 0);
ObjectSet ("TSR13", OBJPROP_XDISTANCE, 490);
ObjectSet ("TSR13", OBJPROP_YDISTANCE, 20);


ObjectCreate ("TSR14", OBJ_LABEL, WindowFind ("TSR"), 0, 0);
ObjectSetText ("TSR14","Room DN:", 10,"Arial", LightSteelBlue);
ObjectSet ("TSR14", OBJPROP_CORNER, 0);
ObjectSet ("TSR14", OBJPROP_XDISTANCE, 420);
ObjectSet ("TSR14", OBJPROP_YDISTANCE, 35);
ObjectCreate ("TSR15", OBJ_LABEL, WindowFind ("TSR"), 0, 0);
ObjectSetText ( "TSR15" , DoubleToStr ( RoomDown, 0) , 12, "Arial Bold" ,
Orange);
ObjectSet ("TSR15", OBJPROP_CORNER, 0);
ObjectSet ("TSR15", OBJPROP_XDISTANCE, 490);
ObjectSet ("TSR15", OBJPROP_YDISTANCE, 35);


ObjectCreate ("TSR16", OBJ_LABEL, WindowFind ("TSR"), 0, 0);
ObjectSetText ("TSR16","Maximum StopLosses;", 10,"Arial Bold", CadetBlue);
ObjectSet ("TSR16", OBJPROP_CORNER, 0);
ObjectSet ("TSR16", OBJPROP_XDISTANCE, 560);
ObjectSet ("TSR16", OBJPROP_YDISTANCE, 2);


ObjectCreate ("TSR17", OBJ_LABEL, WindowFind ("TSR"), 0, 0);
ObjectSetText ("TSR17","Long: Pips at", 10,"Arial ", LightSteelBlue);
ObjectSet ("TSR17", OBJPROP_CORNER, 0);
ObjectSet ("TSR17", OBJPROP_XDISTANCE, 560);
ObjectSet ("TSR17", OBJPROP_YDISTANCE, 20);
ObjectCreate ("TSR18", OBJ_LABEL, WindowFind ("TSR"), 0, 0);
ObjectSetText ( "TSR18" , DoubleToStr (StopLoss_Long, 0) , 12, "Arial Bold" ,
```

Orange）；

    ObjectSet（"TSR18"，OBJPROP_CORNER，0）；

    ObjectSet（"TSR18"，OBJPROP_XDISTANCE，600）；

    ObjectSet（"TSR18"，OBJPROP_YDISTANCE，20）；

    ObjectCreate（"TSR19"，OBJ_LABEL，WindowFind（"TSR"），0，0）；

    ObjectSetText（"TSR19"，"Short：Pips at"，10，"Arial "，LightSteelBlue）；

    ObjectSet（"TSR19"，OBJPROP_CORNER，0）；

    ObjectSet（"TSR19"，OBJPROP_XDISTANCE，560）；

    ObjectSet（"TSR19"，OBJPROP_YDISTANCE，35）；

    ObjectCreate（"TSR20"，OBJ_LABEL，WindowFind（"TSR"），0，0）；

    ObjectSetText（"TSR20"，DoubleToStr（StopLoss_Short，0），12，"Arial Bold"，

Orange）；

    ObjectSet（"TSR20"，OBJPROP_CORNER，0）；

    ObjectSet（"TSR20"，OBJPROP_XDISTANCE，600）；

    ObjectSet（"TSR20"，OBJPROP_YDISTANCE，35）；

    ObjectCreate（"TSR21"，OBJ_LABEL，WindowFind（"TSR"），0，0）；

    ObjectSetText（"TSR21"，DoubleToStr（SL_Long，nDigits），12，"Arial Bold"，

SteelBlue）；

    ObjectSet（"TSR21"，OBJPROP_CORNER，0）；

    ObjectSet（"TSR21"，OBJPROP_XDISTANCE，690）；

    ObjectSet（"TSR21"，OBJPROP_YDISTANCE，20）；

    ObjectCreate（"TSR22"，OBJ_LABEL，WindowFind（"TSR"），0，0）；

    ObjectSetText（"TSR22"，DoubleToStr（SL_Short，nDigits），12，"Arial Bold"，

SteelBlue）；

    ObjectSet（"TSR22"，OBJPROP_CORNER，0）；

    ObjectSet（"TSR22"，OBJPROP_XDISTANCE，690）；

    ObjectSet（"TSR22"，OBJPROP_YDISTANCE，35）；

    ObjectCreate（"TSR23"，OBJ_LABEL，WindowFind（"TSR"），0，0）；

```
ObjectSetText ("TSR23","Risk to Reward Ratio:", 10,"Arial Bold", CadetBlue);
ObjectSet ("TSR23", OBJPROP_CORNER, 0);
ObjectSet ("TSR23", OBJPROP_XDISTANCE, 350);
ObjectSet ("TSR23", OBJPROP_YDISTANCE, 2);
ObjectCreate ("TSR24", OBJ_LABEL, WindowFind ("TSR"), 0, 0);
ObjectSetText ("TSR24", DoubleToStr ( Risk_to_Reward_ratio , 0) , 12,"Arial
Bold", Orange);
ObjectSet ("TSR24", OBJPROP_CORNER, 0);
ObjectSet ("TSR24", OBJPROP_XDISTANCE, 500);
ObjectSet ("TSR24", OBJPROP_YDISTANCE, 2);


double HIDaily = iMA (Symbol(), PERIOD_D1, 1, 0, MODE_HIGH, PRICE_
HIGH, 0);
double LOWDaily = iMA (Symbol(), PERIOD_D1, 1, 0, MODE_LOW, PRICE_
LOW, 0);
double YEST_HIDaily=iMA (Symbol(), PERIOD_D1, 1, 0, MODE_HIGH, PRICE_
HIGH, 1);
double YEST_LOWDaily = iMA (Symbol (), PERIOD_D1, 1, 0, MODE_LOW,
PRICE_LOW, 1);


ObjectCreate ("high", OBJ_LABEL, WindowFind ("TSR"), 0, 0);
ObjectSetText ("high", DoubleToStr (HIDaily, Digits), 12,"Arial Bold", Orange);
ObjectSet ("high", OBJPROP_CORNER, 0);
ObjectSet ("high", OBJPROP_XDISTANCE, 890);
ObjectSet ("high", OBJPROP_YDISTANCE, 20);


ObjectCreate ("high2", OBJ_LABEL, WindowFind ("TSR"), 0, 0);
ObjectSetText ("high2","DailyHigh", 9,"Arial Bold", CadetBlue);
ObjectSet ("high2", OBJPROP_CORNER, 0);
ObjectSet ("high2", OBJPROP_XDISTANCE, 890);
ObjectSet ("high2", OBJPROP_YDISTANCE, 2);
```

```
ObjectCreate ("low", OBJ_LABEL, WindowFind ("TSR"), 0, 0);
ObjectSetText ("low", DoubleToStr (LOWDaily, Digits), 12, "Arial Bold",
Orange);
ObjectSet ("low", OBJPROP_CORNER, 0);
ObjectSet ("low", OBJPROP_XDISTANCE, 830);
ObjectSet ("low", OBJPROP_YDISTANCE, 20);


ObjectCreate ("low2", OBJ_LABEL, WindowFind ("TSR"), 0, 0);
ObjectSetText ("low2","DailyLow", 9,"Arial Bold", CadetBlue);
ObjectSet ("low2", OBJPROP_CORNER, 0);
ObjectSet ("low2", OBJPROP_XDISTANCE, 830);
ObjectSet ("low2", OBJPROP_YDISTANCE, 2);


double CURR = iMA (Symbol (), 0, 1, 0, MODE_EMA, PRICE_CLOSE, 0);


ObjectCreate ("high3", OBJ_LABEL, WindowFind ("TSR"), 0, 0);
ObjectSetText ("high3", DoubleToStr (CURR, Digits), 12,"Arial Bold", Coral);
ObjectSet ("high3", OBJPROP_CORNER, 0);
ObjectSet ("high3", OBJPROP_XDISTANCE, 890);
ObjectSet ("high3", OBJPROP_YDISTANCE, 35 );


ObjectCreate ("high4", OBJ_LABEL, WindowFind ("TSR"), 0, 0);
ObjectSetText ("high4", DoubleToStr (CURR, Digits), 12,"Arial Bold", Coral);
ObjectSet ("high4", OBJPROP_CORNER, 0);
ObjectSet ("high4", OBJPROP_XDISTANCE, 830);
ObjectSet ("high4", OBJPROP_YDISTANCE, 35 );


ObjectCreate ("low4", OBJ_LABEL, WindowFind ("TSR"), 0, 0);
ObjectSetText ("low4","T/Day", 9,"Arial", LightSteelBlue);
ObjectSet ("low4", OBJPROP_CORNER, 0);
```

```
ObjectSet ("low4", OBJPROP_XDISTANCE, 790);

ObjectSet ("low4", OBJPROP_YDISTANCE, 20);

ObjectCreate ("low5", OBJ_LABEL, WindowFind ("TSR"), 0, 0);

ObjectSetText ("low5","Price", 9,"Arial ", LightSteelBlue);

ObjectSet ("low5", OBJPROP_CORNER, 0);

ObjectSet ("low5", OBJPROP_XDISTANCE, 790);

ObjectSet ("low5", OBJPROP_YDISTANCE, 37);


return (0);
}
//+------------------------------------------------------------------+
```

（8）PivotDaily 指标代码

```
#property indicator_chart_window
//#property indicator_separate_window
#property indicator_buffers 7
#property indicator_color1 Orange
#property indicator_color2 DarkTurquoise
#property indicator_color3 Crimson
#property indicator_color4 DarkTurquoise
#property indicator_color5 Crimson
#property indicator_color6 YellowGreen
#property indicator_color7 YellowGreen
//---- input parameters

//---- buffers
double PBuffer[ ];
double S1Buffer[ ];
double R1Buffer[ ];
double S2Buffer[ ];
double R2Buffer[ ];
double S3Buffer[ ];
```

```
double R3Buffer[];
string Pivot="Pivot Point", Sup1="S1", Res1="R1";
string Sup2="S2", Res2="R2", Sup3="S3", Res3="R3";
int fontsize=10;
double P, S1, R1, S2, R2, S3, R3;
double LastHigh, LastLow, x;


//+------------------------------------------------------------------+
//| Custor indicator deinitialization function                       |
//+------------------------------------------------------------------+
int deinit ()
   {

   ObjectDelete ("Pivot");
   ObjectDelete ("Sup1");
   ObjectDelete ("Res1");
   ObjectDelete ("Sup2");
   ObjectDelete ("Res2");
   ObjectDelete ("Sup3");
   ObjectDelete ("Res3");

//----
   return (0);
   }
//+------------------------------------------------------------------+
//| Custom indicator initialization function                         |
//+------------------------------------------------------------------+
int init ()
   {
   string short_name;
```

```
SetIndexStyle (0, DRAW_LINE, 0, 1, Orange);
SetIndexStyle (1, DRAW_LINE, 0, 1, DarkTurquoise);
SetIndexStyle (2, DRAW_LINE, 0, 1, Crimson);
SetIndexStyle (3, DRAW_LINE, 0, 1, DarkTurquoise);
SetIndexStyle (4, DRAW_LINE, 0, 1, Crimson);
SetIndexStyle (5, DRAW_LINE, 0, 1, YellowGreen);
SetIndexStyle (6, DRAW_LINE, 0, 1, YellowGreen);
SetIndexBuffer (0, PBuffer);
SetIndexBuffer (1, S1Buffer);
SetIndexBuffer (2, R1Buffer);
SetIndexBuffer (3, S2Buffer);
SetIndexBuffer (4, R2Buffer);
SetIndexBuffer (5, S3Buffer);
SetIndexBuffer (6, R3Buffer);


short_name="Pivot Point";
IndicatorShortName (short_name);
SetIndexLabel (0, short_name);


SetIndexDrawBegin (0, 1);


return (0);
}


//+------------------------------------------------------------------+
//| Custom indicator iteration function                              |
//+------------------------------------------------------------------+
int start ()

{
```

```
int    counted_bars=IndicatorCounted ();

   int limit，i;
//———— indicator calculation
if (counted_bars==0)
{
   x=Period ();
   if (x>240) return (-1);
   ObjectCreate ("Pivot", OBJ_TEXT, 0, 0, 0);
   ObjectSetText ("Pivot","Pivot Point", fontsize,"Arial", Red);
   ObjectCreate ("Sup1", OBJ_TEXT, 0, 0, 0);
   ObjectSetText ("Sup1","S1", fontsize,"Arial", Red);
   ObjectCreate ("Res1", OBJ_TEXT, 0, 0, 0);
   ObjectSetText ("Res1","R1", fontsize,"Arial", Red);
   ObjectCreate ("Sup2", OBJ_TEXT, 0, 0, 0);
   ObjectSetText ("Sup2","S2", fontsize,"Arial", Red);
   ObjectCreate ("Res2", OBJ_TEXT, 0, 0, 0);
   ObjectSetText ("Res2","R2", fontsize,"Arial", Red);
   ObjectCreate ("Sup3", OBJ_TEXT, 0, 0, 0);
   ObjectSetText ("Sup3","S3", fontsize,"Arial", Red);
   ObjectCreate ("Res3", OBJ_TEXT, 0, 0, 0);
   ObjectSetText ("Res3","R3", fontsize,"Arial", Red);
}
   if (counted_bars<0) return (-1);
   limit= (Bars-counted_bars) -1;

for (i=limit; i>=0; i--)
{

if (High[i+1]>LastHigh) LastHigh=High[i+1];
if (Low[i+1]<LastLow) LastLow=Low[i+1];
```

```
if (TimeDay (Time[i])! =TimeDay (Time[i+1]))
   {
   P= (LastHigh+LastLow+Close[i+1]) /3;
   R1 = (2*P) -LastLow;
   S1 = (2*P) -LastHigh;
   R2 = P+ (LastHigh - LastLow);
   S2 = P- (LastHigh - LastLow);
   R3 = (2*P) + (LastHigh- (2*LastLow));
   S3 = (2*P) - ((2* LastHigh) -LastLow);
   LastLow=Open[i]; LastHigh=Open[i];

   ObjectMove ("Pivot", 0, Time[i], P);
   ObjectMove ("Sup1", 0, Time[i], S1);
   ObjectMove ("Res1", 0, Time[i], R1);
   ObjectMove ("Sup2", 0, Time[i], S2);
   ObjectMove ("Res2", 0, Time[i], R2);
   ObjectMove ("Sup3", 0, Time[i], S3);
   ObjectMove ("Res3", 0, Time[i], R3);

   }

   PBuffer[i]=P;
   S1Buffer[i]=S1;
   R1Buffer[i]=R1;
   S2Buffer[i]=S2;
   R2Buffer[i]=R2;
   S3Buffer[i]=S3;
   R3Buffer[i]=R3;

}
```

return （0）；

}

　　另外一些指标，比如 MACD 等可以从 MT4.0 初始版本上寻找到，这里不再罗列。

　　任何成功的交易方法都是符合交易者本身特点的方法，任何书本知识都不能代替真正的实践。在使用本书提供的交易技术时，请符合所在地的法律和法规。

# 读书笔记

杰克逊

有幸把阅读《外汇狙击手——短线制胜的十五张王牌》的笔记和大家分享一下，以兹共勉。

第一部分：王牌中的王牌，外汇短线制胜的原理

对于"盲利公式"我浅显的理解：

1. 学习"帝娜系列丛书"你就会掌握别人的盲点。因为帝娜的书籍是中国人写的，相比外国人很久以前写的经典之作，传播的范围更窄，时间更短。当然我本人是帝娜最忠实的读者，从一开始到现在都是看帝娜的书成长过来的。

2. 对于帝娜的大部分读者来说，最大的盲点在于读书的时候过于草率，读过一遍就没有温习。"温故而知新"是读好书的最大秘籍。曾子说："吾日三省吾身：为人谋而不忠乎？与朋友交而不信乎？传不习乎？"没有做到这一点，所以就达不到稳定盈利的状态。帝娜的书，我都读过至少十遍，每次读都有新的想法（结合自己的实践）。很多人对于《外汇交易三部曲》都是看过一遍就没有再看了，对于成功的外汇交易者而言，其中的"外汇逻辑驱动层次"这一工具的应用是必需的，但很多人包括我自己也是最近一段时间才结合实际体会到这个工具的威力。真的很不错，没有大多数人想象得那么复杂。也许《外汇交易三部曲》是"只可意会，不可言传"的好书吧！所以在此希望帝娜系列丛书的同行能仔细研究这本书。当然，还包括帝娜的所有书籍。

3. 对于《外汇短线交易的24堂精品课》中的那些与潜意识沟通的功课，很多人都没有做过，疗伤系列音乐和潜意识沟通方法要多去实践。

接下来重点谈一下《外汇狙击手——短线制胜的十五张王牌》的读后感。

　　"具有恰当的风险报酬比"这个要素，我的理解：从支撑阻力位着手，从熟悉的形态上下功夫。这里要提到一个非常重要的分析工具——波幅分析。后面"十五张王牌"中很多的形态如果从风险报酬比上去考虑会很好理解。这里我想多说一些：支撑位和压力位之所以存在是因为人们是有记忆的。大量交易者的买卖会催生支撑位和压力位。魏老师早就说了，支撑阻力位就像温度计的刻度，不管市场是涨还是跌，刻度就在那里，理解支撑位和阻力位是理解价格趋势和图表形态的根本。丁圣元老师也说："时间—价格关键点"是判断趋势和应对操作的根本依据，所谓的"时间—价格关键点"指的就是相对于一定时间规模的标志性价格水平。趋势分析和转折点分析实际上是同一枚硬币的两面，如果你不懂得支撑阻力位分析，那么你就不会懂得趋势分析；杰西·利弗莫尔所说的"轴心点"也是指的支撑阻力位，用来判断趋势的重要转折。转折点是趋势方向转变的枢纽；魏老师在前文说过：学会从支撑和阻力的角度来看待行情的发展是技术分析的重要环节。支撑阻力位关乎趋势的转变，判断趋势的转变一定是结合支撑阻力位来分析的。重要的支撑阻力位可以参考《顺势而为》中的"主要位置"边缘介入章节。当然，你不能忘了魏老师《斐波那契高级交易法》这本书的威力。很多人觉得斐波那契高级交易法中的主要波段选择是非常主观的，但其实不是这样的，他很早就说了，主要波段可以用分形和日均波幅来选择。这一个要素属于技术分析的范畴，只是外汇交易的基础，而下面一个要素才是外汇交易的核心——仓位管理。好的仓位管理是建立在技术分析的基础之上的，其中包括波幅分析、波动率变小分析、趋势阶段分析。

　　这里要提醒大家的是，不要用形态分析去说概率分析。在《黄金交易十二堂课》里魏老师很明确地讲明了，在K线形态分析上还没有概率统计，因为比较复杂。在现实中，很多人都是按照形态分析来说什么概率比较大。概率一定是可以精确到区间的，而不是一种感觉。波幅分析不多说，不懂请仔细看书。其实波动率变小分析也是属于波幅分析的一个分支。我是从海龟交易者身上学到波动率变小分析的，这种以波动率位基础的头寸规模决定方法，是不会落伍的。因为技术分析的对象就是波动率。不管是帝娜所提出的"敛散对称原理"，还是拉里·威廉斯所提到的"波动率区间都从小范围向大范围波动"，都说明波动率可以作为仓位管理的一种方法，具体的运用可以参考"三日横盘反转"王牌。通俗一点讲，就是连续出现好几个波幅小日，那么就可以把仓位规模调大一点，因为趋势试图改变，而且波动幅度小也好设置止损。趋势阶段分析，就是在趋势的开始、突破、持续、结束阶段去分配自己的仓位规模。

　　关于"止损设定的要素"，我觉得有三点需要多注意：①阻力之上，支撑之下（至少5个点）。我有深刻的亲身体会，如果是做多交易，在设置止损的时候，要按照图表所给出的低点或者斐波那契回调点之下5个点；在设置止盈的时候，要按照图表所给出的阻力位之下5点。这是非常明确的条件，不能含糊。魏老师还说了，短线交易者需要养成计较的习惯。②N小时止损，这是属于时间止损，这个方法也要用。虽然看起来太简单，但是威力很大。③动态跟进止损，用两天的高低点跟进、抛物线跟进，这两个都是基于波动率跟进止损的，很科学。

书中说道：技术走势，基本面都是虚的，主要去把握市场的心理，这才是关键。我想说的是，成交量是个很重要的心理分析工具，外汇分析中的成交量也是个很好的工具，希望你们多去实践发现吧！

好，下面我来给大家讲讲我对十五张王牌的理解。

首先，我会在目录上把每一张王牌所使用的时间框架、出场方式、入场方式，所能够产生大的风险报酬比的王牌进行标注，还有就是对支撑阻力位的选择进行标注。把这几个要注意的地方标注在不同的王牌上，就能更好地理解王牌。

第一张短线王牌"直接+间接进攻"突破模式对于日内交易来说很有用。最重要的支撑阻力来自显著的邻近前期高点和低点。这句话说明前日的高点和低点很重要，也从另一个角度证明我前面所说的，支撑位和压力位之所以存在是因为人们是有记忆的。

第二张短线王牌"短凭长破"突破模式的潜在利润目标很高，因为这张王牌如果出现，并如预测一样，那么你的入场点是在趋势的开始阶段到突破阶段之间的某个点，以后还会有持续阶段的出现。这张王牌需要重点关注。就统计意义而言，震荡指标是统计目前价格相对于此前价格的位置，而就心理意义而言往往能够体会出市场的情绪变化。所以震荡指标在日内交易中使用，一般作为心理意义来运用。但对于此前价格高低的比较也是很好的，运用布林带和分形指标就可以很好地区分更高的高点、更低的低点。所以魏老师在《顺势而为》中说日内交易的利器其中就有震荡指标。

第三张短线王牌"隧道支撑阻挡"模式。其实这个模式隐藏的一个信息就是在4小时图上随机指标会处于极值，效果就会更好。因为王牌的基本要求是一轮幅度较大的下跌或上涨，1小时和4小时图上的随机指标都会处于极值，从而出现共振现象。

第四张短线王牌"确认隧道支撑阻力"模式。这个模式出现在强趋势日中，也就是说月图、周图、日图都是一个方向的趋势中。而且全球的股市都是同向运动，比如跌，美国股市跌了，第二天亚洲的股市会跟跌，就会出现这种模式。模式中的回调一定是技术性的回调，如果回调幅度过大，那么就一定是有驱动因素在起作用，不适合这个模式的类型。有句话必须提醒大家：要非常注重蜡烛线的确认作用，这是一大

精髓。

第五张短线王牌"修正"模式。日内交易者必须注意的一个因素是时间因素。

第六张短线王牌"中立"模式没什么好说的，主要是斐波那契回调的运用。

第七张短线王牌"投机（抛盘）—趋势（接筹）"模式。一定要注意这个模式出现在持续阶段，而且一般都是接近趋势的尾声阶段。魏老师说这个模式容易和"回档"模式混淆的地方就是顾比均线靠拢然后再度发散这个过程。这里说的顾比均线是长期和短期的均线之间的关系：陡然回档和缓慢回档。陡然回档说明有驱动因素在起作用，缓慢回档只是简单的技术调整。"投机—趋势"模式与"噪声"模式的区别在于：投机—趋势"模式对数据行情有提前的消化，也就是说有走预期的行情；而"噪声"模式对数据行情没有提前消化。前者的顾比复合均线属于从过度发散（消化预期行情）到正常靠拢（数据没有预期的好），后者的顾比复合均线属于从过度靠拢（没有消化预期行情）到正常发散（数据点燃行情）。

第八张短线王牌"指天忤逆"和"砸地生金"模式如果能够结合分形指标来运用的话，效果很不错！其实这里面还有个小窍门，那就是出现十字星K线，就看后面一个小时收的线，如果是做空，阴线出现就继续持有，出现阳线就立马平仓；如果是做多，出现阳线就继续持有，出现阴线就立马平仓。其实这个模式有点小赌的性质在里面，又一次证明第四张王牌里面的那句话：K线的确认作用，是一大精髓。

第九张短线王牌"能量价格背离"模式。这里你需要明白：动量指标的最大作用在于提供既定趋势中的进场信号，它不能单独作为趋势信号，也不能作为进场信号。对于这个模式，如果再结合日间趋势分析和周间趋势分析，则能够很好地运用。

第十张短线王牌"日线渐短过度"模式。这个模式能够为厘清日内交易的方向有很大的帮助作用。出场方式很特别：当随机指标处于超卖超买区域时以前日最高价格作为跟进止损，这比我前面提到的两日高低点跟进止损还要好。

第十一张短线王牌"三日横盘反转"模式。三日横盘是基于波动率来看待行情的，其实在《外汇交易圣经》中有详细的介绍（波幅分析和交易方法），对应《顺势而为》的第十课"水平区间"。

第十二张短线王牌"回档"模式。前面已经提到了，没有什么要说的。

第十三张短线王牌"噪声"模式。这一模式再一次证明，第四张王牌里面的那句话：K线的确认作用是一大精髓。

第十四张短线王牌"隧道压制"模式。这个模式采用的是突破而作的入场方式，如果用波浪理论来分析的话，一般会是第二浪和第四浪，当然还需要根据自己的经验

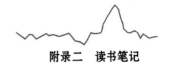

判断。

第十五张短线王牌"轴心点—蜡烛线—震荡指标"模式。这个模式是日内交易者必备的。如果在这个模式上下足了功夫，想不盈利都难。它提出了日内交易的四大利器：整数系统、轴心点、K线、震荡指标。

第 N 张短线王牌寻找最佳出场点的另类方法，外汇日内波动的转折点容易出现在 21：00~23：00（北京时间）这句话是《顺势而为》中的原话，我非常受用。感谢小何老师，感谢魏老师，感谢 BULL 老师，感谢帝娜的所有老师们，没有你们就没有我的成长，有你们作为我的老师，是我莫大的荣幸。

真诚地希望 520FX 网站上一起为外汇交易奋斗的朋友们早日走出分析行情的金字塔，交易其实没有我们想象中的那么难。

# 外汇分析和交易的重要框架

我们在外汇交易领域存在一些独创而系统的框架，绝大部分在《外汇交易三部曲》一书中进行了阐述和示范，本书中也有一些涉及。我们将重要的分析和交易概念框架放在这个附录中，以便大家有一个全面的交易概念架构。

第一个框架是提升我们交易绩效的三个终极公式和问题：

| 序号 | 三个问题 | 三个公式 |
|------|---------|---------|
| 1 | 究竟什么是大部分交易者的盲点？ | 盲利公式 |
| 2 | 究竟什么是市场运动不变的根本结构？ | 复利公式 |
| 3 | 究竟什么是交易策略的根本不变因素？ | 凯利公式 |

第二个框架是我们外汇分析和交易的四个步骤及其要点：

| 第一步 | 第二步 | 第三步 | 第四步 |
|--------|--------|--------|--------|
| 驱动分析 | 心理分析 | 行为分析 | 仓位管理 |
| 重要因素确定性结构变化 | 市场新兴焦点 | 分形和 R/S | 凯利公式 |
| 博弈的支付矩阵 | 博弈主体 | 博弈的行为分析 | 寻找占优策略 |
| 寻找潜在最强劲的单边市场和品牌 | | 确认单边市场和品种 | 把握单边市场和品种 |

第三个框架是驱动分析的逻辑层次：

| 重要程度 | 结构水平 | 确定程度 |
|----------|----------|----------|
| 1. 商业并购 | | |
| 2. 国际收支 | | |

续表

| 重要程度 | 结构水平 | 确定程度 |
|---|---|---|
| 3. 利率变化 | | |
| 4. 经济增长 | | |
| 5. 地缘政治 | | |

第四个框架是心理分析的焦点生命周期：

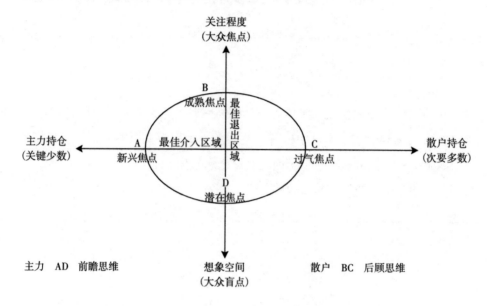

主力　AD　前瞻思维　　　　　　散户　BC　后顾思维

第五个框架是行为分析的势、位、态三要素：

| 要素 | 工具 | 分析要素 |
|---|---|---|
| 势 | 三 N 法则（N 字，N%，N 期） | 向上 VS 向下 |
| | 两跨（跨时间分析、跨空间分析） | |
| | 螺旋历法+波浪理论 | |
| 位 | 斐波那契水平线 | 支撑 VS 阻力 |
| | 中线（前日波幅中点） | |
| | 波幅（日均波幅和离差） | |
| 态 | K 线（价态） | 收敛 VS 发散 |
| | 成交量（量态） | |

第六个框架是仓位管理的具体方式和要点：

| 帝娜进场三式 | 见位进场 | 凯利原理仓位微调 | 投入单位试探仓（震荡走势）<br>金字塔加仓（单边走势） | 胜算率上升<br>风险报酬率上升 |
|---|---|---|---|---|
| | 破位进场 | | | |
| | 顶位进场 | | | |
| 帝娜出场三式 | 后位出场 | | 撤出单位试探仓（震荡走势）<br>金字塔减仓（单边走势） | 胜算率下降<br>风险报酬率下降 |
| | 前位出场 | | | |
| | 同位出场 | | | |

| | 破位进场　顶位进场　后位出场 | | |
|---|---|---|---|
| 长 | 单边走势 | 大 | 大 |
| 交易的时间结构 | 市场趋势性质 | 账户规模 | 能承受潜在损失 |
| 短 | 震荡走势 | 小 | 小 |
| | 见位进场　前位出场　同位出场 | | |

| 序号 | 后位出场法的要点（初始止损和跟进止损） | 主要作用 |
|---|---|---|
| 1 | 关键水平外侧（做空止损放置在阻力线之上，做多止损放置在支撑线之下）； | 设定最小疆界，或者说止损的最小幅度；<br>放大利润 |
| 2 | 布林带异侧外（做空止损放置在布林带上轨之上；做多止损放置在布林带下轨之下） | |
| 3 | 符合资金管理比率要求（一般是 2%~8%） | 设定最大疆界，也就是说止损的最大幅度；<br>截短亏损 |
| 4 | 给予市场一定的回旋空间（一般只允许行情回撤前一波段的 1/2） | |

　　上述表格和图将外汇交易的精髓和盘托出，大家一定要结合自己的实践认真揣摩其中的要义。